KB117210

# 하이, 스토리 한국사

1판 1쇄 인쇄 2024. 9. 1.
1판 1쇄 발행 2024. 9. 15.

지은이 이기환

발행인 박강휘
편집 임지숙 디자인 조명이 마케팅 김새로미 홍보 강원모
발행처 김영사
등록 1979년 5월 17일(제406-2003-036호)
주소 경기도 파주시 문발로 197(문발동) 우편번호 10881
전화 마케팅부 031)955-3100, 편집부 031)955-3200 | 팩스 031)955-3111

저작권자 ⓒ 이기환, 2024
이 책은 저작권법에 의해 보호를 받는 저작물이므로
저자와 출판사의 허락 없이 내용의 일부를 인용하거나 발췌하는 것을 금합니다.

값은 뒤표지에 있습니다.
ISBN 978-89-349-3393-9 03910

홈페이지 www.gimmyoung.com      블로그 blog.naver.com/gybook
인스타그램 instagram.com/gimmyoung   이메일 bestbook@gimmyoung.com

좋은 독자가 좋은 책을 만듭니다.
김영사는 독자 여러분의 의견에 항상 귀 기울이고 있습니다.

시공간을 초월한
33번의 역사 여행

# 하이, 스토리 한국사

Hi-Story
Korean History

이기환

김영사

**일러두기**

1. 단행본·그림첩은《 》, 정기간행물·보고서·미술 작품·시·전시는〈 〉안에 표시했다.

2. 2021년 '문화재 지정 번호'가 폐지됨에 따라 이를 반영해 국보, 보물, 사적 등으로만 표기했다.

3. 책에 등장하는 연구 및 발굴 전문가들의 지칭은 당시 직함을 그대로 사용했다.

4. 2024년 5월 문화재청은 국가유산청, 문화재연구소는 문화유산연구소, 문화재는 국가유산으로
   명칭이 변경되어 이에 따랐다. 단 이미 발행된 도서와 문헌(참고문헌) 등은 예외로 했다.

# 들어가며

    1970년대 여성 운동가인 로빈 모건Robin Morgan이 'herstory'라는 신조어를 만들었다. 역사history가 남성 중심의 이야기, 즉 'his-story'라 규정하면서 역사를 여성의 관점에서 쓰고 이야기하는 개념인 것이다. 그러나 history는 고대 그리스어인 historia, 즉 '탐구로 얻어지는 지식'의 의미로 쓰였다. 이후 historia는 변모되고 확장되어 '한 사람의 이야기를 정리한 기록'으로, 다시 '인간 공동체 및 사건의 역사'라는 지금의 의미로 바뀌었다. 동양에서 '역사歷史'는 '지나온 발자취歷의 기록史'이다(歷의 갑골문은 사람의 발이 숲을 지나가는 모습이다). 따라서 '히스토리'는 동양에서도 서양에서도 이야기, 즉 '스토리'라 할 수 있다.

    이러한 분야를 깊이 있게 천착하는 연구자를 '역사학자'(혹은 '고고학자')라 한다. 요즘엔 전문성과 대중성을 겸비한 연구자들도 눈에 띈다. 그런데 천성적으로 (혹은 훈련을 통해) 대중의 눈높이에 맞게 스토리를 풀어갈 수 있는 직분도 있다는 사실을 감히 말하고 싶다.

    바로 나와 같은 기자記者이다. 기자처럼 '놈 자者'를 쓰는 직군으로 학자, 과학자, 기술자 등이 있지만 이들의 사전적 의미는 해당

분야에 전문성을 갖고 있는 사람들을 통칭하는 용어이다. 그러면 '기자' 역시도 '글을 능숙하게 쓰는 사람'을 가리키는 의미여야 하지만 국립국어원의 표준대사전이 풀어놓은 '기자'는 되게 한정되어 있다. "신문, 잡지, 방송 따위에 실을 기사를 취재하여 쓰거나 편집하는 사람"으로 못박았다.

그렇다면 흥미롭다. 지금이 어느 때인가. 선비 사士(변호사 등), 스승 사師(의사, 교사 등), 섬길 사事(검사, 판사 등), 부릴 사使(대사 등)를 가리지 않고 '사' 자를 쓰고 보는 세태가 아닌가. 그렇다면 왜 기자는 '기사(記師 혹은 記士)'로 지칭하지 않고, 그냥 '쓰는 놈'이라고 할까? '당선자'도 '당선인'으로 바꾸는 판인데…. 필자筆者(역시 쓰는 놈)는 이 대목에서 나름의 개똥철학을 갖고 있다. 즉 대중의 눈높이에 맞춰 기사를 써야 하는 기자는 늘 낮은 곳에서, '놈'의 자세와 신분으로 존재해야 한다는 것이다. 그런 기자가 어떻게 남들이 다 쓰는 '사' 자를 얻을 수 있단 말인가.

생각해보면 기자는 여러 팔자를 지니고 사는 사람들이다. 언제는 정치부 기자가 되어 나라의 장래를 걱정하다가, 하루아침에 경제부로 발령이 나면 그때는 또 경제전문가가 된 듯이 수백 쪽의 경제 및 경영 보고서를 읽고 원고지 4~5장 분량으로 정리해야 한다. 그러다 사회부나 전국부로 발령을 받으면 현장을 뛰어야 한다. 체육부로 가면 체육전문가로, 문화부로 가면 문화전문가로 얼굴을 바꿔야 한다. 어떤 부서에 가든, 그 날짜로 그 언론사의 얼굴이 되어야 한다. 누가 가르쳐주지 않는다. 대중의 눈높이에 맞는 기사를 쓴다는 것은 순전히 그 기자의 깜냥이다.

나는 이른바 공대생이다. 가정형편 상(스트레오타입의 이유지만) 취업이 잘된다는 '전화기(전기, 화공, 기계)' 학과 중 하나(기계공학)를 선택했다. 하지만 어렸을 때부터 간직했던 '기자의 꿈'은 버릴 수 없었다. 결국 대학신문에서 '타고난 문과 DNA'를 되살린 후 신문사에 입사했다. 의도치 않은 '문이과 통합'을 이룬 셈이다. 그렇게 기자가 된 후 다른 동료들과 마찬가지로 이 부서 저 부서를 돌았다. 1999년 체육부 야구담당기자로서 KBO(한국야구위원회) 사무실에서 취재 중이던 나는 편집국장으로부터 한 통의 전화를 받았다. "문화부로 가라"는 인사 발령 통보였다. 몹시 당황했던 나의 첫마디가 지금도 생생하게 기억난다. "제가요?" 생각지도 못했던 곳이었지만 인사 발령을 어찌 되돌릴 수 있었겠는가.

문화부에서 처음 맡은 분야가 '문화재(문화유산)'였다. 당시 풍납토성과 경주경마장 보존문제가 '핫이슈'로 떠올라 있었다. 그러나 문화유산에 관한 한 신출내기였던 나는 속성으로 문화유산 공부를 하면서 마치 전문가인 양 기사를 써야 했다. 그 와중에 인연을 맺은 분이 바로 국립문화유산연구원장을 지낸 고고학자 조유전 선생이다. 단순한 스트레이트 기사보다 기획기사로 독자들과 호흡하자는 생각으로 그분과 함께 고고학 발굴과 역사를 접목하는 '한국사 미스터리'와 '한국사 기행'을 기획했다. 이어 고고학자 이형구 교수와 함께 한국문화의 시원을 밝히는 여정인 '코리안루트를 찾아서' 시리즈가 이어졌다. 또 육군사관학교 교수를 지낸 이재 선생과 비무장지대 관련 전문가인 이우형 선생 등과 함께 비무장지대 일원을 답사한 기획('분단의 섬 민통선')이 나왔다. 이 무렵 평생의 은사인 배기동 한양대 교수를 만나 대학원에서 문화인류학으로 석사학위를 받았다.

　나는 그동안 역사를 이야기로 풀어주는 '역사 스토리텔러'를 자처해왔다. 은퇴 후에는 '히스토리텔러'라 한다. '스토리'인 역사를 아주 쉽고 친근하게 풀어준다는 뜻에서 'Hi'를 붙였다.

　히스토리텔러로서 역사를 이야기로 풀어가는 내 나름의 방식이 있다. 우선 "역사는 과거와 현재의 끊임없는 대화"라는 말도 있지 않은가. 나는 현재의 상황에 걸맞은 과거의 이야기를 다룰 땐 실록 등 문헌자료를 먼저 찾는다. 그러면 어김없이 비슷한 이야기가 고구마 줄기 엮이듯 나온다. 예컨대 '나라의 운명을 바꾼 소주' 관련 기사를 쓸 때는 고전DB에서 '소주燒酒'로 검색된 관련 기사가 796건에 이르렀다. 하나도 허투루 넘기지 않았다. 그렇게 해서 세종대왕의 주량이 소주 반 잔이며, "술은 임금도 막지 못할 것"이라며 고개를 가로저은 일화 등 기승전결을 이어갈 고리를 연결해나갔다. 그런데 800건 정도의 기사 검색은 다반사이다. 어떤 기사를 쓸 때는 7,000건이 넘는 사료 및 문헌자료를 찾아 일일이 읽어본 경험도 있다. 그래야 40~50매 정도 되는 스토리의 완성도를 높일 수 있다. 방대한 사료, 즉《조선왕조실록》이나《승정원일기》의 미로를 헤매다 보면 언뜻언뜻 환한 길이 보이기도 한다.

　푸바오로 대표되는 중국의 판다 외교와 관련된 사료를 뒤지다가 조선조 태종 때 일본이 외교 선물로 보낸 코끼리 관련 기사를 보았다. 사람을 밟아 죽여 유배를 당한 코끼리가 "단식투쟁을 벌이고 눈물을 흘렸다"는 대목에서 빗나간 동물 외교의 단면을 읽을 수 있었다. 세월호와 이태원 사고 등 대형참사와 관련해서는 당 태종이 황충(메뚜기) 떼가 휩쓸자 들판에 나서 "차라리 내 심장을 갉아 먹어라"면서 황충 두 마리를 삼킨 대목이 눈에 밟힌다. 대형참사가 일어나면 왕조시대 군주들은 저마다 "내 탓이오"를 외쳤다. 최고 5만 대 1의 경쟁률을 기록한 정조 시대 과거 시험, 1만여 명에 이른 임진왜란 항왜(항복한 일본인), 어전에서 방귀 뀐 이야기까지 기록했던 조선시대 사관, 광화문 광장에서 벌어진 무대 붕괴 사고…. 이것 말고도 무궁무진한 아이템이 선조들이 남긴 사료와 문헌에 담겨 있다. 그 기록의 보물창고에 들어가 하나씩 꺼내면 된다.

연구자들이 밤을 새워가며 공부한 연구성과를 대중의 눈높이에 맞춰 소개하는 것도 나의 몫이다. 그러나 그게 쉽지 않다. 짐작하다시피 연구자들은 관련 분야에 정통한 학자들이다. 그러나 나는 스토리텔러로서 멀게는 공룡의 시대부터 현재까지의 이야기를, 그것도 아주 쉬운 필체로 풀어야 하는 임무를 안고 있다(본디 기자는 중학생이 이해할 수 있게 기사를 써야 한다고 배운다). 혹여 학자들의 연구들을 잘못, 혹은 허투루 다루다가 그들이 피땀 흘려 거둔 성과에 누를 끼치면 어찌 되겠는가? 그래서 나는 기사의 아이템 주제가 되는 논문을 최소한 90% 정도는 이해할 때까지 해당 연구자를 들들 볶는다. 논문뿐만 아니라 그와 관련된 주변의 논문과 단행본, 도록까지 되도록 샅샅이 뒤져보고 이해하려 애쓴다. 그래야 독자들을 이해시킬 수 있기 때문이다.

'케플러보다 먼저 초신성 폭발을 관측한 조선의 천문관들'과 '제2의 광개토대왕비로 추정되는 충주 고구려비' '신라에서 유행한 이모티콘과 줄임말' '경산 소월리 출토 사람 얼굴 모양 항아리' 등은 소위 영혼까지 탈탈 털린 어려운 기사였다(소월리 유적의 해석을 두고는 목하 논쟁 중이다). 연구자들이 인용한 구절의 출전을 찾느라 하루 밤낮을 허비한 적도 있다. 그런데도 찾지 못하면 그 인용구는 근거가 없으니 버릴 수밖에 없다.

고고학 발굴(인양)과 관련된 이야기도 절대 허투루 넘어갈 수 없다. 나는 고고학 조사단의 분투로 수백 수천 년 만에 발굴, 혹은 인양된 유물에 '스토리'라는 생명력을 불어넣기 위해 노력하고 있다. 발굴 관련 자료를 검토하면서 대중의 눈높이에 오를 단서를 샅샅이 찾는다. 물론 발굴단 요원들과 끊임없이 소통한다. 그중 8,000년 전 신석기인의 배설물인 '똥' 화석이 화두에 올랐고, 발굴장 인부가 찾아낸 0.05mm의 금박 화조도, 꿀병과 참기름병으로 쓰인 고려청자, 성류굴의 어둠 속 비밀통로에서 현현한 진흥왕의 낙서, 가야 무덤 속의 경비견과 신라 고분 속의 반려견 등은 발굴단 요원들의 눈썰미를 이야깃거리로 가공한 것이다.

이렇게 문화유산 전문기자로서 우리 문화유산을 대중에 알리는 작업을 오랜 시간 해왔다. 그 와중에 사회에디터, 〈스포츠경향〉 편집국장, 논설위원 등 다른 부서를 거쳤지만, 그러한 작업은 거르지 않았다. 그 일환으로 2011년 8월부터 은퇴 이후인 현재까지 13년 동안 〈경향신문〉에 '이기환의 흔적의 역사'를 연재하고 있다. 연재 횟수를 세어보지는 않았지만 매주 혹은 격주로 다뤘으니 400회는 족히 넘었을 것이다. 그 와중인 2021년부터 3년 가까이 〈주간경향〉에서 '이기환의 Hi-Story'라는 제목의 역사칼럼도 썼다. 이 책은 그중 일부를 골라 단행본으로 꾸민 것이다.

나는 이 책이 '과거를 통해 현재를 읽는 거울'이 되기를 바란다. 역사가 암기과목이 아니라 과거와 현재를 잇는 재미있는 이야기로 인식되었으면 한다. 나의 수고로 읽는 이들이 상식의 폭을 조금이나마 넓히고 시쳇말로 '아는 척'할 수 있게 된다면 그것으로 족하다. 앞으로도 기회가 닿는 대로 그간에 다뤘던 연재물을 엮어 시리즈물로 펴내 대중과 나누고 싶다.

무엇보다 이 연재물과 단행본은 나만의 저작이 아니다. 학계에서 혹은 발굴장에서 피땀을 흘리며 공부한 여러 연구자와 함께 만든 것이다. 그분들의 이름자를 기록하여 감사의 뜻을 전하고 싶지만 혹시 빠지는 이가 있다면 얼마나 섭섭하겠는가. 차라리 생략함으로써 모든 분에게 용서를 비는 게 낫겠다.

마지막으로 요즘은 종이신문을 두고 '철 지난 매체'라 폄하하지만, '네이버 뉴스라이브러리'나 '빅카인즈 고신문 아카이브' 등에서 검색되는 옛날 신문과 그 기사들을 정식 사료로 인용하는 연구논문을 보면 갖가지 상념이 든다. 홍수처럼 쏟아져나오는 뉴스를 1면, 2면, 3면, 이런 식으로 '중요도'와 '가치'에 따라 깔끔하게 정리해주는 '사료'가 어디 있단 말인가. 그런 측면에서 종이신문이야말로 '현대판 실록'이라 해도 과언은 아니다. 그런 사료를 오늘도 나와 같은 수많은 기자가 생생하게 기록하고 있다.

2024년 가을에

이기환

# 차례

# CONTENTS

2부
인물과
인연

# CONTENTS

Hi-Story
Korean
History

1부

# 사건과
# 사연

# 1장

# 역사와 유물,
# 그 숨은 연결고리를
# 찾다

# 1

## 쌍돌로 지구를 정복하다

360만 년 전 직립보행한 인류의 삶

◇　　　2000년 11월 5일 〈마이니치신문每日新聞〉에 일본열도를 충격에 빠뜨린 사건이 실렸습니다. 이른바 '구석기 유적 조작 사건'입니다. 고고학자 후지무라 신이치藤村新一가 미야기현 가미타카모리上高森 유적 발굴 현장에서 가짜 석기를 파묻는 장면을 몰래카메라로 찍어 폭로한 겁니다. 후지무라는 1981년 미야기현 자자라기座散亂木에서 일본 최초의 구석기 유적(약 4만 년 전)을 발굴한 인물입니다. 이후 잇단 발굴을 통해 일본 구석기 유적 연대를 '70만 년 전'까지 끌어올렸습니다. 덕분에 그는 '신의 손'이라는 별명을 얻었죠.

　그러나 〈마이니치신문〉의 폭로 이후, 후지무라가 조사한 16곳의 구석기 유적 전체가 가짜라는 판정을 받았습니다. 이로써 일본의 구석기 연대는 한순간에 5만~8만 5,000년 전(가네도리金取 유적)으로 떨어졌습니다. 후지무라는 왜 이런 무모한 자작극을 펼쳤을까요?

그는 "'더 오래된 구석기 유적은 없느냐'는 주변 및 언론의 성화에 초조해졌다"고 토로했습니다. 후지무라의 자작극 이면에는 바로 한국의 전곡리 구석기 유적(27만 년 전)이 있었습니다. '한반도에도 전기前期 구석기 유적이 있는데, 일본열도에 없을 리 만무하다'는 강박관념이 일본 학계에 흐르고 있었던 겁니다.

### 벽돌 공장에서 확인한 아슐리안 주먹도끼

1978년 4월 어느 날, 미군 2사단 기후대 소속 병사 그레그 보웬 Greg Bowen이 여자 친구와 연천 전곡리의 한탄강 유원지를 찾았습니다. 그런데 애리조나주립대학교에서 고고학을 전공한 보웬의 눈에 돌멩이 하나가 포착됐습니다. 자연석 같기도 한데 누군가 인공적으로 깎은 흔적이 있는 차돌이었습니다. 보웬은 간단한 보고서를 작성해 프랑스의 세계적 구석기 학자 프랑수아 보르드 François Bordes에게 보냈습니다. 보웬의 서신을 받은 보르드는 김원룡 서울대 교수에게 '심상치 않은 석기의 발견' 사실을 알렸지요.

김원룡 교수는 제자인 정영화 영남대 교수와 함께 현장을 답사하기로 했고, 제일 먼저 당시 성업 중이던 전곡리 벽돌 공장을 찾아갔습니다. 구석기 학자들에게 벽돌 공장은 '보물 창고'였기 때문이죠. 벽돌 제조에 필요한 점토 대부분은 구석기시대에 퇴적된 고토양일 가능성이 높거든요. 그러나 벽돌 공장에서는 점토에 들어 있는 돌멩이를 불순물로 취급해서 골라내죠. 학자들이 그렇게 버려진 돌 더미에서 노다지를 찾는 겁니다. 두 사람은 그곳에서 구석기판

—— 연천 전곡리에서 출토된 구석기시대 주먹도끼(길이 23.6cm), 국립중앙박물관 소장.

다이아몬드를 발견했습니다. 세계 고고학계를 놀라게 한 '아슐리안 주먹도끼Acheulean Handaxe'였습니다.

아슐리안 주먹도끼는 '구석기판 맥가이버 칼'이라고 할 수 있어요. 단순한 찍개 수준에서 벗어나 찍기(송곳), 찌르기(창), 자르기(가위), 썰기(칼), 부수기(망치), 파기(곡괭이) 등의 기능을 겸비한 석기입니다. 프랑스의 생타슐St. Acheul 유적에서 처음 발견되어 붙은 이름입니다. 150만~10만 년 전까지 전기 구석기시대(250만~10만 년 전)에 오랫동안 지속적으로 사용해온 것으로 알려져 있습니다.

그때까지 아슐리안 주먹도끼는 유럽과 아프리카에서 유행한 반면, 동아시아에서는 보이지 않는다는 게 정설이었습니다. 이를 '모비우스Movius의 가설'이라고 하는데, 동아시아에서는 단순히 '찍개 문화'만 유행했다는 거죠. 그런데 전곡리 유적 덕분에 모비우스의 가설이 정면 도전을 받고, 1978년 이 같은 사실이 보고되자 세계 구석기 학계는 발칵 뒤집힙니다. 이후 본격적인 발굴 조사에 돌입했는데, 미국의 유명 구석기 학자 존 데즈먼드 클라크John Desmond Clark 버클리대학교 교수는 "전곡리 주먹도끼의 연대는 27만~26만 년 전일 가능성이 높다"는 견해를 피력했습니다. 후속 조사에서는 한탄강 변 전곡리 유적 24만 평에서 구석기 유물이 고루 출토되었습니다. 그 지역이 구석기인의 집단 주거지였던 겁니다. 이를 기념하기 위해 1993년부터 해마다 5월이면 전곡리에서 구석기 축제가 열리고 있죠.

## 고인류의 위대한 발자국

사실 '구석기' 하면 돌멩이가 가장 먼저 떠오르죠. 돌멩이 발굴이 뭐 그리 의미 있고 재미있느냐며 심드렁해하는 사람이 많습니다. 그래서인지 최근 들어 연구자들이 구석기 관련 대중서를 잇달아 펴냈습니다. 때마침 출간된 저작물 등을 토대로 구석기시대 여행을 떠나볼까요? 지구 역사(45억 년)가 단 하루 만에 벌어졌다고 가정하면, 길게 잡아 700만 년인 인류 역사는 마지막 2분 15초에 불과하다는 생각이 들더군요.

1969년 7월 20일, 에드윈 올드린 및 마이클 콜린스와 함께 아폴로 11호에 탑승한 닐 암스트롱이 달 표면에 첫발을 내디디며 역사적인 한마디를 던졌죠. "한 인간에게는 작은 한 걸음이지만 인류에게는 위대한 도약이다." 우주 시대의 개막을 알린 말입니다. 그리고 1978년 탄자니아의 라에톨리Laetoli에서 또 다른 의미의 '인류의 첫발'이 발견됩니다. 영국 출신 인류학자 메리 리키Mary Leakey가 360만 년 전 화산재로 덮인 땅을 밟으며 걷던 고인류 3명의 발자국을 확인한 것입니다. 발뒤꿈치를 땅에 대고 깊이 누른 다음 발바닥을 뒤에서부터 엄지발가락까지 힘차게 찍으면서 균형을 잡고 일직선으로 걸어간 직립 인간 특유의 보행 방식이었습니다. 바로 인류 직립보행의 서막을 연 '위대한 발자국'입니다. 이 3명의 고인류는 360만 년 선의 암스트롱, 올드린, 콜린스라고 할 수 있습니다.

기본적으로 인류는 나약한 존재입니다. 다른 동물에 비해 신체 조건이 열악하기 이를 데 없죠. 1948년 남아프리카 스와르트크란스 Swartkrans 동굴 유적에서 180만 년 전에 살았던 젊은 고인류의 화석이 발견되었는데, 두개골에 2개의 작고 둥근 구멍이 있었습니다. 구멍은 같은 동굴에서 발견된 표범의 송곳니와 동일한 간격으로 나 있었는데, 그 주변에서 당시 주요 단백질원이던 개미집을 파헤치는 데 쓰인 뼈 도구가 나왔습니다. 과학자들은 표범이 개미집을 파던 고인류를 공격해서 두개골에 치명상을 입힌 거라는 결론을 내렸습니다. 이것뿐만이 아니죠. 280만 년 전 어린아이의 눈 주위에는 독수리의 부리 자국이 선명했습니다. 독수리가 천진난만하게 놀고 있는 아이를 먹잇감으로 낚아챈 흔적일 겁니다. 이들 화석에는 하루하루 불안하게 살다 죽어간 초기 인류의 비참한 최후가 담겨 있죠.

그러나 직립보행은 나약하기 이를 데 없는 인류가 끈질기게 살아남은 결정적 이유였습니다. 두 다리로 곧추서서 걷게 되자 손이 자유로워져 도구를 제작할 수 있었습니다. 아울러 두뇌가 점점 커지면서 상징과 언어로 소통할 수 있는 능력을 갖추었죠. 지금도 수백만 년 전 네발로 걸었던 흔적이 남아 있는데, 척추 끝에 있는 꼬리뼈가 그것입니다. '두 발 직립보행'의 후유증도 있었습니다. 다리,

—— 브라상푸이 비너스는 구석기 시대 여성의 얼굴을 가장 잘 표현한 조각으로 꼽힌다. 머리에 두건이나 가발을 쓴 것으로 추정된다.

허리, 무릎, 엉덩이, 발바닥 등 두 발 걷기에 쓰이는 부위들이 통증에 시달렸죠. 대표적인 것이 디스크 질환입니다. 또 직립보행을 하다 보니 골반과 산도産道가 좁아지면서 출산의 고통도 커졌습니다.

진화와 관련해 한 가지 재미있는 의문점이 있습니다. 왜 사람에게는 털이 없을까요? 최근 흥미로운 연구 결과가 나왔습니다. 침팬지 같은 영장류는 서로 털을 골라 이를 잡아주죠. 그런데 귀찮고 불결하며 전염병을 옮기는 이, 진드기, 벼룩 같은 체외 기생충을 원천 봉쇄하려고 털이 없어졌다는 겁니다. 그러다 빙하기가 찾아왔는데, 추위를 막기 위해 동물의 털가죽을 덮어써야 했죠. 그래서 인간이 입은 옷에 기생하는 몸니가 부활했다는 겁니다.

실제로 옷을 입고 몸을 꾸민 흔적이 고인류가 제작한 구석기시대 조각상에 나타나 있는데, 이른바 빌렌도르프Willendorf 비너스와 브라상푸이Brassempouy 비너스, 말타Malta 비너스 등을 보면 머리카락을 단장한 흔적이 역력합니다. 예컨대 브라상푸이 비너스의 머리는 격자무늬 망을 쓰고 있는 것 같죠. 옷은 어떨까요? 러시아 부레티 유적에서 출토된 비너스에서는 요즘의 롱 패딩을 입은 것처럼 굵은 음각선이 또렷합니다. 다른 비너스는 굵은 물방울무늬가 온몸을 감싸고 있죠. 프랑스의 레스퓌그Lespugue 비너스는 엉덩이 아래로 치마같이 길고 두툼한 무언가가 내려와 있습니다.


## 구석기판 시스티나 성당

아름다움의 추구는 예술로 승화되죠. 세기의 거장 파블로 피카소 Pablo Picasso는 1939년 스페인의 알타미라 동굴벽화를 보고 장탄식을 합니다. "알타미라 이후 모든 예술이 퇴보했다." 1만 4,000년 전 원시인들이 그린 벽화를 보고 피카소는 왜 그리 호들갑을 떨었을까요? 알타미라 벽화는 천장을 가득 메운 들소를 그린 초대형 그림인데, 미켈란젤로의 〈천지창조〉에 견줘 '구석기시대 시스티나 성당 그림'이라고 하는 이들도 있습니다.

알타미라 벽화를 비롯한 구석기시대 동굴벽화를 보면 절로 감탄이 나옵니다. 그중 3만 2,000년 전의 프랑스 쇼베Chauvet 동굴벽화는 거대한 벽면을 사자 무리한테 쫓기는 코뿔소 떼로 채웠는데, 마치 대지가 울리는 듯한 생동감이 느껴집니다. 1만 7,000년 전 그림인 라스코 벽화는 동물 한 마리 한 마리가 살아서 튀어나올 것 같습니다. 이뿐만이 아닙니다. 프랑스 튀크 도두베르Tuc d'Audoubert 동굴에는 진흙으로 빚은 들소가 있는데, 1만 4,000년 전 작품이라네요. 그 작품 근처 진흙 바닥에는 어지러이 찍힌 사람 발자국이 남아 있습니다. 2만 7,000년 전 프랑스 코스케Cosquer 벽화에는 손바닥 도장이

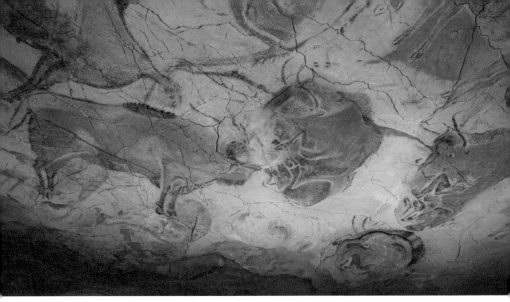

―― 스페인의 알타미라 동굴벽화. 후기 구석기시대의 유적으로 야생동물의 뼈와 사람의 손으로 그린 암벽화이다.

즐비하고요. 아마도 공동 작업을 펼친 흔적이 아닐까 싶습니다.


### 구석기시대의 죽은 자를 위한 의식

인류에게는 여타 동물과는 다른 뭔가가 있죠. 바로 죽은 자를 위한 의식입니다. 예컨대 스페인 아타푸에르카Atapuerca 유적에서는 30여 구의 인골과 함께 주먹도끼가 한 점 나왔습니다. 죽은 자를 위한 부장품이죠. 사람들은 그 주먹도끼에 영국 아서왕의 전설에 등장하는 '엑스칼리버Excalibur'라는 이름을 붙였습니다.

5만 년 전 프랑스 라샤펠오생La Chapelle-aux-Saints 동굴 유적에서는 60세 전후의 노인 유골이 나왔는데, 치아가 거의 남아 있지 않고 뼈의 척추와 관절이 전부 염증으로 손상되어 있었습니다. 스스로 걸

지도, 음식을 먹지도 못했을 겁니다. 그렇게 천수를 다한 노인을 정성껏 보살피고, 사후 장례까지 치렀다는 걸 알 수 있죠. 2만 년 전 이탈리아 아레네 칸디데Arene Candide 유적에서 나온 10대 초반 소년의 무덤은 화려하기 이를 데 없습니다. 산화철을 뿌려 몸을 온통 붉게 만들고, 조가비 장식 모자와 신발 등 각종 장신구로 몸을 둘렀습니다. 손에는 검은빛의 긴 돌날 한 개를 꼭 쥐고 있고요. 요절한 어린 자식을 묻는 부모의 애끓는 심정이 담겨 있습니다.

이라크의 샤니다르Shanidar 동굴 유적에서는 6만 5,000~4만 5,000년 전 네안데르탈인의 뼈들이 나왔는데, 다치고 병든 흔적과 함께 장기 치료의 증거를 확인할 수 있습니다. 석회암 더미에 조성된 무덤의 흙에서는 소나무와 전나무 그리고 꽃가루와 꽃술의 흔적도 보였습니다. 네안데르탈인이 시신 위에 형형색색의 꽃과 나뭇가지를 덮으며 장례를 치른 겁니다.


## 한반도 최초의 수출품

여기서 한반도의 구석기 문화를 일별해볼까요? 먼저 '슴베찌르개'라는 석기가 있는데, 손잡이나 자루와 연결할 수 있는 짧은 꼭지(슴베)가 달린 창끝을 말합니다. 슴베찌르개를 나무 자루에 묶어 연결하면 위력적인 사냥용 창으로 변신하죠. 이 석기는 4만~3만 5,000년 전에 한반도 중남부에서 제작되었는데, 어찌 된 일인지 남으로는 일본 규슈에서 북으로는 러시아 블라디보스토크까지 보급되었습니다. 한반도 최초의 수출품인 셈이죠.

화강암이 대부분인 한반도에서는 구석기시대의 맥가이버 칼이라는 정교한 주먹도끼를 제작하기 어려웠습니다. 그래도 한반도 구석기인은 주변에서 쓸 만한 규암과 석영 등을 골라 나름 정교한 석기를 만드느라 분투했습니다. 그 덕분에 남한 지역에서 확인된 것만 1,000여 곳의 구석기 유적이 존재합니다. 강원도 속초 청호동에는 대규모 석기 제작 공장이 있었습니다. 직경 30m 정도의 면적에 무수히 많은 석기 조각이 둥글게 흩어져 있는데, 그 한가운데에 또 하나의 작은 제작 공간이 존재했습니다. 여러 사람이 둘러앉아 석기를 만든 흔적입니다. 대량생산·분업·전문화의 공정이 이뤄진 것으로 볼 수 있죠. 또한 충북 단양의 4만 년 전 수양개 유적에서는 20.6cm가량의 매끈하고 길쭉한 자갈이 확인되었는데, 표면에 3.4~4.5mm 간격으로 비교적 일정하게 그은 22개 금이 새겨져 있습니다. 자尺 같지는 않은데, 이런 눈금이 어떤 용도로 쓰였는지는 가늠하기 어렵습니다. 참고로 1950년 콩고공화국 이상고Ishango에서 출토된 원숭이 뼈(2만 2,000년 전)에도 168개 눈금이 있습니다.

신체적으로 나약하기 이를 데 없는 인류가 마침내 만물의 영장이 된 게 경이롭기만 합니다. 심지어 1m가량의 단신에 뇌의 용적이 420cc에 불과한 호빗족마저 장장 6만 년 가까이(9만 5,000년~1만 7,000년 전) 터전을 잡고 생존했으니까요. 그뿐입니까? 수백만 년 전 돌멩이로 도구를 만들던 인류가 이젠 AI까지 창조해냈습니다. 척박한 환경에서도 인류가 살아남은 이유가 무엇일까요? 바로 인간과 비인간 사이에서 '인간의 길'을 걸어온 덕분이라고 생각합니다. 비록 지금은 자꾸 '비인간의 길'로 접어들려 하고 있긴 하지만요.

# 2

## 태풍 매미가 가져온 뜻밖의 선물
신석기인의 배와 똥 화석이 둥실 떠오르다

◇　　'매미'는 2003년 9월 12일부터 14일까지 한반도 남부를 강타한 슈퍼 태풍입니다. 중심부 최저기압이 이전까지 태풍의 대명사였던 '사라'(1959년, 952헥토파스칼)보다 낮은 950헥토파스칼로 역대 1위를 차지했죠. 사상자 132명(사망 119명, 실종 13명)에 4조 2,225억 원의 재산 피해를 입힌 최악의 태풍이었습니다. 매미는 북한에서 지은 태풍 이름입니다. 1999년 11월에 열린 제32차 아시아태평양 태풍위원회에서 14개국이 10개씩 제안한 태풍 이름 140개 중 하나였죠. 위원회는 140개 이름을 5개 조로 나눠 28개씩 차례로 쓰기로 합의했는데, 매미는 너무나 많은 피해를 준 재수 없는 이름이라 해서 불명예 퇴출당했습니다. 그래서 '무지개'라는 이름으로 바뀌었죠. 그런데 이 매미가 한반도 고고학계에 뜻밖의 선물을 안겨주었습니다.

## 매미가 일깨운 8,000년 전의 세계

매미의 후유증이 채 가시지 않은 2004년 봄, 경남 창녕군 부곡면 비봉리 마을에서는 태풍 때문에 침수된 양·배수장을 수리 및 확장하는 공사를 벌이고 있었습니다. 그런데 마침 인근 지역에서 지표 조사를 펼치던 발굴 기관 조사원이 공사장 옆을 지나다 발길을 멈췄습니다. 양수장을 확장하기 위해 파낸 땅의 토층을 살피던 그의 눈에 다량의 조개껍데기와 토기 조각이 보였습니다. 신고를 받고 달려온 경남문화재위원들은 그것이 '신석기·청동기시대 조개무지 (패총)'라는 데 의견을 모았습니다. 공사는 긴급 중단되고, 국립김해박물관 발굴팀이 현장에 투입되었습니다.

발굴을 지휘한 임학종 당시 국립김해박물관 학예연구실장은 유적 발견 자체가 신기한 일이었다고 회고했습니다. 유적의 입지부터가 그랬습니다. 청도천(낙동강 지류)을 따라 제방이 높게 쌓여 있고, 그 제방 위로 지방 도로가 나 있었습니다. 게다가 이 도로에서 마을로 들어가는 작은 길이 유적지 일대를 지나고, 그 한쪽은 이미 양·배수장 건물이 치고 들어온 상태였습니다. 유적지에는 7~8m가량의 흙이 두껍게 덮여 있었고요. 태풍 피해로 공사를 벌이지 않았다면 절대 발견할 수 없는 유적이었던 겁니다. 매미는 돌이킬 수 없는 상처를 남기고 이름조차 제명된 신세가 되었지만, 그나마 한 가지 값진 선물은 남긴 셈입니다.

2004년 6월에 시작된 조사를 통해 발굴팀은 그곳이 신석기시대부터 청동기시대까지의 유물층이 켜켜이 쌓인 조개무지 유적임을 확인했습니다. 나뭇가지, 낚싯바늘, 가래나무 열매와 함께 민물조개인 재첩과 바다에 서식하는 굴, 그리고 상어·가오리·복어·숭어의 뼈가 나왔습니다. 이상한 일이었습니다. 비봉리는 바다에서 60km 나 떨어진 육지거든요. '왜 이런 육지에서 바다 냄새가 물씬 나는 것일까?' 처음에는 당시의 비봉리 거주자들이 낙동강을 통해 바닷가 사람들과 교류한 것은 아닐까, 혹은 바닷가까지 나가서 어업 활동을 한 것은 아닐까 생각했습니다. 그러다 연구자들은 사고의 틀을 바꾸었습니다. '혹시 신석기시대에는 비봉리까지 바닷물이 들어오지 않았을까?'

과연 이런 가설을 뒷받침할 만한 자료가 나왔습니다. 습지의 여러 층위에서 흙을 채취·분석한 결과, 식물성플랑크톤의 일종인 바다 규조가 발견되었던 겁니다. 이에 황상일 경북대학교 교수는 "6,800년 전 이전에는 비봉리가 내만內灣의 해안에 있었으며, 해안선은 청도천을 따라 인교(나무다리) 부근까지 전진해 있었다"는 연구 결과를 발표했습니다. 신석기시대에 이곳까지 바닷물이 들어왔을 가능성을 제기한 것입니다.


## 도토리 전분으로 만든 피자, 파전 혹은 돈가스

비봉리 발굴팀은 주목할 만한 유구遺構를 발견했습니다. 18기의 도토리 저장 구덩이가 바로 그것입니다. 구덩이 깊이는 52~216cm 로 상당히 다양했는데, 여기에 신석기인의 지혜가 담겨 있습니다. 바닷물이 구덩이를 몇 번 드나드는 동안 도토리의 떫은맛, 즉 타닌이 제거되었기 때문입니다. 그래서 밀물 때는 입구가 물에 잠기고,

썰물 때는 물 밖으로 노출되는 절묘한 곳에 구덩이를 만들었을 가능성이 큽니다. 만약 물 밖으로만 노출되었다면 타닌을 제거하기 어려웠을 테고, 야생동물에 의한 피해도 피할 수 없었겠죠. 또 물속에만 있었다면 도토리를 저장하고 필요할 때 꺼내는 작업이 곤란했겠죠. 그래서 18기의 저장 구덩이 위치가 시대에 따라 해발 0.75m, 0.38m, 0.26m, 0.50m, 0.12m로 바뀌었습니다. 저장 구덩이의 해발고도가 당대 해수면의 높이를 알 수 있는 척도인 셈입니다.

저장 구덩이에는 초본류(풀), 참나무·소나무로 만든 작은 나뭇가지, 그리고 직경 10cm 정도의 굵은 목재가 들어 있었습니다. 도토리 등이 물에 유실되는 것을 막고, 구덩이의 위치를 파악하기 위한 장치였을 겁니다. 그중에는 칼을 거꾸로 꽂아 넣은 듯한 나무도 있었습니다. 그걸 '아서왕의 엑스칼리버' 같다고 표현하기도 합니다. 또 일부 구덩이에는 도토리와 함께 우리나라에서 가장 오래된 망태기와 솔방울 등이 썩지 않은 채 남아 있었습니다. 가공 시설로 사용한 곳도 있는데, 파쇄된 도토리 껍질이 나온 저장 구덩이 2기, 갈돌과 갈판이 출토된 저장 구덩이 1기가 바로 그것입니다. 저장 구덩이가 도토리를 가공하는 복합 기능 공간으로도 쓰였다는 얘깁니다.

그럼 도토리를 갈아서 무슨 음식을 만들었을까요? 출토 유물 중 토기 내부에 붙어 있는 불에 탄 유기물 흔적이 그 실마리를 제공해줍니다. 유기물 중에는 달래 같은 양파류 뿌리식물이 있는데, 불에 탄 것으로 보아 도토리 전분과 섞어 조리한 것으로 추정됩니다. 도토리 전분과 달래, 조리 기구까지… 얼핏 파전 같은 부침개 생각이 납니다. 비봉리에서는 멧돼지가 그려진 토기 조각도 발견되었습니

－ －토기 내부에 붙어 있는 불에 탄 유기물의 흔적. 음식을 조리하고 붙은 음식 찌꺼기로 보인다. 그중에는 달래와 같은 양파계 뿌리식물이 보였다. 국립김해박물관 제공.

다. 토기 조각 위쪽과 옆 선에 작살과 줄을 그린 것 같은 그림이 있는데, 아마도 사냥 장면을 표현했을 가능성이 높습니다. 발굴을 지휘한 당시 임학종 실장은 그럴듯한 상상의 나래를 펼쳤습니다. "도토리 저장 구덩이와 음식물이 눌어붙은 토기…. 그렇다면 신석기인들은 도토리 가루에 달래와 돼지 가슴살을 올려 피자나 돈가스 같은 음식을 해 먹지 않았을까요?"

### 국내 첫 똥 화석의 발견

비봉리 유물 가운데 가장 흥미진진한 것은 역시 '똥糞 화석'일 겁니다. 발굴 때 파낸 흙을 0.2~1mm 그물망으로 일일이 체질한 결과 찾아낸 보물이죠. 어떤 신석기인이 시원하게 배설을 했는데, 그게 따가운 햇볕에 굳어버렸고, 그 위에 계속 흙이 쌓여 결국 화석으로

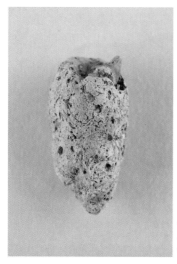
―― 분석糞石. 처음 발견한 신석기인의 똥 화석으로 뼈와 음식물 잔해가 그대로 보인다. 국립김해박물관 제공.

변한 겁니다. 발굴에 참여한 당시 이정근 학예연구사는 이렇게 말했습니다. "똥 화석을 보면 팥알 반 크기의 알갱이가 있습니다. 똥 속에 음식물 잔해가 남아 있는 겁니다." 고고학 발굴 사상 처음으로 똥 화석을 찾아낸 조사단은 흥분 상태에 빠졌고, 이후 발굴 현장에서는 "똥 찾았어요?" 하는 게 인사였다고 합니다.

발굴이 한창인 어느 날 임학종 실장이 꿈을 꾸었답니다. "십자가 같은 어떤 물건 위에 놓인 끈을 잡고 한참을 걸었어요. 그랬더니 거기에 이상하게 생긴 나뭇조각이 놓여 있었습니다." 예전에 이곳까지 바닷물이 들어왔다면 배舟의 흔적을 찾을 수 있을 거라고 기대하던 차에 그런 꿈을 꾼 그는 현장으로 달려가 조사원들을 불러 모았습니다. "내 꿈에 나타난 십자가가 무슨 뜻일까? 바로 우리가 파 놓은 발굴 트렌치야. 십자가 끈을 따라 흙을 파보면 배가 묻혀 있을

1부 사건과 사연

것 같아." 그의 말에 조사원들은 어이가 없다는 듯 웃었습니다. "실
장님이 더위를 드셨나 보네! 며칠 쉬셔야겠어요." 임학종 실장은 현
장 작업 중인 굴착기를 보면서 누구든 배를 발견하는 사람한테는
굴착기를 사주겠다고 농 섞인 공약을 했습니다. 그때만 해도 그 꿈
이 현실로 다가올 거라고는 아무도 알지 못했습니다.


## 8,000년 전의 배가 출현하다

발굴이 막바지에 이른 2005년 여름, 급한 일로 자리를 비운 책임
자 대신 임학종 실장이 현장을 지키고 있었습니다. 발굴 터를 유심
히 살피던 그의 눈이 번쩍 뜨였습니다. "발굴 구덩이에서 제일 낮은
(오래된) 층에서 나뭇조각 하나가 눈에 띄는 거예요. 순간 심장이 멎
는 듯했습니다. 마음속으로 '저거다!' 했죠." 임 실장이 깊이 4m나
되는 구덩이 안으로 뛰어들어 떨리는 손으로 흙을 파헤치자 나뭇조
각이 서서히 모습을 드러냈습니다. 완만하게 휜 그 나뭇조각은 큼
직한 배의 흔적이었습니다.

비봉리 배의 출현은 그야말로 고고학 발굴 사상 손꼽히는 역사
적 성과였습니다. 배는 비봉리 유적의 가장 아래층, 즉 신석기시대
중에서도 조기층(7,700년 전)에서 출토됐는데, 길이는 최대 310cm,
폭은 최대 62cm, 두께는 2.0~5.0cm였습니다. U자형으로 통나무
를 파내 만든 배의 수종은 소나무였고, 수령樹齡은 200년 정도로 추
정됐습니다. 일본 조몬시대繩文時代(1만 2,000~2,300년 전)의 배보다
2,000년 이상 빠르고, 중국 저장성 콰후차오跨湖橋에서 출토된 나무

━━ 비봉리 2호 배의 잔해와 배 젓는 도구인 노. 노의 자루와 물갈퀴가 거의 완전한 형태로 남아 있다. 국립김해박물관 제공.

배와 비슷한 시기에 건조된 것으로 보입니다. 조사단은 이 배의 이름을 '비봉리 1호'라고 명명했는데, 이 배의 출토 지점으로부터 약 25m 떨어진 곳에서 두 번째 배 조각(비봉리 2호)을 발견했기 때문입니다.

또한 2010년 2차 발굴에서는 비봉리 1호 출토 지점으로부터 약 9m 떨어진 곳에서 배를 젓는 도구인 노櫓를 찾아냈습니다. 전체 길

　　　　　　　　　　　　　　　　　　　　1부　사건과 사연

이가 181cm인 노는 자루(66cm)와 물갈퀴(115cm)까지 거의 완전한 형태로 남아 있었는데, 7,000년 전 운항한 배에 쓰였을 것으로 짐작됩니다. 신석기시대 배의 흔적은 그 밖에 경북 울진 죽변에서도 나왔습니다. 2010년 죽변에서 출토된 신석기 유물을 보존·처리하는 과정에서 7,500년 전의 배 조각과 노 등을 확인한 겁니다.

사실 이와 같은 신석기시대 배(선박)의 발견은 만시지탄晚時之歎이라 할 수 있습니다. 울주 반구대 암각화 등에 표현된 고래잡이 모습, 패총에서 나온 고래 뼈, 일본열도와의 원거리 교역을 알려주는 흑요석 등으로 미루어보건대 신석기시대에 이미 원양어업에 나설 정도로 배 건조 기술이 만만치 않았다는 거죠.

비봉리에서는 국내 최고最古, 최초라는 수식어가 붙은 유물들이 쏟아져 나왔습니다. 두 가닥의 날줄로 씨줄을 꼬는 '꼬아뜨기 기법'으로 만든 망태기, 칼 모양의 목제품, 똥 화석, 멧돼지 그림 등…. 여기에 남해안은 물론 멀리 일본 규슈까지 오갔을 것으로 추정되는 선박까지 나왔죠. 마치 타임머신을 타고 8,000년 전 신석기인들의 일상으로 돌아간 것 같지 않습니까?

# 3

## 금제 띠고리의 주인공 낙랑인

중국인인가, 한국인인가

◇　국립중앙박물관 소장 자료(41만여 점) 가운데 유독 낙랑 관
련 유물과 사진이 제 눈에 밟힙니다. 일제강점기에 발굴 및 촬영한
1만 7,000여 점의 유물과 4,053점에 이르는 유리 건판 사진이 그
것입니다. 국립중앙박물관은 그동안 소장 자료를 재검토해 특별
전 〈낙랑〉(2001)을 개최하고, 조사 보고서 〈평양 정백리 8 · 13호분〉
(2002)과 〈평양 석암리 9호분〉(2018)도 펴냈는데 흥미로운 대목이
보였습니다.

### 알코올로 닦자 나타난 2,000년 전 글씨

"평양 석암리 9호분 출토 노기弩機(원거리용 화살 발사 장치)에서 '조
자릉 용趙子陵 用'이라는 명문 묵서(묵 글씨)가 보였다." 석암리 9호분

　　　　　　　　　　　　　　　1부　사건과 사연

은 유명한 국보 금제 띠고리 등 화려한 유물들이 쏟아져 나온 귀틀묘(덧널무덤의 일종)인데, 여기서 극적으로 명문을 발견한 것입니다.

박물관의 보존과학부가 2018년 〈평양 석암리 9호분〉을 펴낸 뒤 유물을 정리하던 중 쇠뇌를 알코올로 닦는 과정에서 희미한 글씨를 보았습니다. 예서(중국 한나라 시대의 서체)로 쓴 '趙子陵 用'이라는 글자였습니다. 그중 '趙' 자는 기원후 148년(후한 시대)에 새겨진 〈석문송石門頌〉에서 볼 수 있는 서체였고요. 그 명문에 대해 손환일 한국서화연구소장은 한나라 시대의 생활 서체처럼 보인다고 했습니다. 박물관 측에서도 《후한서》 등 중국 사서에 '자릉'이라는 자字를 쓰는 인물이 여럿 보인다고 언급했습니다. 따라서 조자릉은 중국의 혼란기에 한반도로 넘어온 망명객이거나, 한나라가 낙랑군에 파견한 관리였을 겁니다.

그렇다면 노기의 소유자 혹은 사용자는 조자릉이라는 인물일 가능성이 크겠지요? 그러나 박물관은 석암리 9호분의 주인이 조자릉이라고 단정하지는 않았습니다. 근거가 빈약하기 때문입니다. 그렇더라도 조자릉이라는 이름이 마음에 걸립니다. 기원후 1~2세기에 조趙라는 성씨를 썼다면 중국인일 가능성이 크다는 선입견 때문입니다. 혹시 '조자릉' 명문은 평양이 한나라가 고조선을 멸망시키고 설치한 낙랑군의 치소임을 방증하는 자료가 아닐까요?

시계를 1909년 9월로 돌려봅니다. 당시 통감부 고건축 담당 촉탁이던 세키노 다다시關野貞가 대동강 변의 고분(석암리 벽돌분)을 발굴했는데, 그 결과 고분의 무덤방에서 2점의 청동거울과 각종 무기, 토기, 오수전五銖錢이 쏟아져 나왔습니다. 그해 11월에는 이마니시류今西龍가 이끄는 발굴단이 똑같은 형식의 무덤(석암리 을분)을 조사했는데, 이곳에서는 '왕王×'이라는 명문이 적힌 칠기 부품, 청동거울 등이 출토됐습니다. 두 발굴단은 두 곳 모두를 고구려 고분으로 판단했죠.

그러나 2년 뒤(1911) 이마니시가 입장을 바꿉니다. 자신이 발굴한 석암리 을분에서 나온 칠기 부품의 '王×' 명문을 중국인 '낙랑 왕씨'와 연관시킨 겁니다. 낙랑 왕씨는 《후한서》〈왕경전王景傳〉에 등장하는 '낙랑 남한인' 왕경 가문을 가리킵니다. 《후한서》에는 "왕경의 8세조 왕중王仲이 제북왕濟北王 흥거興居의 반란(기원전 177)을 피해 동쪽 바다를 건너 낙랑 산중으로 피했다"고 쓰여 있죠. 이마니시는 이 낙랑인 왕경이 바로 석암리 을분에 등장하는 '王×'라고 본 겁니다. 그로부터 1년 뒤인 1913년 발굴된 낙랑토성에서는 '낙랑예관樂浪禮官'과 '낙랑태수장樂浪太守長'이라고 새겨진 명문 기와와 봉니(문서류를 밀봉할 때 쓴 점토)가 잇따라 나왔습니다. 이어 평남 용강군 어을동에서는 토성과 함께 '점제현 신사비秥蟬縣 神祠碑'가 출토되었고요. 이 명문에 등장하는 '점제'가 낙랑군에 속한 25개 현 가운데 하나라는 점이 부각되었죠.

## 눈, 코, 입에 항문까지 막았던 장례용품

일본 학계는 '낙랑'이라는 단어에 혹했습니다. '낙랑이라면 한나라가 기원전 108년 고조선을 멸하고 세운 한사군 중 하나로, 313년까지 무려 421년이나 한반도 서북쪽을 지배하지 않았는가.' 그런

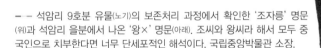

－ － 석암리 9호분 유물(노기)의 보존처리 과정에서 확인한 '조자릉' 명문(위)과 석암리 을분에서 나온 '왕×' 명문(아래). 조씨와 왕씨라 해서 모두 중국인으로 치부한다면 너무 단세포적인 해석이다. 국립중앙박물관 소장.

탓인지 조선총독부가 1916년부터 5개년 계획으로 벌인 고적 조사 사업은 '평양 일대의 낙랑 고분 조사'를 영순위로 꼽았습니다. "단군의 건국 설화는 근거를 찾을 수 없다. (…) 후세에 견강부회한 것에 지나지 않는다. (…) 반도 역사상 비교적 연대가 명백한 것은 한치군漢治郡의 시기가 처음이다. (…) 그래서 한치군 유적부터…."(조

—— 평양 석암리 9호분에서 출토된 청동 박산로와 솥이다. 국립중앙박물관 소장.

선총독부 '고적 조사 개요') 여기서 한치군은 '한나라의 식민 지배를 받는 4군'이라는 뜻입니다.

이 중 석암리 9호분은 1916년 조선총독부가 1차로 조사한 10기 중 1기였죠. 그런데 이 조사가 시쳇말로 '대박'이었습니다. 우선 나무 관(목관) 안에서 무덤 주인이 각종 장신구를 착용한 모습 그대로 드러났습니다. 칼 손잡이와 칼집 일부를 옥으로 장식한 철제장검(일명 옥구검玉具劍)과 금장식철제모자환두소도(금장식 고리 자루가 달린 작은 어미칼 및 자식칼 세트), 그리고 무덤 주인의 가슴·눈·코·입·귀·항문·손 등에 얹거나 삽입했던 장례용 옥玉도 다량 나왔습니다. 무엇보다 화려하기 이를 데 없는 금제 띠고리가 압권이었습니다. 나무 관의 바깥, 즉 덧널 안쪽에서도 향로(중국제 박산로博山爐), 음식 조리용 취사기와 식기, 술을 담는 그릇 등 각종 청동 및 금속 용기 8점이 나왔지요. 옻칠한 소반 등 다양한 칠기 29점도 발굴됐고요. 출토 유물은 총 100건 365점에 달했습니다.

## 금제 띠고리에 숨어 있던 용 한 마리

그중 군계일학의 유물은 바로 금제 띠고리였습니다. 얇은 금판을 두드려서 표면에 용 문양을 새긴 후, 푸른색의 터키석과 붉은색 안료로 장식해 만든 허리띠 장신구입니다. 분석 결과, 금의 순도는 순금(24K)에 가까운 22.8~23.8K였습니다. 금판 한 장을 말발굽 형태로 제작했는데, 테두리 부분을 높이 5mm 정도로 접어서 입체감 있게 만들었죠. 바탕 금판의 두께는 약 0.3~0.7mm, 표면을 장식한 금선金線의 두께는 0.2~1.1mm 정도입니다. 각각의 용 문양은 금선과 금 알갱이로 눈, 코, 뿔 그리고 발가락 등을 표현해서 붙였습니다. 뼈대는 금선과 굵은 금 알갱이를 띠처럼 이어 붙여 도드라지게 만들었고요. 이때 쓰인 금 알갱이의 지름은 0.3~1.6mm에 불과합니다.

그렇게 표현한 용은 총 몇 마리일까요? 국립중앙박물관이 펴낸 보고서 〈평양 석암리 9호분〉(2018)은 이렇게 썼습니다. "얇은 금판을 작은 정으로 두들겨 큰 용 한 마리와 작은 용 6마리, 모두 용 7마리를 배치했다."

그러나 금공품金工品 연구자 이한상 대전대 교수가 이의를 제기했죠. "얼굴을 밑으로 급격하게 트는 바람에 보이지 않아서 그렇지 오른쪽 부분에 큰 용 한 마리가 더 표현되어 있다"고 말입니다. 과연 굵은 크기의 알갱이로 뼈대를 표현한 큰 용 한 마리가 더 있었습니다. 머리는 보이지 않지만 뼈대가 확연한 몸통과 발톱을 확인할 수 있죠. 띠고리 표면에는 물방울 모양의 알집이 40개 있는데, 여기에 작은 터키석을 끼워 장식했을 겁니다. 그러나 터키석은 대부분 사라졌고, 현재 7개만 남아 있습니다.

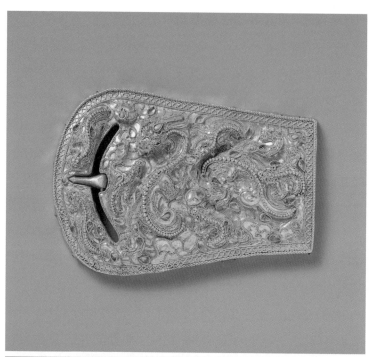

＊─ 평양 석암리 9호분에서 출토된 국보 금제 띠고리. 국립중앙박물관 소장.

또 하나의 핵심 유물은 칠기로 만든 쟁반, 즉 거섭3년명칠반居攝
三年銘漆槃입니다. '거섭'은 전한前漢의 마지막 군주 유영劉嬰(기원후
5~25)의 연호(기원후 6~8년 사용)였습니다. 명문에 따르면 이 칠기쟁
반은 촉군蜀郡의 서공西工에서 제작했는데, 촉군은 지금의 쓰촨성
청두成都이고, 서공은 촉군에 설치한 한나라의 관청으로 관영 수공
업을 담당했던 곳입니다.


## 기부금까지 받아가며 낙랑 고분에 집착한 일본

석암리 9호분의 발굴 성과를 토대로 일제는 1913년 낙랑토성까
지 포함해 평양의 대동강 남안을 한사군, 즉 낙랑의 치소治所로 확
정했습니다. 평양을 중심으로 그 서쪽 일대에 낙랑 광풍이 불어닥
친 겁니다. 가뜩이나 한국사의 타율성과 정체성을 강조하려던 일제
는 옳다구나 싶었겠죠. 1916년부터는 중국(한나라)의 지배를 받은 낙
랑의 옛 땅을 광범위하게 파헤치기 시작했습니다. 일제 패망 직전인
1944년까지 파헤친 낙랑 고분은 무려 93기에 이릅니다.

일제의 발굴 조사에는 고비도 있었습니다. 1923년 간토關東 대지
진의 여파로 예산 절감 차원에서 조선총독부의 조직이 축소되자,
조선고적연구회라는 외곽 단체가 나섰습니다. 1931년 미쓰비시三菱
합자회사의 사장 이와사키 고야타岩崎小彌太로부터 찬조금(6,000원)
을 받아 시작한 연구회입니다.

연구회는 이후 해마다 민간 기업과 도쿄 제실박물관帝室博物館 등
의 자금 지원을 받아 평양의 낙랑 고분과 경주의 신라 고분 조사에

집착했습니다. 이와 관련해 연구회의 회칙 제11조가 주목을 받는데, 한반도에서 출토된 유물은 법령에 따라 국가(조선총독부)로 귀속되는 것이 원칙이지만, 그중 일부는 평의원회의 결의에 따라 처분할 수 있도록 규정해놓은 것입니다. 가뜩이나 무자비한 도굴로 파헤쳐진 낙랑 고분의 유물을 합법적으로 반출할 수 있는 길을 열어준 거죠.

낙랑 고분 발굴을 주도한 세키노 다다시는 "조선은 예부터 중국 문화의 은혜를 입었고, 그 침략을 받아서 항상 복속해왔다"면서 "자연히 사대주의와 퇴영 고식주의에 빠져 국민의 원기도 없어졌다"(《조선의 건축과 예술》, 1941)고 주장했습니다. '조선은 영원히 남의 나라 속국이 될 수밖에 없는 운명'이라는 전형적인 정체성과 타율성을 강조한 것이죠. 그렇다면 일제강점기에 파헤친 낙랑 고분은 100% 중국 한나라 문화를 대변하는 것일까요?

낙랑의 치소가 존재했다는 평양 대동강 남안의 고분들을 살펴보겠습니다. 한사군이 설치될 무렵(기원전 1세기) 평양 일대의 묘제墓制는 원래 덧널무덤이었는데, 기원 전후부터 새로운 묘제가 등장합니다. 하나의 무덤구덩이 속에 사각 형태의 덧널을 만든 뒤 그 내부에 다시 2개 이상의 나무 관을 두는 다소 복잡한 무덤이었습니다. 이것을 '귀틀묘'라고 합니다.

특히 금제 띠고리 같은 국보급 유물이 쏟아진 석암리 9호분은 더욱 심상치 않습니다. 기원후 8년 무렵 조성된 이 고분 역시 귀틀묘인데, 다른 귀틀묘와 비교해 구조가 특이합니다. 무덤구덩이 바닥에 돌을 깐 것은 물론, 구덩이와 덧널 사이에도 냇돌을 채워 넣었습니다. 이는 무엇을 말해주는 걸까요?

## 고조선의 향기 물씬 풍기는 석암리 9호분

석암리 9호분은 돌무지무덤, 즉 적석총이 전통 묘제인 고조선의 향기를 짙게 풍깁니다. 또한 하나의 덧널 안에 나무 관을 2개 이상 넣는 합장묘 형태인 여느 귀틀묘와 달리 무덤 주인이 한 명뿐입니다. 무덤 주인의 신분이 높다는 얘기죠.

일본 학자들은 석암리 을분에서 출토된 왕× 명문을 《후한서》의 기록대로 한나라에서 망명한 인물(왕중)의 8대손(왕경)으로 보았죠. 그런데 설령 왕×가 왕경이라 해도 8세대, 즉 200년 넘게 한반도에서 대를 잇고 살아온 사람을 중국인이라 할 수 있을까요? 또 같은 《후한서》에는 "토인土人인 왕조王調가 낙랑태수를 죽이고 스스로 낙랑태수라 칭하면서 6년간(기원후 25~30) 낙랑군을 장악했다"고 쓰여 있습니다. 여기서 '토인'은 토착 세력, 즉 고조선계 재지在地 세력이라고 봐도 무방합니다. 그렇다면 '왕조'는 토착 세력을 대표하는 고조선계 인물일 수 있습니다. 물론 왕경처럼 먼 옛날 한반도로 넘어와 완전히 토착 세력화된 인물일 수도 있겠죠. 어떤 경우든 중국인으로 단정하고 넘어갈 일은 아니라는 얘깁니다.

석암리 9호분 유물(노기) 보존 처리 과정에서 확인한 조자룡 명문도 마찬가지입니다. 조씨를 단순히 중국인으로 해석하면 고조선의 향기가 물씬 풍기는 고분의 특성과 왕경 및 왕조 관련 역사 기록을 무시 혹은 오독하는 우를 범하게 됩니다. 국보인 금제 띠고리는 어떨까요? 중국에서 만든 것을 군이 대한민국 국보로 대접하는 게 옳을까요? 그런데 이 국보 허리띠와 비슷한 출토품이 평양의 낙랑 고분 7기에서 나왔습니다. 2,000년 전 이 땅에 터전을 잡고 살았던 사

람들 사이에서 사랑받고 유행했던 명품 허리띠였던 겁니다. 그것이
중국 제품이든 고조선 제품이든 국보 대접을 받을 만합니다. 만약
평양의 낙랑 고분이 무자비한 도굴을 당하지 않았다면 금제 띠고리
는 곧 낙랑의 상징 유물이 되었을 겁니다.


## 낙랑인은 중국인일까

기원 전후 덧널무덤에서 초기 귀틀무덤으로 옮겨가는 와중에도
고조선 유물인 세형동검과 청동창, 거마구(말과 수레에 장치하는 도구)
등이 심심찮게 보이는 것은 무엇을 의미할까요? 이 역시 '낙랑인=
중국인'으로 도식화할 수 없는 증거입니다.

그럼 낙랑과 낙랑 문화를 어떻게 봐야 할까요? 낙랑 연구자 오영
찬 이화여대 교수는 "낙랑 문화는 중국과 고조선 세력의 영향력이
교차하고 융합해서 이룬 독특한 문화"라고 해석합니다. 이른바 '낙
랑인'이라는 새로운 종족 집단이 존재한다는 거죠. 중국에는 없는
귀틀묘와 그 안에서 종종 나타나는 세형동검과 돌무덤 전통, 그리
고 중국 중원에서는 거의 등장하지 않는 띠고리 문화 등을 볼 때 그
렇다고 합니다. 또한 《후한서》 등에 나오는 한나라계 재지 세력(왕
경 가문)과 한때 낙랑군을 점령한 고조선계 인물(왕조)을 볼 때도 그
렇고요. 그렇다면 낙랑인도 한국사의 당당한 주역으로 자리매김할
수 있지 않을까 싶습니다.

# 4

## 침몰선이 전해준 900년 만의 증언
고려청자를 꿀병과 참기름병으로 썼다고?

◇  2020년 4월, 충남 태안 신진도에서 이 일대 바다(안흥량)를 지키던 조선 수군의 지휘소가 발견되었습니다. 폐가로 남아 있던 건물에서 나온 명문 기록 2점이 특히 눈길을 끌었죠. 하나는 벽지 형태로 발견된 한시인데, "사람이 계수나무 꽃 떨어지듯 지니 人間桂 花落…"로 해석할 수 있습니다. 현판의 '무량수각無量壽閣'이라는 글씨 또한 흥미로웠습니다.


### 목숨 걸고 건너야 했던 안흥량

불교에서 무량수는 '헤아릴 수 없는 오랜 수명'이라는 뜻으로, 무량수각은 '무병장수하는 집'이라는 의미입니다. 전란이나 재해가 심한 지역의 사찰에 주로 세웁니다. 신진도 수군 지휘소 현판에는 무량 부분에 낙관처럼 쓰인 단어가 있는데, 바로 '구롱ㅁ舞(농담)'입니다. 왜 공공건물의 현판에 '농담'이라는 말을 썼을까요? 이 건물은 해안의 안전 운항을 관장하는 수군 지휘소였는데, 한시에서 보듯 계속된 해난 사고로 인해 인명 피해가 줄지 않았죠. 그래서 무병장수를 바라며 쓴 현판에 훗날 누군가가 "무병장수는 무슨! 농담이야!"라는 풍자 문구를 적어놓았다는 겁니다. 억측 같지만 안흥량 해역에서 일어난 각종 사건 사고를 들춰보면 고개가 절로 끄덕여지긴 합니다.

1123년(인종 1) 안흥량을 거쳐 고려를 방문한 송나라 서긍徐兢의 《고려도경》을 볼까요? "안흥량 물길이 격렬한 파도 때문에 열물과 충돌하고, 암초 때문에 위험하므로 배가 뒤집히는 사고가 있다."

또 조선의 지리서 《신증동국여지승람》은 이렇게 적고 있습니다.

"옛날엔 바닷물이 험해 조운선이 누차 침몰했기 때문에 '난행량難行梁'이라 했는데, 훗날 사람들이 '편安하고 흥興하라'는 염원을 담아 '안흥량'으로 이름을 바꿨다." 실제로 안흥량은 인당수(황해도), 손돌목(경기도), 울돌목(전남)과 함께 4대 험로로 꼽혔죠.

안흥량은 해안선의 출입이 들쑥날쑥하고 다수의 섬이 분포한 데다 수중 암초가 곳곳에 있어 조류의 변화가 심합니다. 여기에 극심한 조수간만의 차로 물살이 더욱 빨라지죠. 간조(썰물) 때나 계절적으로 풍랑이 거셀 때 안흥량을 통과하는 일은 아주 위험했지요.

《승정원일기》에는 "안흥량을 왕래하는 선박 중 뒤집혀 침몰하는 것이 10척 중 7~8척에 이르고 (…) 한 해에 바람을 만나 사고가 많으면 40~50척에 달한다"(1667년 윤 4월 9일)는 기록이 있습니다. 하

── 안흥량 전경. 1395~1455년 사이 60년간 안흥량에서 발생한 해난 사고의 통계를 보면 파선 및 침몰된 선박이 200여 척, 인명 피해 1,200명, 미곡 손실 1만 5,800석에 달했다. 국립해양유산연구소 서해문화유산과 제공.

지만 그런 위험을 무릅쓰고 안흥량을 통과할 수밖에 없는 이유가 있었죠. 전라도·경상도·충청도 등에서 거둔 세곡(세금으로 거둔 곡식)을 서울(개경·한양)로 운반하는 데 피할 수 없는 조운선의 항로였기 때문입니다.

### 운하 개통에 매달렸지만 계속된 사고

고려·조선 등 역대 왕조가 대를 이어 마련한 매력적인 대안은 '운하 개통'이었습니다. 처음 운하를 계획한 것은 1134년(고려 인종 12)인데, 해난 사고가 빈발한 안흥량을 거치지 않고 천수만과 가로림만을 통과하는 물길을 내는 것이었습니다. 하지만 《고려사》에 따르면 "군사 수천 명을 총동원한 이 대역사는 완전한 실패"로 끝났습니다. 1154년(의종 8)과 1391년(공양왕 3)에 공사를 재개했지만 중도 포기했죠. 공사 구간이 화강암 암반층인 데다 용케 파냈다 해도 조수가 들락날락하는 바람에 족족 다시 메워졌기 때문입니다.

조선 개국 후에도 운하 개통을 향한 열망은 식지 않아 개국공신 하륜河崙은 나름 묘안을 짜냈습니다. 일종의 갑문식 공법을 쓰기로 한 겁니다. 고려 때 뚫어놓은 미완성 운하를 최대한 활용해 높낮이에 따라 5개 저수지를 만들고, 각 저수지마다 소선(작은 배)을 띄운 뒤 포구에 도착한 조운선의 짐을 차례로 옮겨 싣는 방법이었죠. 그러나 이 공법 또한 실패했습니다. 무엇보다 세곡을 첫 번째 저수지로 옮겨 실으려면 우선 대선大船이 정박해야 했죠. 그런데 안흥량의 바람이 워낙 세고 암초가 험한 데다 조수간만의 차 때문에 세곡을 가득 실은 대선이 정박하기도 쉽지 않았습니다. 그런 마당에 어떻게 저수지까지 짐을 옮겨 실을 수 있겠습니까. 그야말로 전형적인 탁상공론이었죠.

그럼에도 조선왕조는 운하 계획을 포기하지 않았습니다. 특히 중종 때인 1537년에는 대안 노선인 의항운하(태안군 소원면 송현리~의항리) 건설 공사를 강행했습니다. 하지만 이 역시 거센 조수간만의 차이 등으로 실패하고 말았습니다. 그사이 이 지역에서는 해난 참사가 빈발했죠. 조선 전기의 기록만 따져볼까요? 1395년(태조 4) 5월 경상도 세곡을 싣고 안흥량을 통과하던 조운선 16척이 침몰했는데, 이건 사고 축에도 끼지 못합니다. 1403년(태종 3)과 1414년(태종 14)에는 대형 침몰 사고가 났습니다. 특히 1403년 사고 때는 조운선 34척이 침몰하고, 선원 1,000여 명과 쌀 1만여 석이 수장됐습니다. 이때 태종이 "모두 부덕한 과인의 책임"이라며 "내가 백성을 사지로 몰고 간 것과 다름없다"고 사과한 것으로 유명하죠. 1414년에는 조운선 66척이 침몰하고, 미곡 5,000석이 가라앉았습니다. 1455년(세조 1)에는 조운선 54척이 침몰했고요.

1395년부터 1455년까지 60년간 안흥량에서 파선 및 침몰한 선박은 200여 척, 인명 피해가 1,200명, 미곡 손실이 1만 5,800석에 달했습니다. 이로 인해 조선은 국가 재정이 고갈되는 등 이중고를 겪었습니다.

## 주꾸미가 건져 올린 청자

그렇게 거센 풍랑 속에 빨려 들어간 난파선이 오늘날 보물선이 되어 떠오를 줄 누가 알았겠습니까. 2007년 5월 14일 밤, 충남 태안 안흥항 인근에서 주꾸미를 잡던 어민 김용철 씨는 바닷가에서 수영하는 꿈을 꾸었습니다. 어민들 사이에서 '물꿈'은 길몽이죠. 다음 날 아침, 태안 대섬 앞바다로 조업을 나간 김 씨는 통발로 주꾸미 800여 마리를 낚았습니다. 그런데 그중 푸른 빛깔의 접시를 발로 끌어안고 있는 주꾸미 한 마리가 유독 눈에 띄었습니다. 원래 주꾸미를 잡으려면 그물에 소라 껍데기를 달아놓습니다. 그러면 주꾸미가 그 안에 들어가 알을 낳은 뒤 입구를 자갈 같은 것으로 막아놓죠. 그런데 문제의 그 주꾸미는 자갈이 아닌 청자 접시로 입구를 막고 있었던 겁니다.

—— 태안선에서 나온 두꺼비 모양의 청자 철화퇴화문 두꺼비형 벼루(보물). 고려 시대 청자 벼루 중 두꺼비 모양으로 만든 유일한 것이다. 금방이라도 뛰어오를 듯 다리를 웅크리고 고개를 든 모습에서 힘찬 기운이 느껴진다. 국립해양유산연구소 소장.

김 씨가 이 사실을 태안군청에 신고하면서 국립해양유산연구소가 발굴에 돌입했습니다. 그리고 발굴 3일 만인 7월 6일, 수심 15m 정도에서 95도가량 기울어진 침몰선의 선체가 드러났습니다. '태안선'이라는 공식 명칭이 붙은 이 난파선엔 '주꾸미가 찾아낸 고려 청자선'이라는 별명이 생겼죠. 인양 유물 2만 3,815점 가운데 2만 3,771점이 자기였는데 절대다수가 12세기에 제작된 청자였습니다. 대부분의 청자는 완충재(짚)와 목재를 이용해 끈으로 묶어 포장한 그대로 쌓여 있었습니다.

그중 백미는 사자 머리 모양의 향로 2점(보물)입니다. 둘 모두 날카로운 이빨과 매섭게 뜬 눈이 예사롭지 않지만, 마냥 무서워할 수 없는 해학적 모습을 하고 있습니다. 또 퇴화문(물감을 두껍게 칠해 만드는 무늬) 두꺼비형 벼루도 올라왔는데, 금방이라도 뛰어오를 듯 다리를 웅크리고 고개를 든 형상에서 힘찬 기운이 느껴지죠. 이 사자 향로와 두꺼비 벼루는 각각 보물로 지정되었습니다. 태안선에서는 명문 목간도 다수 인양됐는데, 그중엔 '탐진耽津(강진)' '재경在京(개경)' '최대경댁상崔大卿宅上'이라고 쓰인 것도 있었습니다. 강진에서 제작한 청자를 개경의 왕실이나 귀족층(최대경 등)에 납품했다는 사실을 알 수 있습니다.

## 참기름과 꿀을 담은 고려청자

태안선 발굴 작업이 한창이던 2007년 7월, 태안 마도 인근에서 어부 심선택 씨가 청자 26점을 인양했다고 신고했습니다. 태안선 발견 지점에서 약 2km 떨어진 섬의 앞바다였는데, 이번엔 주꾸미가 아닌 청자가 그물에 걸린 겁니다. 이곳을 조사한 국립해양유산연구소는 고려 시대 침몰선 3척(마도 1~3호)을 잇달아 인양했습니다. 3척의 화물은 대부분 쌀·콩·메밀·조·피·기장 등의 곡물과 건어물, 그리고 메주와 젓갈 따위였습니다.

태안선이 '청자 운반선'이라면 마도 1~3호선은 전라도 각지에서 거둔 곡물 등 먹거리를 개경으로 운반하던 중 난파한 '식량 운반선'이었던 것이죠. 특히 마도 2호선에서 건진 유물 중 백미는 '청자상감국화모란유로죽문(국화 모란 버드나무 무늬) 매병 및 명문 대나무 조각(죽찰)'과 '청자 음각연화절지문(연꽃 줄기 무늬) 매병 및 명문 대나무 조각(죽찰)'인데, 12세기 후반에서 13세기 초반에 제작한 것으로 추정됩니다. 그런데 이 2점의 가치를 더욱 높이는 요소는 따로

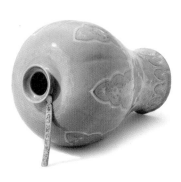

— 충남 태안 마도 2호선에서 출토된 청자 상감국
화모란유로죽문 매병(보물)이다. 매병은 죽찰을 목에
단 채 발굴되었는데, 참기름을 담았다는 내용과 이
매병을 받는 사람의 이름 등이 적혀 있어 매병의 용
도를 알려준다. 국립해양유산연구소 제공.

— 꿀을 담았던 청자 음각연화절지문 매병(보물).
국립해양유산연구소 제공.

있습니다. 청자의 목에 걸려 있던 명문 죽찰이 그것인데, 2점 모두 "중방重房(고려 무신 정권의 최고 의결 기구) 소속 도장교都將校(정8품) 오문부鳴文富에게 보내는 참기름과 꿀"이라고 적혀 있습니다. 명문 대나무 조각이 지금의 택배 물품표였던 겁니다. 이렇게 아름다운 명품 청자를 생활 용기로 썼다니 정말 놀라운 일이죠.

또 마도 3호선은 1265~1268년에 난파한 것으로 보이는데, 당대 최고의 무인武人 권력자 김준金俊 등에게 보내는 곡물과 젓갈·전복·홍합·상어 등 각종 식품을 실었던 배라는 게 밝혀졌습니다. 마도 3호만의 시그너처 유물은 장기 알입니다. 모두 46개의 장기 알이 선원들의 생활공간인 선체 중앙부에서 나왔는데, 적어도 2벌 이상이 있었을 것으로 추정됩니다. 모서리가 둥근 조약돌 앞뒤에 차車, 포包, 졸卒 등의 글자를 적었습니다. 당시 고려 시대 사람들의 생생한 삶을 보여주는 유물이 현현했다는 사실이 신기할 따름입니다. 그러나 한편으로 보면 안타깝죠. 선상 생활의 지루함을 달래려고 장기를 두고 있던 선원들이 갑작스러운 풍랑에 배가 침몰하는 바람에 속절없이 수장을 당했으니까요.

새삼 태안선에서 인양된 인골이 떠오르네요. 이 선원은 선박 침몰 당시 다섯 겹으로 켜켜이 쌓은 청자 더미에 깔려 사망한 것으로 보입니다. 인골은 정면을 향해 있지만 약간 틀어진 채였고, 오른쪽 팔은 뻗고 있었어요. 견갑골(어깨뼈)과 척추가 정면에서 살짝 들려 있었고요. 인골의 이런 상태로 미루어보건대 이 불행한 고려 선원은 넘어진 선적 상자에 깔렸고, 사력을 다해 몸을 틀어 상반신을 일으켰지만 끝내 탈출하지 못한 듯합니다.

여기서 분명하게 짚고 넘어가야 할 것이 있습니다. 안흥량 등에서 일어난 잦은 해난 참사가 단순히 거센 바람과 암초, 조수간만의 차이 때문만은 아니라는 겁니다. 1473년 4월 20일, 성종 임금은 이런 말을 했습니다. "안흥량이 험악하다고? 아니다. 험악한 지형 때문만이 아니라 항행에 조심하지 않아서 사고가 일어난다. 해당 관리들이 제대로 지휘·고찰한다면 조운선의 침몰을 면할 수 있을 것이다." 1633년 7월 21일, 인조 임금은 이렇게 일갈했고요. "재변이란 까닭 없이 생기지 않고, 사람이 부르는 것이다災不虛生 由人所召." 예나 지금이나 이와 같은 참사는 제대로 관리했다면 일어나지 않았을 인재라는 걸 알 수 있습니다.

# 5

## 기적의 극초정밀 유물 발견

0.05mm 금박 화조도 선각단화쌍조문금박

◇　　2022년 6월, 경주 동궁과 월지에서 엄청난 유물이 출토
되었다는 소식이 전해졌습니다. 국립경주문화유산연구소가 가로
3.6cm, 세로 1.17cm, 두께 0.04mm의 금판에 0.05mm보다 가는 선
으로 한 쌍의 새雙鳥(쌍조)와 꽃團華(단화)을 조밀하게 새긴 '선각단
화쌍조문금박線刻團華雙鳥文金箔'(이하 금박 화조도)의 출현을 알린 것
입니다. 그렇다면 동궁과 월지는 어떤 유적이고, 이 극초정밀 유물
은 어떻게 세상에 나온 것일까요?

### 심상치 않은 인부들의 눈썰미로 발견한 기적

2016년 11월, 동궁과 월지에 접한 동쪽 지역을 발굴하던 국립경
주문화유산연구소는 조사를 마무리할 작정이었습니다. 일제강점기

THE HISTORIC REMAINS OF KEISHU.
池 鴨 雁 ,址 殿 海 臨 (嵐右州慶)

—— '동궁과 월지'의 일제강점기 때 모습으로 잡초가 무성하고 가운데 물이 고여 있는 전형적인 연못 형태였다. 1980년대 초까지도 '안압지'로 불렸다. 국립경주문화유산연구소 제공.

에 유적과 인접해 부설한 동해남부선의 철로(폐선)가 깔려 있었는데, 그 철로 옆 배수로에서 물이 계속 차올라 심층 발굴이 불가능했던 겁니다.

결국 상층부만 발굴한 채 작업을 마쳐야 했습니다. 그래서 철로를 제거한 후 재조사하기로 하고 현장을 정리하고 있는데, 인부 중한 사람이 흙 속에서 뭔가 반짝거리는 게 보인다는 보고를 했습니다. 정원혁 당시 국립경주문화유산연구소 조사원은 그 인부가 지목한 곳을 살펴보았습니다. 통일신라 건물지의 계단 출입 시설 부근이었습니다.

과연 팥알만큼 작은 물체가 흙에 섞여 반짝거리고 있었지요. 다름 아닌 금박이었습니다. 그로부터 10여 일 후, 다른 인부가 첫 번

1부 사건과 사연

째 발견 지점으로부터 20m 떨어진 회랑 건물터에서 또 다른 반짝거리는 물체를 발견했습니다. 조사원들은 그렇게 수습한 두 물체의 출토 상황을 기록하고 수장고에 넣어두었습니다.

그런데 찾아낸 유물의 목록을 작성하는 과정에서 놀라운 일이 벌어졌습니다. 두 물체를 꺼내 살펴봤더니 문양의 패턴이 흡사하고, 그것을 이어보니 하나의 완성된 작품이었습니다. 매우 작고(가로 3.6cm, 세로 1.17cm, 두께 0.04mm), 무게 또한 0.3g(0.08돈)밖에 안 되는 금박 두 쪽을 눈썰미 좋은 인부 2명이 찾아낸 겁니다. 가히 기적이라 할 만합니다.

연구소는 이 작은 금박을 완전체로 복원한 뒤 분석했는데, 그 결과는 놀라움의 연속이었습니다. 0.3g의 금박 순도가 포 나인four nine, 즉 99.99%였던 겁니다. 불순물이 0에 가까운 고순도 정련 기술을 통일신라 시대에 이미 확보했다는 이야기니까요. 참고로 신라 시대 금관(6점)의 금 함유량은 80~89%(19~21K)입니다. 무엇보다 끌이나 정으로 새긴 선의 굵기가 신비롭기 그지없는데, 사람의 머리카락 굵기(0.08mm)보다 얇은 0.05mm 이하인 것으로 밝혀졌습니다. 국가무형유산 김용운 조각장이 혀를 내두를 정도였지요. "컴퓨터로 도안한 그림을 레이저로 쏘면 가능할까요? 한번 시도해봐야 할 것 같아요. 그러나 인간의 힘으로 0.05mm 문양을 새기기는 어려울 것 같습니다."

예부터 한반도의 극초정밀 기술은 정평이 나 있죠. 유명한 청동기시대 고운무늬 청동거울(정문경精文鏡)은 선의 골 깊이가 약 0.7mm, 선의 간격이 약 0.3mm, 선의 굵기가 약 0.22mm에 불과합니다. 무려 2,300~2,200년 전에 제작한 것인데 말입니다.

그뿐이 아닙니다. 익산 미륵사지 출토 금동제 사리 외호外壺의 문양은 0.3mm에 불과합니다. 신라 천마총 금관의 가는 선(약 0.25mm), 황룡사지 금동제 봉황 장식의 꽃잎 내부 선(약 0.1mm), 동궁과 월지 출토 금동제 풍탁風鐸의 선(약 0.14mm), 감은사터 사리기舍利器 누금 알갱이(약 0.3mm) 모두 극초정밀 예술품이죠. 이런 예술품을 제작한 분들은 그야말로 비현실적 장인이라 할 수 있습니다.

## 실수를 용납하지 않은 예술혼

이렇게 밝혀진 금박 화조도의 세부 문양을 살펴볼까요? 넓은 금판에 문양을 새긴 후 필요한 부분만 오려 사용했는데, 둥근 꽃잎 문양을 배치한 다음 좌우에 새(멧비둘기)를 마주 보게 표현했습니다. 가로 3.6cm, 세로 1.17cm, 두께 0.04mm 금판에 왼쪽 새(가로 0.9cm, 세로 0.75cm)와 오른쪽 새(가로 0.8cm, 세로 0.65cm), 그리고 꽃문양(가로 1.37cm, 세로 0.92cm)까지 새긴 거죠. 이런 작은 금판에 문양을 새기다 보니 실수한 흔적도 있답니다. 이한상 대전대 교수는 "자를 대고 오리다가 실수해서 다시 자를 옮겨 대고 오린 흔적이 있는데, 스케치한 다음 잘못 오리거나 무늬를 잘못 새겼다는 의미"라고 말합니다. 그리고 "워낙 작은 문양을 새겼기 때문에 기계가 아닌 이상 오히려 틀리는 게 당연했을 것"이라면서 "만약 실수를 그냥 두고 완성했어도 육안으로는 표가 나지 않았을 것"이라고 단언합니다. 그럼에도 1,200년 전의 장인은 오차를 용납하지 않는 예술혼을 발휘한 겁니다.

그렇다면 왜 쌍조문을 새긴 걸까요? 쌍조문의 문양적 모티브는 서역과 동북아시아에서도 나타납니다. 3세기 사산조페르시아(226~651)에서 처음 확인되죠. 주로 길상吉祥의 의미로 새기거나 그렸다고 하는데, 중국을 통해 한반도로 전래되었겠지요. 국내에서는 막새기와에서 주로 볼 수 있습니다. 바탕에 새긴 꽃은 상상의 꽃잎 문양인 단화團華인데, 이런 꽃문양도 국내에서 많이 출토되었습니다.

그런데 이 작디작은 금박 화조도는 어디에 쓰는 물건이었을까요? 국립경주문화유산연구소가 2016년에 이 유물을 발굴해놓고도 지금까지 공개하지 못한 이유가 있습니다. 바로 용처를 찾지 못했기 때문입니다.

국립경주문화유산연구소는 "금판에 구멍이 없는 것으로 보아 어떤 기물에 붙인 마구리(장식물)인 것 같다"고 추정합니다. 제 생각에는 건물터 출입구 계단과 회랑 건물지에서 나온 것으로 보아 이 금판을 부착한 어떤 귀금속 상자를 옮기다가 떨어뜨린 게 아닐까 싶습니다. 물론 종교적이고 비현실적인 이상향을 위한 용도로 쓰였을 가능성도 있죠. 100% 단언할 어떤 증거도 없지만요.

### 안압지가 아닌 동궁·월지의 발견

그렇다면 동궁과 월지가 어떤 유적이기에 이런 극초정밀 유물이 나왔을까요? 웬만큼 나이를 먹은 이들에게 친숙한 유적 이름이 있

—— 인부 2명이 발견한 선각단화쌍조문금박 조각은 국립경주문화유산연구소 수장고에 보관됐다가 나중에 합체됐다. 두 조각의 문양 패턴이 흡사했고, 이어보니 그 자체가 하나의 완성품이었다. 국립경주문화유산연구소 제공.

는데, 바로 '안압지'입니다. 기러기 안雁 자에 오리 압鴨 자를 쓴 것으로 보아 기러기나 오리 떼가 노는 연못이라는 뜻이겠죠. 본래《삼국사기》는 "674년(문무왕 14) 2월, 궁궐 안에 연못을 파고 산을 만들어 화초를 심고 진기한 새와 짐승을 길렀다"라고만 기록했는데, 《신증동국여지승람》에서 "(연못) 이름을 '안압지'라 했다"고 특정했습니다. 1960년대 후반까지만 해도 안압지는 잡초가 무성하고 물이 고여 있는 전형적인 연못이었습니다. 그래서 1974년 11월부터 경주고도관광개발 10개년 사업의 일환으로 준설 작업을 시작했습니

1부 사건과 사연

다. 잡초와 함께 진흙이 두껍게 쌓인 연못을 파낸 거죠. 여기서 의미 있는 유물이 나오리라고는 상상도 하지 못한 채 말이죠.

　일반 공사업체가 굴착기로 바닥의 진흙을 파내는 동안, 국가유산청(문화재청) 산하 경주사적관리사무소는 만일의 일을 대비해 고경희 조사원을 현장감독으로 보냈습니다. 그때가 1975년 1월이었는데, 작업 인부들이 곡괭이와 삽으로 딱딱하게 굳은 흙을 퍼내고 있었습니다. "유물이 출토되면 신고해달라"고 했더니 "그걸 공짜로 신고하느냐? 막걸릿값을 쳐주지 않으면 줄 수 없다"면서 고경희 조사원이 보는 앞에서 신라 토기(접시)를 깨버린 인부들도 있었답니다. 그중 일부가 퍼낸 흙을 손수레에 담아 외부로 반출했다는 소문도 파다했습니다. 고경희 조사원의 급보를 받은 경주사적관리사무소는 급기야 준설 공사를 중단시키고, 1975년 3월부터 정식 발굴로 전환했습니다.

　안압지와 주변 지역 발굴은 그렇게 시작되었는데, 1년여에 걸쳐 깜짝 놀랄 만한 유물이 쏟아져 나왔습니다. 연못은 총면적 4,738평(1만 5,658m²)에 그 안의 독립된 섬 3개, 입·출수구 등으로 이뤄졌습니다. 정교한 호안 석축(호수나 강변의 흙이 무너지는 것을 막기 위해 돌로 쌓은 축대 시설)도 확인됐고요. 연못 주변 조사는 1976년 5월부터 12월까지 8개월간 진행됐는데, 연못 서쪽과 남쪽에 총 31동의 건물지가 조성되어 있는 것으로 밝혀졌습니다. 그중 서쪽의 건물 5동은 연못 축대 시설과 연접해 있었습니다. 이 건물들의 아래까지 물이 찰랑거렸을 테니 아마도 대단한 '뷰'였을 겁니다. "674년(문무왕 14) 궁궐 안에 연못을 팠다"는 《삼국사기》의 기록에 부합되는 발굴 성과였습니다.

연못 안팎에서 출토된 유물은 3만 3,000여 점에 달했습니다. 그중 안압지 주변 건물지에서 나온 '의봉儀鳳 4년 개토皆土'라는 글자가 적힌 기와, '조로調露 2년'이라는 글자가 적힌 전돌은 매우 중요한 표지 유물이죠. 의봉(676년 11월~679년 6월)과 조로(679년 6월~680년 8월)는 당나라 고종의 연호 중 각각 아홉 번째와 열 번째에 해당하거든요. 그런데 《삼국사기》에는 "679년(문무왕 19) 동궁(태자궁)을 짓고 문의 이름을 정했다"고 쓰여 있어요. 요컨대 674년에 연못을 조성한 후 5년 만인 679년에 동궁을 세웠다는 얘기죠.

또한 안압지 연못에서 출토된 '동궁아일東宮衙鎰'이라는 글자가 적힌 자물쇠, '세택洗宅'이라는 글자가 적힌 목간, '용왕신심龍王辛審' '신심용왕辛審龍王'이라는 글자가 적힌 접시 등이 주목을 끌었는데, 《삼국사기》〈직관지〉에 등장하는 동궁 소속 관청 가운데 '세택' '월지전月池典' '월지악전月池嶽典' '용왕전龍王典' 등이 보이거든요. 후대의 것이지만 "822년(헌덕왕 14) 왕의 동모제同母弟(어머니가 같은 동생) 수종秀宗(흥덕왕)을 부군副君(왕세자 혹은 태자)으로 삼고 월지궁에 입궁시켰다"는 기록도 있습니다. 월지궁이 곧 동궁이라는 얘기죠. 요컨대 674년에 조성된 연못(안압지)은 679년에 세운 동궁의 부속 시설로 기능했으며, 그 이름은 월지月池일 가능성이 높다는 결론에 도달하게 됩니다. 이런 이유 때문에 예부터 안압지로 알려진 사적 명칭을 2011년부터 '경주 동궁과 월지'로 바꾼 것입니다.

## 신라 시대 '복불복' 게임기와 남근의 출현

동궁과 월지에서 나온 유물 가운데 압권은 길이 6m, 너비 1.2m 에 달하는 거대한 나무배입니다. 출토 당시 겉은 멀쩡한 것 같은데 속은 다 썩어서 스펀지 상태로 발굴되었죠. 8명 정도가 타고 노닐었을 배로 추정됩니다. 7~9세기 통일신라 시대 임금들이 뱃놀이를 즐겼다는 걸 짐작할 수 있죠. 연못에서 나온 다양한 금동판불(널빤지나 동판에 새긴 채색 불상) 16구도 눈길을 끌었습니다.

그러나 뭐니 뭐니 해도 가장 이목을 잡아끈 유물은 주령구酒令具와 목제 남근이었습니다. 연못의 바닥 뻘층에서 나온 주령구는 6개 사각형과 8개 육각형으로 이뤄진 14면체 주사위인데, 각 면에 4~5자의 글씨가 새겨져 있었습니다. 거기에 적힌 글을 읽던 조사단은 무릎을 쳤습니다. 술자리에서 주사위를 던져 14면에 새겨진 글대로 벌칙을 받은 놀이기구가 분명했거든요. 통일신라판 '복불복' 게임이었다고나 할까요? 벌칙 가운데는 '원샷으로 술 석 잔 마시기三盞一去' '스스로 노래 부르고 마시기自唱自飮' '술잔 비우고 크게 웃기飮盡大笑' '무반주로 춤추기禁聲作舞' '야자 타임有犯空過' '임의로 신청곡 받아 노래 부르기任意請歌'는 물론 '여러 사람이 코 때리기衆人打鼻' '팔 구부려 마시기曲臂則盡' '얼굴 간지럼 태워도 참기弄面孔過' '더러워도 버리지 않기醜物莫放' 같은 짓궂은 벌칙도 있었습니다. 요즘 같으면 '직장 내 괴롭힘'으로 지탄받았을 겁니다.

역시 연못에서 나온 길이 13.5cm, 17.5mm의 목제 남근은 어떨까요? 우리 조상은 선사시대부터 생식기를 생명의 근원으로 여기고 숭배해왔습니다. 울산의 반구대 암각화에 커다란 남근을 노출한 사람의 모습이 새겨져 있죠. 신라 고분에서도 남성 성기를 도드라 지게 표현한 흙 인형이 토기에 붙은 채 발굴되었습니다.

이와 함께 궁중 생활을 유추해볼 수 있는 생활 유물이 많이 나왔 는데, 다양한 용기와 숟가락, 금동제 가위, 목간 등이 그것입니다.

하지만 1975~1976년의 안압지 발굴은 기본적으로 연못 준설 과 정에서 이뤄진 제한적인 조사였습니다. 2007년부터 안압지 동쪽 지 역에 대한 발굴이 본격적으로 시작되었는데, 동궁과 월지의 영역을 확실하게 구분하기 위한 조사였습니다. 그 결과 다른 신라 왕경 유 적에서는 유례없는 대형 건물군이 드러났고, 안압지 출토품과 같은 유물들이 쏟아져 나왔습니다. 2017년에는 황룡사 광장으로 통하는 동문터를 확인했고, 변기 및 오물 배수 시설까지 갖춘 수세식 화장 실도 찾았습니다. 그리고 비슷한 시기에 그 옆 발굴장에서 금박 화 조도를 기적적으로 발견한 것이죠.

# 6

## 광화문광장 엿보기

중국 사신 홀리고, 무대 붕괴 인재도 있었다

◇ 　　　광화문광장은 조선 시대 때 어떤 모습이었을까요? 대략 세 시기로 분류할 수 있을 것 같습니다. 조선 전기에는 의정부와 육조, 사헌부, 삼군부 등 중앙관청이 광화문의 좌우에 자리했습니다. 임진왜란 와중에 경복궁이 전소된 이후 273년간이나 방치되었던 게 두 번째 시기이고, 1865~1868년 경복궁 중건 후 환골탈태한 것이 세 번째 시기이겠죠. 지금은 2045년 마무리를 목표로 경복궁 중건 때(1866)의 모습을 되찾는 발굴 및 복원 공사가 진행 중이고요. 그 과정에서 일제강점기에 훼손되었던 광화문 앞 월대의 발굴 및 복원 공사가 끝났습니다(2023년 10월).

## 임금의 차양막 '용봉차일'에 대한 기록

2007년 월대 발굴 당시에는 임진왜란 이전, 즉 조선 전기의 석축 흔적과 잡석 유구遺構가 두 곳에서 발견되었습니다. 석축은 창건 초기(1395~1398)에 조성한 광화문 터의 자취로 추정되지만, 비슷한 문화층에서 나온 잡석은 조선 전기에 쌓은 월대 유구인지 특정할 수 없었죠.

그런데 국립서울문화유산연구소가 2022년 9월부터 진행한 발굴 결과, 매우 획기적인 유구와 유물이 드러났습니다. 고종 연간(1866)에 만든 월대의 어도御道(임금이 드나드는 길)를 서쪽 땅 밑 120cm 깊이에서 확인한 것입니다. 조선 전기 문화층에서는 사각 모양의 석재 1매(76×56×25cm)가 나왔고, 그 석재를 중심으로 양쪽에는 석렬石列(돌로 열을 지어 만든 시설)이 각각 한 줄씩 배열되어 있었습니다. 이 사각 형태의 석재 한가운데에는 지름 6cm의 철제 고정쇠가 박혀 있었고요. 그런데 이 철제 고정쇠가 이번 발굴의 '알파요, 오메가'였습니다. 발굴단은 그것을 경복궁 근정전이나 종묘에서도 나온 '차일 고정 장치'라고 판단했습니다. 일종의 차양막 용도인 것이죠. 광화문 앞에 차양 천막을 치고 모종의 이벤트를 벌였다는 얘깁니다.

만약 임금이 참석한 행사였다면 용봉차일龍鳳遮日(용과 봉황을 새기고 기름을 바른 국왕 전용 장막)을 둘렀겠죠. 용봉차일과 관련해 유명한 일화가 두 가지 있는데, 먼저 세조~성종 연간의 세도가 한명회 얘기입니다. 성종의 장인이기도 했던 한명회는 아주 멋진 개인 정자를 갖고 있었죠. 풍광이 뛰어난 '압구정狎鷗亭'인데, 1481년(성종 12) 조선을 방문한 명나라 사신이 바로 이곳을 관람하길 원했습니다.

이때 한명회가 "압구정이 좁아 사신을 접대할 수 없다"면서 임금이 쓰는 용봉차일을 요청했습니다. 그런데 이것이 역린을 건드려 한명회는 '임금도 몰라보는 안하무인'이라는 죄명으로 하옥되고, 결국 권력의 날개가 꺾이고 말았습니다.

용봉차일은 또 숙종이 정국을 전환하는 데도 이용됐습니다. 1680년 (숙종 6) 남인의 영수인 영의정 허적許積이 할아버지 허잠許潛의 연시연延諡宴(시호를 받은 기념으로 열린 잔치)을 열 때였습니다. 잔칫날에 비가 내리자 숙종이 내관을 시켜 호의를 베풀죠. "비가 내리니 용봉차일을 허적의 집에 갖다주어라." 그런데 헐레벌떡 뛰어온 내관이 허적이 벌써 용봉차일을 찾아서 무단으로 가져갔다고 보고했습니다. 이에 숙종은 "용봉차일은 (성종 때) 한명회도 쓰지 못했다"며 앙앙불락했고, 과연 이 사건을 빌미로 허적을 비롯한 남인 세력은 철퇴를 맞고 서인이 집권했죠. 이것이 이른바 '경신대출척庚申大黜陟' 혹은 '경신환국庚申換局'입니다.

## 넋 놓고 광화문 공연을 감상한 사신

그렇다면 광화문 앞에서 용봉차일을 설치하고 열었던 이벤트는 무엇이었을까요? 광화문은 왕실의 환궁과 장례 같은 주요 행사를 열고, 중국 사신을 맞이하는 장소이기도 했습니다. 임금이 친히 주재하는 과거 시험(무과전시武科殿試), 군사 행사도 열렸죠. 백성의 억울함을 전하는 상언上言과 격쟁이 이루어진 공간이기도 했고요. 굵직굵직한 이벤트가 열릴 때마다 광화문 앞에는 채붕綵棚 혹은 산대

── 1760년(영조 36) 4월, 영조가 흥인문 오간수문에 행차해서 청계천 준설 현장을 관람한 것을 그린 《준천시사열무도濬川試射閱武圖》 중 〈수문상친림관역도水門上親臨觀役圖〉이다. 용봉차일(차양막)에 표현된 붉은 일산 아래 영조가 앉아 있으나, 그 모습을 직접 그리지는 않았다. 부산박물관 소장.

山臺라고 부르는 일종의 무대를 설치하고 다양한 공연을 펼쳤죠. 무대 규모는 대단했습니다. 1488년(성종 19) 조선을 방문한 명나라 사신 동월董越이 남긴 《조선부朝鮮賦》에 이런 구절이 있습니다. "광화문 앞에 비단으로 꾸민 무대 높이가 광화문과 같고, 지극히 교묘하게 조성됐다. 거리에는 사람들이 넘쳐나고 (…) 외줄타기하는 사람은 2명의 동자를 세우고 춤을 추며 줄을 탄다."

특히 중국 사신을 위해 펼치는 공연은 허투루 할 수 없었죠. 1539년

1부 사건과 사연

(중종 34) 명나라 사신의 조선 방문을 즈음해 임금이 "중국 황태자의 책봉을 알리려고 오는 사신이 한가롭게 앉아 공연이나 감상하겠느냐"고 말했습니다. 요컨대 가뜩이나 백성이 굶주리는 판인데, 공연 무대를 화려하게 꾸밀 필요가 없다는 얘깁니다. 그러나 사신 접대를 맡은 원접사遠接使이자 이조판서 소세양蘇世讓이 반대하죠. "중국의 모든 연회에선 연극 공연이 빠지지 않습니다. 예전에 조선을 방문한 사신들도 모두 공연을 즐겼습니다. 너무 초라하게 해서는 안 됩니다." 과연 소세양의 말이 맞았습니다. 그해 4월 10일 서울에 도착한 중국 사신이 광화문광장에서 펼쳐지는 산대놀이를 넋이 빠지도록 관람한 뒤 입궁했거든요. 경복궁에서 임금과 세자, 문무백관이 기다리고 있는데도 말입니다. 의도적인 외교 결례일 수도 있죠. 그러나 광화문 공연이 당대 대단한 볼거리였음을 반증하는 일화이기도 합니다.

## 광화문에 모여든 인파와 무대 붕괴 참사

그런데 중국 사신이 방문한 1545년(인종 1) 5월 11일, 기막힌 참사가 일어납니다. 명나라 사신을 위해 설치한 광화문 앞 무대가 무너진 겁니다. 당시 광화문에는 중국 사신 행렬과 화려한 무대 공연을 보려고 많은 인파가 몰렸는데, 〈인종실록〉은 그때의 일을 이렇게 기록했습니다.

"중국 사신이 방문하면 광화문 밖에 의금부와 군기시軍器寺가 좌우로 나눠 산대를 하나씩 설치하고 마음껏 공연을 펼친다. 그런데 군기시에서 설치한 무대의 한 모퉁이가 무너져 관람객 수십 명이 깔려 죽었다. (…) 또한 많은 사람이 무대에 올라가 구경하다 사고가 났다. 희생자 중에는 두세 살쯤 되는 아이를 업은 민가의 노비도 포함되었다. (…) 기둥을 세울 때 땅을 깊이 파지 않아 튼튼하지 않았다. 게다가 마침 장마 때문에 빗물이 기둥구멍에 스며들었다."

대간臺諫은 "관람객이 무대 위에 올라가 밟는 것을 막지 않아서 깔려 죽는 변고가 생겼다"고 개탄했습니다. 광화문 앞 참사의 원인을 '인재'로 규정한 겁니다. 그런데 〈인종실록〉에 따르면 이 사고가 일어나기 13일 전에도 광화문에서 거리 공연이 펼쳐졌다는 기록이 보입니다. 당시 창덕궁에서 지내다 중국 사신을 접대하려고 경복궁으로 이어移御(임금의 거처를 옮김)하는 임금 내외를 위해 광화문 밖 좌우 무대에서 각종 공연을 펼친 것입니다. 이때 인종은 "중국 사신을 위해 설치한 무대에서 나를 위한 공연을 벌이다니 참으로 미안하다. 앞으로는 내가 출입할 때는 무대 공연을 펼치지 마라"는 명을 내렸는데, 만약 임금이 궁문에 들어설 때 붕괴 사고가 일어났다면 더욱 파장이 컸을 테지요.

하지만 구경거리가 없던 그 시절, 임금도 임금이지만 조선의 국모인 왕후가 현장에 모습을 드러내면 어떤 일이 일어났을까요? 인산인해를 이뤘겠죠. 1440년(세종 22) 4월 6일, 온천에 갔던 소헌왕후가 돌아오는 길이었습니다. 엄청난 행차였죠. 왕세자(훗날의 문종) 내외는 물론 숙의(종2품), 소용(정3품) 등 후궁과 각 관청의 관리들이 길목마다 파견되어 왕후를 맞이했습니다. 흥인문(동대문)부터 광화문에 이르기까지 도로변에 오색 천을 장식했고요. 그리고 납시는 길마다 각종 거리 공연이 펼쳐졌습니다. 〈세종실록〉은 이 장면을 "왕후가 행차할 때 사대부의 부녀들이 도로 좌우에 채색 장막을 쳤고, 흥인문에서 광화문 밖까지 구경하는 사람들이 담과 같았다"고 기록했습니다.

그리고 1454년(단종 2) 7월 16일에는 임금이 부모(문종과 현덕왕후)의 신주를 종묘에 모시고 돌아오는 길에 광화문에 이르자, 좌우의 화려한 무대에서 갖가지 공연을 펼치던 기생과 광대들이 근정전 뜰까지 따라 들어갔다고 합니다.


## 척석 놀이부터 소통과 고발의 장이 된 광화문광장

광화문 앞은 갖가지 군사훈련을 하는 장소로도 활용됐습니다. 〈세종실록〉에는 "세자가 광화문 앞에서 무관 360명의 체력 평가 시험을 주재했다"(1445년 6월 3일)는 기록이 있습니다. 가끔은 과거 시험(무과)이 펼쳐지기도 했습니다. 〈중종실록〉을 보면 "경회루에서 펼쳐지던 무과전시(임금이 직접 주재한 시험)를 광화문에서 치렀다"(1539년 11월 23일)는 기사가 있습니다. 한겨울 북풍이 거세게 부는 경회루보다 볕 잘 드는 광화문 앞이 시험을 치르기에 낫다는 판단이 들었던 겁니다.

개국 초인 1398년 5월 5일에는 태조가 남문(광화문) 앞에서 석전石戰, 즉 척석 놀이를 관전했습니다. 〈태조실록〉은 이때 일을 "절제사 조온趙溫 팀과 판중추원사 이근李懃 팀으로 나뉘어 벌인 척석 놀이에서 상당수 참가자가 죽거나 다쳤다"고 기록했습니다. 임금이 무슨 죽기 살기 식 돌싸움을 관전했느냐는 비판도 나올 수 있지만, 당시는 홍건적과 왜구의 침략 등으로 무예의 중요성을 강조하던 시기였습니다. 이런 분위기에서 태조 이성계는 활쏘기·말타기 등과 함께 돌 던지기에 능한 사람들을 뽑아 '척석군'이라는 부대를 만들었죠. 이날의 척석 놀이는 단순한 놀이가 아니라 실전을 방불케 하는 군사훈련이었던 겁니다.

광화문은 또한 조선 시대 내내 백성이 억울함을 호소하는 소통의 장이기도 했습니다. 예를 들어 〈세종실록〉에는 "자재自在라는 사노비가 신문고를 치려다가 의금부 당직자들에 의해 제지당하자 광화문의 종을 치고 억울함을 호소했다"(1428년 5월 24일)는 기사가 보입니다. 자초지종을 알아본 세종은 신문고를 치지 못하게 한 의금부 관리 2명을 파면했습니다. "신문고를 설치한 것은 백성의 억울함을 위에 통할 수 있게 하려는 것인데 무슨 까닭에 금했느냐"고 질타한 겁니다.

1443년 4월 27일에는 경북 고령 출신 무관 석호石浩가 수백 장에 달하는 상소 글발을 광화문 앞에 쫙 펼쳐놓은 일이 있었는데, 일각에서 그 상소가 허망한 내용으로 가득 차 있다며 혼쭐을 내주자는 의견을 냈습니다. 그러나 세종은 "그럴 필요 없다. 고향으로 돌려보내되 굶주리거나 추위에 떨지 않도록 돌보라"는 명을 내립니다.

〈영조실록〉에 따르면 말년에 유생들의 상소를 귀찮아한 임금이 1770년 4월 5일, 유생 수천 명을 광화문 앞으로 불러 모아 엄명을 내립니다. "할 말이 있으면 이 자리에서 해라. 오늘 아뢴다면 죄를 주지 않겠다. 그러나 앞으로 직언 상소를 올리면 가만두지 않겠다."

┄┄ 김준근의 〈기산풍속화〉 중 '석전' 그림이다. 개국 초 태조가 남문(광화문) 앞에서 척석 놀이를 관전했다는 〈태조실록〉의 기록이 있다. "해가 질 때까지 계속된 척석 놀이에서 상당수 참가자가 죽거나 다쳤다"고 전한다. 이는 군사훈련의 하나였다. 덴마크 코펜하겐 국립박물관 소장.

그 서슬에 유생들은 입을 다물었고, 영조는 참석 유생들의 명단을 기록해 잘 보관하라는 명을 내렸습니다. 다시는 쓸데없는 상소를 올리지 말라고 재갈을 물린 셈이죠.

　여기엔 이유가 있었습니다. 그보다 보름 정도 전인 3월 21일 청주 사람 한유韓鍮가 도끼를 들고 궐문 밖에 엎드려 소장을 올렸는데, 그가 탄핵한 인물은 당대 세도가인 영의정 홍봉한洪鳳漢이었습니다. 한유는 "국정을 농단한 간신 홍봉한을 참형에 처하라"고 촉구했습니다. 영조 앞에 불려온 한유는 "망국동亡國洞의 망정승亡政丞 이라는 동요가 있는 것을 아시느냐"고 물었습니다. 안국동安國洞에 살고 있는 홍봉한을 빗댄 풍자 동요였던 겁니다. 이 사건으로 한유 는 흑산도로 유배를 떠났지만, 홍봉한 역시 경질되고 말았죠. 영조 는 한유의 도끼 상소가 너무 과하다 싶어 광화문 앞 광장으로 유생 들을 불러 모은 겁니다.

1465년(세조 11)에는 광화문 밖에 흥미로운 궤짝이 놓인 적도 있 습니다. 당시 도성은 물론 경기도 광주, 과천 등지에 도둑이 성행하 자 이른바 '고발 상자'를 설치하고 이런 방을 붙였습니다. "도적을 고발하려는 자는 인적과 사건의 상황을 양식에 따라 기록하여 밀봉 해서 궤짝에 넣어라. 사실이면 상을 받을 것이고, 사실이 아니어도 처벌하지 않을 것이다. 다만 원수를 미워하여 무고하는 자는 처벌 한다." 의금부는 저녁마다 고발장을 승정원을 통해 임금에게 보고 했다고 합니다.

지난 1990년부터 2045년까지 장장 55년 동안 이뤄지고 있는 경 복궁 복원은 앞서 언급한 중건 시기(1865~1868)를 기준점으로 삼고 있습니다. 광화문 앞 월대 역시 조성 당시(1866)가 복원의 기준이었 습니다. 물론 좌우에 설치된 해태상은 차량이 지나는 도로 때문에 약간 뒤로 물러선 채 재설치했습니다. 과정이 어떻든 간에 조선 건 국부터 19세기까지 경복궁에 서린 역사를 지워서는 안 되겠죠. 광 화문 앞 광장도 마찬가지입니다. 특히 조선 시대 광화문광장은 임 금과 백성이 더불어 호흡을 함께 나눈 소통의 공간이었음을 잊지 말아야겠습니다.

# 7

## 백제 멸망의 장면들
1,400년 전 최후의 순간을 증언하다

◇ 　　2023년 6월, 백제의 왕궁터였던 부여 관북리 유적을 발굴하던 국립부여문화유산연구소 조사팀이 고개를 갸웃합니다. 왕궁 내 조정(국사를 논의하고 행사 및 향연을 여는 공간) 시설로 추정되는 대형 건물터 근처의 여러 구덩이에서 거뭇거뭇한 물체가 노출된 겁니다.

"칠기인 것 같은데 어떤 제품인지는 알 수 없었습니다. 조사가 진행되면서 실체가 드러났죠. 모서리를 둥글게 만든 사각형 미늘(갑옷의 개별 조각)과 이 미늘을 연결한 구멍들이 확인됐습니다."(심상육 국립부여문화유산연구소 특별연구원)

이는 옻칠한 갑옷(칠피갑옷)으로 판명되었습니다. 갑옷 조각은 모두 6곳에서 확인됐는데, 그중 한 구덩이에서는 갑옷과 함께 말의 아래턱뼈가 나왔어요. 또한 주변의 기와폐기층에서는 말안장 부속품(발받침대·등자)도 확인됐습니다. 구덩이 속 갑옷은 마갑(말갑옷)일 가능성이 높죠.

## 백제 궁궐 곳곳에 남은 말발굽 흔적들

백제의 마지막 국왕인 의자왕이 국사를 보던 조정 건물에서 갑옷과 마갑이 출토됐다는 건 어떤 의미일까요? 말을 탄 장수(기병)가 건물을 휘젓고 다녔다는 이야기가 되죠. 어떤 급박한 상황이었기에 궁궐이 말발굽으로 짓밟혔던 것일까요? 추정 가능한 단서를 이 근처에 찾을 수 있습니다. 현재 국립부여박물관에 전시된 명문 돌구유(석조)입니다. 돌구유는 칠피갑옷의 출토 지점에서 120m 정도 떨어진 곳에 서 있었는데, 궁궐 내 조경 시설인 석연지(화강암으로 만든 연꽃 모양의 연못)였던 것으로 추정됩니다. 그런데 돌구유 겉면에 새겨진 '대당평백제국비명大唐平百濟國碑銘'이라는 글귀가 심상치 않습니다. 바로 '당나라大唐가 백제百濟를 평정平하고 새긴 비명碑銘'이라는 뜻이죠.

관북리에서 또 다른 방증 자료가 1980~1990년대에 나왔습니다. 관북리 유적 뒤쪽에 조성된 석축 아래 배수구(너비 60cm, 깊이 25cm) 안에 기와와 와당 및 제사용으로 쓰인 완형의 회색 도기가 가득 채워져 있었는데, 겹겹이 포개져 있던 도기들은 묶인 채 버려진 것으로 보였습니다. 또한 폭삭 주저앉은 건물 더미에서는 엄청난 양의 기와와 함께 연화문 와당이 곳곳에서 발견됐습니다. 지금까지의 관북리 발굴 상황과 칠피갑옷의 발견을 종합해보면 '나당 연합군의 백제 침공'이라는 절체절명의 상황을 보여주는 생생한 자료가

1부 사건과 사연

─·─· 백제 멸망기 건물터와
인근 배수로에는 기와와 와
당 더미가 수북히 쌓여 있었
다. 국립부여문화유산연구소
·백제고도문화재단 제공.

됩니다.

백제 멸망을 웅변해주는 칠피갑옷은 공주 공산성에서도 확인됩
니다. 2011년 공산성을 발굴하던 공주대박물관 조사단은 60여 자
를 판독할 수 있는 '명문 칠피갑옷'을 발견했는데요, 갑옷에는 '행
정관십구년사월이십이일行貞觀十九年四月二十二日'이라 쓰여 있었습
니다. '정관'은 당나라 태종의 연호(627~649)입니다. 정관 19년이면
645년, 즉 의자왕 5년이죠. 이 명문과 관련해서는 "645년 백제가 당
나라에 금칠한 갑옷과 검정 쇠로 무늬를 놓은 갑옷을 바쳤다"(《삼국

—--- 공산성에서 출토된 정관 19년 (645) 명문 칠피갑옷. 《삼국사기》에는 "645년 백제가 당나라에 금칠한 갑옷과 검은 쇠로 무늬를 놓은 갑옷을 바쳤다"는 기록이 있다. 공주대박물관 제공.

사기》〈고구려본기 보장왕〉, 《신당서》〈동이열전〉)는 기록이 눈에 띕니다. 《삼국사기》에는 "백제가 바친 황금칠 갑옷을 당나라 군사들이 입었다"고 수록되어 있죠.

공산성은 660년 7월 13일 나당 연합군의 갑작스러운 침공으로 위기에 빠진 의자왕이 야음을 틈타 몸을 피한 곳입니다. 그렇다면 관북리와 공산성에서 출토된 칠피갑옷은 백제 멸망과 관련하여 설명할 수 있죠. 즉 나당 연합군의 침략에 맞선 백제 장수(기병)가 궁궐(사비성·웅진성)을 지키려고 동분서주한 흔적일 수 있습니다. 물론 공산성 갑옷의 주인이 당나라군일 가능성도 있습니다. 그러나 어떤 경우든 '백제 멸망의 생생한 증거'라는 핵심은 달라지지 않죠. 오히려 당나라군 장수의 것이라면 백제의 조정을 유린한 멸망의 역사를 보여주는 증거입니다.

1부 사건과 사연

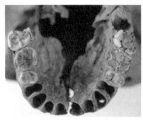

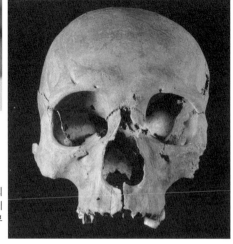

--- 사비 백제의 수로로 추정되는 부여 쌍북리 유적에서는 3개체 이상의 인골이 확인됐다. 국립부여문화유산연구소 제공.

## 수로에서 발견된 인골과 물구유 속 향로의 의미

이보다 더욱 극적인 고고학 자료가 2008년 부여 쌍북리의 수로에서 발견됐습니다. 수로는 사비 도성 내부의 공간을 구분하기 위해 조성한 물길로 보이는데, 이곳에서 최소 3개체 이상의 인골과 각종 동물의 뼈, 도기와 기와 철기, 목기 등이 쏟아져 나온 것입니다. 아래턱뼈는 없지만 양호한 상태로 출토된 사람의 두개골이 눈길을 끌었죠. 이 밖에도 각각 다른 개체인 넓적다리뼈와 정강이뼈 등도 확인됐습니다. 이는 무엇을 의미할까요? 만일 정상적인 죽음이었다면 도성 바깥쪽에 조성된 무덤에 묻혔을 것입니다. 도성 내에서 인골이 쏟아져 나왔다는 것은 전생과 같은 급박한 상황에서 죽음을 당해 한꺼번에 유기되었다고밖에 생각할 수 없죠.

부여 화지산(해발 46m) 유적에서도 비슷한 유구와 유물이 확인됐습니다. 이곳에는 궁의 남쪽에 연못을 조성한(634년) 뒤 새롭게 세운 정자(망해정, 655년)가 있었던 것으로 추정됩니다. 우물 유구와 함께 수상한 건물터가 계속 확인됐고, 연꽃무늬 수막새와 중국제 백자 벼루 등이 출토되었습니다. 그래서 화지산은 의자왕을 비롯한 백제 임금들의 휴식 궁궐이었을 가능성이 제기됐죠. 그런데 발굴 과정에서 불에 탄 기와와 수막새, 홍두깨 등이 발견되었습니다. 건물터도 화재로 인해 폭삭 내려앉은 상태였고요. 백제 시대 이후의 유구와 유물이 발견되지 않은 것으로 보아 백제 멸망과 함께 이곳 역시 전쟁의 화를 입었고 다시는 복구되지 않았다는 뜻이죠.

가장 잘 알려진 백제 멸망의 증거가 1993년 12월 12일 밤 부여 능산리 절터에서 현현했습니다. 당시 하염없이 솟구치던 물웅덩이에서 금동대향로를 건져 올린 겁니다. 그런데 향로가 출토된 타원형 구덩이가 예사롭지 않았습니다. 본래 공방에 필요한 물을 저장하던 구유형 목제 수조가 놓여 있던 곳이었죠. 국왕이 선왕들의 명복과 나라의 안녕을 기원하면서 피웠을 성스러운 향로가 왜 물구유(나무 물통)에서 발견됐을까요?

1995년 능산리 절터의 목탑지에서 역시 깜짝 놀랄 만한 유물이 발견됐습니다. "백제 창왕(위덕왕) 13년 정해년(567), 공주(창왕의 누이)가 사리를 공양하다 百濟昌王十三年太歲在 丁亥妹兄公主供養舍利"라는 글자가 새겨진 석조사리감石造舍利龕입니다. 그런데 출토 양상이 의미심장했죠. 탑의 중심 기둥이 도끼 같은 흉기로 처참하게 잘리고, 사리감도 비스듬히 넘어져 있었던 겁니다.

물구유 속 금동대향로와 도끼로 손상당한 석조사리감은 무엇을

－－－ 부여 능산리사지 석조사리감. 1995년 백제금동대향로가 출토된 절터(능산리)의 목탑지
에서 발견됐다. 국립부여박물관 소장.

의미할까요? 연구자들은 이를 백제 멸망과 연결합니다. 그 이야기
가 아주 그럴듯합니다. 660년(의자왕 20) 나당 연합군의 침략으로 사
비(부여)가 함락되자, 왕릉을 지키던 능사의 승려들이 국가 제사를
위해 향을 피웠던 대향로를 감춥니다. 백제가 완전히 멸망하리라는
것은 꿈에도 생각하지 못한 채 말이죠. 며칠만 숨겨두면 괜찮을 것
이라 여기고 향로를 공방터 물통 속에 은닉하고 도망친 겁니다. 하
지만 그들의 생각과 달리 백제의 사직이 끝내 종막을 고하게 되면
서 나당 연합군에 의해 나라 제사를 지내던 이 절은 철저히 유린 및

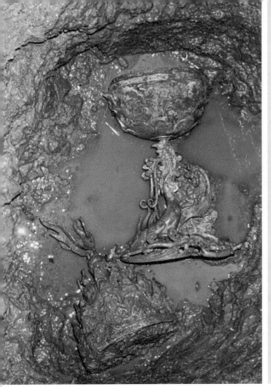

—— 1993년 12월 12일 밤. 백제 사비 시대 임금들의 무덤이 모인 능산리 고분군 서쪽 계곡부 주차장 예정 부지에서 출토된 백제 금동대향로. 구유형 물통 속에 숨겨진 모습이다. 국립부여문화유산연구소 제공·국립부여박물관 소장.

소실되고 맙니다. 공방터 지붕도 폭삭 무너져 내렸고, 사리 장치를 수습하려던 이들의 손에 목탑도 화를 입었습니다. 그렇게 금동대향로는 1,400년 가까이 묻혀버린 것입니다. 목탑 속 중심 기둥도 도끼에 찍힌 그대로 남게 됐죠.

1부 사건과 사연

## 아부송을 보낸 진덕여왕과 향락에 빠진 의자왕

이렇게 사비나 공주에서 끊임없이 현현하는 백제 멸망의 흔적은 무엇을 말해줄까요? 백제 멸망이 너무도 창졸간에 다가왔다는 뜻이 아닐까요? 역사서를 보면 '나라가 망하는 순간까지 아무도 눈치채지 못한 건 아닐까' 하는 생각이 듭니다.

의자왕 시대(641~660)의 백제는 신라를 일방적으로 몰아붙이고 있었어요. 단적인 예로 642년 7월, 의자왕은 신라 미후성을 비롯해 40여 개 성을 함락시키는 등 신라를 궁지에 몰아넣었습니다. 오죽하면 651년에 당나라 고종이 의자왕에게 국서를 내렸을까요. 이때 고종은 이런 국서를 보내 으름장을 놓았습니다.

"만약 백제가 빼앗은 성을 신라에 돌려주지 않으면 법민法敏(훗날 신라 문무왕)의 요청대로 왕(의자왕)과 결전을 벌일 것이며, 고구려와 약속하여 구원하지 못하도록 할 것이다."(《삼국사기》〈백제본기 의자왕〉)

그런데 의자왕은 고종이 보낸 협박 편지 속에 들어 있는 칼날을 눈치채지 못했습니다. 이 국서를 받기 3년 전인 648년(의자왕 8, 진덕여왕 2)에 신라와 당나라는 나당 연합군 결성의 밀약을 맺었거든요. 당 태종은 당시 신라 사신(김춘추)을 만나 약속합니다.

"신라가 백제·고구려 사이에서 핍박받고 있음을 가엾게 여겨 군대를 보낸다. 당이 군대를 보내 두 나라를 평정하면 평양 이남의 백제 땅은 모두 신라에 주겠다."(《삼국사기》〈신라본기 진덕여왕〉)

이렇게 두 나라의 밀월 관계가 시작된 겁니다. 650년 진덕여왕이 손수 짠 비단 위에 당 고종을 위해 바친 〈오언태평송五言太平頌〉이기가 막힙니다.

> 높디높은 황제의 포부 창성도 하여라
> 황명을 거스르는 외방 오랑캐는
> 칼날에 목 베여 천벌을 받으리라
> 황제는 충성스럽고 선량한 신하를 등용했도다
> 삼황오제의 순수한 덕이
> 우리 당나라 황제를 밝게 비추리라

　일국의 왕이 비단을 손수 짜서 바친 것도 모자라, 그 위에 황제를 찬양하고 충성을 맹세한 겁니다. 백제의 공세로 나라의 존망을 위협받는 절체절명의 상황에서 지푸라기라도 잡은 신라의 간절함이 드러나죠. 그 상황에서 나당 연합군이 결성됐으니 진덕여왕으로서는 간은 물론이고 쓸개라도 빼줄 준비가 되어 있었던 겁니다.

　그렇다면 이때 의자왕은 무엇을 하고 있었을까요? 652년 당나라에 조공을 보낸 뒤부터 사실상 당나라와 국교를 단절한 채 운명의 660년을 맞이했습니다. 의자왕은 해동증자海東曾子로 통할 만큼 지극한 효자였고, 신라와의 싸움에서 연전연승을 거두는 등 강국의 위세를 떨친 임금입니다. 그러나 어느덧 자만심과 타성에 젖어 충신들을 쫓아냈죠.

　"656년(의자왕 16) 왕이 사치 향락에 빠졌다. 왕은 적극 간언한 좌평 성충成忠을 옥에 가두었다. 성충은 죽음을 앞두고 '반드시 전쟁이 일어나니 지형을 잘 선택해서 군사를 운용하라'는 충언의 글을

올렸지만 왕이 듣지 않았다."(《삼국사기》〈백제본기 의자왕〉)

성충이 옥사하고 흥수興首가 귀양을 갔습니다. 그 빈자리를 신라 간첩망에 포섭된 좌평 임자任子 같은 인물로 채웠죠. 무엇보다 격변하는 국제 정세에 대응하지 못해 나당 연합군 결성을 수수방관한 것은 결정적 패착이었습니다. 결국 막강했던 백제는 외교 실패와 내부 갈등으로 속절없이 멸망한 겁니다.

## 망조 퍼레이드, 결국 싱겁게 끝나버린 전투

《삼국사기》를 보면 659년부터 백제에 든 망조 현상이 잘 기록되어 있습니다. "여우 떼가 궁중에 들어왔고"(659년 2월), "태자궁에서 암탉과 참새가 교미했으며"(4월), "백마강에서 세 길이나 되는 물고기가 나와 죽었고"(5월), "키가 18척이나 되는 여자 시체가 떠올랐으며"(8월), "대궐 남쪽 도로에서 한밤에 귀신이 나타나 곡을 했다"(9월)는 기록이 줄을 이었죠.

운명의 660년이 되자 망조가 업그레이드됩니다. "왕도(사비)의 우물물과 백마강이 핏빛으로 변했고"(2월), "두꺼비 수만 마리가 나무 꼭대기에 모였으며"(4월), "이유 없이 놀라 달아나다가 갑자기 쓰러져 죽은 백성이 100여 명이 됐고"(4월), "부여 시내의 절 강당과 탑에 벼락이 쳤다"(5월)는 기록이 이어집니다.

그중 가장 잘 알려진 이야기가 "백제는 둥근 달, 신라는 초승달"(6월)이죠. 즉 귀신이 "백제는 망한다"고 외치고 땅으로 들어갔는데, 땅속에서 발견된 거북이의 등에 "백제는 둥근 달과 같고, 신라는 초승달과 같다"라는 글이 있었고, 무당이 "둥근 달(백제)은 곧 기울고, 초승달(신라)은 곧 차게 된다"고 풀이했다는 거죠. 상황이 이러한데도 백제는 아무런 대책을 세우지 않은 채 망국의 순간을 맞이한 겁니다.

당나라 장군 소정방蘇定方이 이끄는 13만 명의 대군이 덕물도(인천 덕적도)에 도착한 것은 660년 6월 21일이었습니다. 신라 태종무열왕도 군사 5만 명을 동원하죠. 그제야 사태의 심각성을 깨달은 의자왕은 "앞으로 나가 싸우는 것과 지키는 것 중 어느 편이 나은지 대책을 마련해보라"고 명합니다. 그러나 조정 공론은 '나가 싸우자'는 측과 '지켜야 한다'는 측이 팽팽히 맞섰죠. 의자왕은 어쩔 줄 몰라 했고요. 이렇게 우왕좌왕하며 탁상공론을 벌이는 사이 나당 연합군은 쏜살같이 사비로 진격해왔습니다.

7월 9일, 계백階伯의 황산벌(충남 연산) 전투가 벌어집니다. 계백의 5,000 결사대는 네 차례 싸워 모두 승리했지만 중과부적으로 패하고 맙니다. 이후 전투는 나당 연합군의 파죽지세였습니다. 백제는 패닉에 빠졌고, 의자왕의 여러 아들이 좌평(장관) 6명과 함께 당나라군 진영에 달려가 죄를 빌었지만 소정방은 이들을 모두 물리칩니다(12일). 백제군은 당나라군이 사비성 30리 밖까지 진군할 때까지 연전연패했고, 사망자만 1만여 명에 달했습니다. 13일 밤 의자왕은 야음을 틈타 태자 부여효와 함께 공주 웅진성으로 피신했죠. 이때 의자왕이 남긴 한마디는 "내가 성충의 말을 듣지 않아 이 지경에 이르렀다"는 후회였습니다. 사비성에 남은 의자왕의 여러 아들(부여태·부여융 등)들은 곧 항복했지요. 웅진성으로 피신한 의자왕과 태자 역시 웅진방령(웅진성 장관)인 예식禰植과 함께 7월 18일 항복합니다. 당나라군이 덕물도에 도착한 지 한 달도 채 되지 않은 때였지요. 그렇게 무려 678년(기원전 18~기원후 660)의 역사는 그렇게 순식간에 종막을 고하고 맙니다.

8월 2일에 열린 나당 연합군의 승전 기념 연회는 백제로서는 돌이킬 수 없는 국치일이 되었습니다. "신라 태종무열왕과 당나라 소정방 등은 당상(대청마루 위)에, 백제 의자왕과 아들(부여융)은 당하에 앉았다. 신라 왕과 소정방 등이 의자왕에게 술을 따르게 했다. 백제의 신하들이 모두 울었다."《삼국사기》〈신라본기 문무왕〉)

9월 3일 당나라 소정방은 의자왕과 왕족, 신료 93명, 그리고 백성 1만 2,800여 명을 당나라로 끌고 갑니다. 백제 왕조의 기둥을 뿌리째 뽑아간 형국이었죠. 그랬으니 그 누가 폭삭 무너진 폐허 속에서 백제 678년 사직의 종막을 위로하는 진혼곡을 불러줄 수 있었겠습니까. 이제 부여와 공주에서 1,400년 가까이 꼭꼭 숨어 있던 망국의 편린들이 한 조각 한 조각 그 모습을 드러내고 있습니다.

## 2장

# 과학부터 외교까지, 시대를 뒤흔든 사건들

# 8

## 선도적 천문 기록
케플러보다 먼저 초신성 폭발을 관측하다

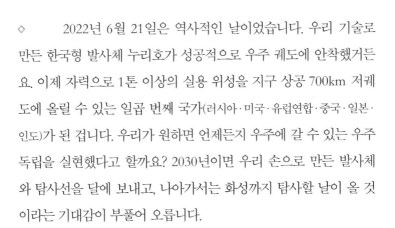

◇ 2022년 6월 21일은 역사적인 날이었습니다. 우리 기술로 만든 한국형 발사체 누리호가 성공적으로 우주 궤도에 안착했거든요. 이제 자력으로 1톤 이상의 실용 위성을 지구 상공 700km 저궤도에 올릴 수 있는 일곱 번째 국가(러시아·미국·유럽연합·중국·일본·인도)가 된 겁니다. 우리가 원하면 언제든지 우주에 갈 수 있는 우주 독립을 실현했다고 할까요? 2030년이면 우리 손으로 만든 발사체와 탐사선을 달에 보내고, 나아가서는 화성까지 탐사할 날이 올 것이라는 기대감이 부풀어 오릅니다.

### 선도적이었던 우리 선조들의 천문 기록
여기서 저는 과거 천문·우주에 가없는 호기심과 관심을 쏟았던 우리 조상의 이야기를 해보려 합니다. 어떤 분은 우리가 원래 세계 최고의 로켓 기술 보유국이었다면서 최무선崔茂宣이 만든 '주화走火 (달리는 불)'와 그 주화를 개량한 '신기전神機箭'과 '화차火車' 등을 꼽습니다. 또 어떤 분은 동양에서 가장 오래된 천문대인 '첨성대', 하늘 이야기를 담은 '천상열차분야지도天象列次分野之圖', 하늘에서 일어나는 천문 현상 등을 관측·연구해서 편찬한 역법《칠정산七政算》 등을 꼽기도 하죠.

그중 실학자 겸 과학 사상가 홍대용洪大容의 언급이 눈에 띕니다. 그는 자신의 문집《담헌서湛軒書》〈보유·내산문답〉에서 '지구자전론'은 물론 '우주무한론'을 설파했습니다. "하늘의 뭇별은 각각의 세계를 갖고 있다. 우주 세계에서 지구 또한 한 개의 별일 뿐이다. 무한한 세계가 우주에 흩어져 있는데 오직 지구만이 중심에 있다는 것은 있을 수 없다. 지구에서 보이는 것 말고 은하 세계와 같은 것이 몇천, 몇만, 몇억이나 되는지 알 수가 없다." 마치 "어찌 좁은 지구를 세상의 전부라고 여기느냐. 이제 지구를 넘어 드넓은 우주로 나가라"는 얘기처럼 들립니다. 이런 통찰을 240여 년 후 우리 과학자가 '누리호 발사 성공'으로 실현한 겁니다.

사실 홍대용에 앞서 활약한 선배들의 우주·천문학 수준은 당대 세계 최고라 할 만큼 선진적이었습니다. 이와 관련해 2017년 〈네이처〉에 흥미로운 논문이 실렸습니다. 미국·영국·폴란드 등 6개국의 공동 연구진이 2016년 남미 칠레에서 전갈자리 꼬리 부분에 있는 한 별을 둘러싼 가스구름을 관측했는데, 그 별의 움직임 방향과 속도 등을 계산하던 연구진이 들춰본 기록이 바로 조선의 〈세종실록〉

이었습니다. "객성客星(신성)이 미성尾星(전갈자리)의 둘째 별과 셋째 별 사이에 14일간이나 나타났다."(1437년 음력 2월 5일) 연구진이 관측한 가스구름은 바로 1437년 폭발한 신성의 흔적이었습니다. 조선 천문관의 관측 기록이 579년 뒤 최첨단 기구로 무장한 천문학자들의 연구에 결정적 자료가 된 것입니다.

이처럼 고려·조선의 천문학자들은 밤하늘의 우주에서 벌어지는 갖가지 천문 현상을 관측하고 기록했습니다. 가히 당대 서양 천문학을 압도할 수준이었죠. 가령《고려사》에는 "1073년(고려 문종 27) 동벽의 남쪽(물병자리)에서 객성이 나타났다. 이듬해인 1074년에도 다시 같은 자리에서 객성이 보였으며, 크기가 모과만 했다"는 기록이 있는데, 그로부터 931년 뒤인 2005년 한국천문연구원에서 이 객성의 정체를 발견했습니다. 그것이 물병자리 '아르 아쿠아리'라는 신성의 폭발이었음을 논증한 겁니다.

그걸 어떻게 밝혀냈을까요? 연구진은 이 객성의 크기가 "모과만 하다"는《고려사》기록에 주목했습니다. 우리 조상들은 새로운 별이 나타나면 크기에 따라 달걀·술잔·모과·바리(밥그릇)·질장구(흙으로 만든 화로 모양의 장구) 등으로 표시했는데, 연구진은 다양한 사물의 크기로 비유한 자료를 현대의 별 밝기 등급으로 환산했습니다. 예컨대 달걀은 3~4등급, 술잔은 2~3등급, 모과는 1~2등급, 바리는 0~1등급, 질장구는 0~−1등급으로 추정했죠. 1등급마다 밝기가 2.5배 차이 나는 식입니다. 마이너스 등급은 아주 밝아서 태양은 −26.8등급에 해당합니다. 1073~1074년에 두 번 나타난 모과 크기의 객성 밝기는 1~2등급에 해당하는데, 북두칠성에서 가장 밝은 끝 별(1.8등급)과 같죠. 연구진은 이 별이 지구에서 890광년 떨어져 있으며, 폭발 당시 1037줄joule의 에너지를 발산한 것으로 추산했습니다.

그런데 1073~1074년에 관측한 이 신성 폭발 기록은 오직《고려사》와《증보문헌비고》등에만 보입니다. 우리나라 고천문 관측 자료가 얼마나 우수한지를 보여주는 대목이죠. 당시 국내 연구진의 논문은 세계 5대 천문학 저널 중 하나인 〈천문학 및 천체물리학〉의 표지로 선정되기도 했습니다.

## 케플러보다 4일 앞서 '케플러 초신성'을 발견한 조선

1572년 11월 6일, 덴마크 천문학자 튀코 브라헤Tycho Brahe가 특이한 별을 발견했습니다. 카시오페이아자리에서 별의 사멸 현상인 대폭발, 즉 초신성을 관측한 겁니다. 관측 후 브라헤는 '우주는 불변'이라고 주장한 아리스토텔레스의 우주관을 신봉하던 이들을 향해 "아둔하고 눈먼 자들이여!"라고 소리쳤습니다. 그런데 당대 조선 성리학자 율곡 이이李珥의《석담일기》에 심상치 않은 내용이 쓰여 있습니다. "1572년(선조 5) 음력 10월 객성이 책성策星(카시오페이아의 일부) 옆에 나타났다. 그 크기가 금성보다 컸다." 튀코 브라헤가 카시오페이아자리에서 별을 발견할 무렵이었습니다. 유럽에서 관찰한 초신성이 조선의 밤하늘에서 보이지 않을 리 없었죠. 유럽인은 이를 '튀코의 초신성'이라고 부르는데, 한국에서는 적어도 '율곡의 초신성'이라고 해야 하지 않을까 싶습니다.

그로부터 20년 뒤, 조선에서는 기이한 천문 현상을 두고 15개월간 치열한 토론이 벌어졌습니다. 〈선조실록〉을 보면 1592~1594년에 무려 4개의 객성이 관측되었는데, 그중 천창성(고래자리) 동쪽에 나타난 1개의 객성이 아무래도 이상했습니다. 이 객성은 1592년 10월 20일부터 1593년 2월 24일까지 4개월간 나타났다가 사라졌습니다. 그런데 5개월의 공백기를 보낸 뒤, 1593년 7월 17일~1594년 1월 4일까지 6개월간 다시 나타납니다.

당시 조선 천문관들은 고개를 갸웃거렸죠. 객성은 이름 그대로 '손님별'인데 왜 같은 자리에서 나타났다 사라졌다 다시 나타났다를 반복할까? 하도 기이해서 전현직 천문관들이 모여 그 실체를 두고 토론회를 연 것입니다. 그 결과 다음과 같은 결론을 내렸습니다. "임진년(1592)부터 천창성에서 두 차례에 걸쳐 15개월간 관측된 이름 없는 별을 객성이라 했지만, 이 별은 객성이 아니라 움직이지 않는 항성 같다."(〈선조실록〉 1594년 8월 2일)

그런데 이로부터 400년 뒤인 2007년 국내 천문학자들이 이 별의 실체를 규명했습니다. 즉, 신성이나 초신성이 아니라 별의 밝기가 주기적으로 변하는 '변광성'이라는 겁니다. 바로 천창성 안에 존재하는 '미라형MIRA 변광성'이었던 겁니다. 평균 11.3개월을 주기로 2~11등성 사이를 오락가락하며 밝기가 변화되는 별이죠. 지름이 태양의 300배나 되는 초거성으로 내부가 불안정해서 불규칙적으로 변합니다. 서양에서 이 변광성을 발견한 것은 1596년인데, 1642년 요하네스 헤벨리우스Johannes Hevelius가 'MIRA(놀라움)'라는 이름을 붙였지요. 그렇다면 조선 천문관들은 서양보다 4년 먼저 이를 발견했고, 토론을 거쳐 2년 앞서 그 정체를 확정 지었다는 얘깁니다. 오히려 조선의 천문학 수준에 '놀라움'이라는 수식어를 붙여야 할 것 같네요.

놀랄 일이 하나 더 있는데, 1604년 10월 17일 독일 천문학자 요하네스 케플러Johannes Kepler가 체코 프라하에서 관측한 이른바 '케플러 초신성'과 관련된 얘깁니다. 신성과 초신성은 우리 역사서에서 손님별, 즉 객성으로 통칭되는데, 별이 폭발할 때 방출되는 빛 때문에 엄청나게 밝아지는 현상을 말하죠. 초신성은 밝은 정도가 신성보다 훨씬 크기 때문에 초超라는 접두어가 붙은 것입니다. 그러나 폭발의 양상은 완전히 다르죠. 신성은 별의 표면만 폭발하지만, 초신성은 별 자체가 완전히 폭발해서 사라지는 천문 현상입니다. 이를테면 별의 사멸이죠. 그 때문에 특정 별에서 신성 현상은 여러 번 일어날 수 있지만, 별이 폭발한 뒤 사라져버리는 초신성 현상은 딱 한 번만 나타나죠.

1604년 관측된 케플러 초신성은 우리 은하에서 인간이 육안으로 목격한 마지막 초신성입니다. 그런데 〈선조실록〉에 심상치 않은 천문 기록이 보입니다. "1경(오후 7~9시)에 객성이 미수尾宿(전갈자리) 10도의 위치에 있었다. 형체는 목성보다 작고 색깔은 황적색이었다."(1604년 음력 9월 21일) 음력 9월 21일을 양력으로 환산하면 10월 13일입니다. 케플러가 초신성을 관측하기 4일 전에 조선 천문학자들이 먼저 별의 사멸과 함께 펼쳐지는 우주 쇼를 관측한 겁니다.

1부 사건과 사연

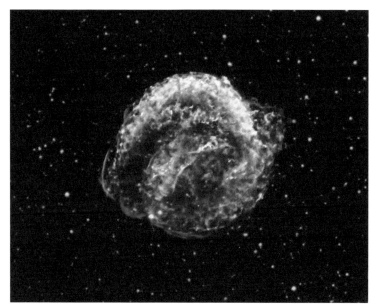

—— 독일의 천문학자 요하네스 케플러가 1604년 10월 17일부터 체코 프라하에서 관찰한 초신성. 그런데 조선의 천문관들은 케플러보다 4일 앞선 10월 13일(음력 9월 17일), 정확히 관찰했다는 〈선조실록〉 기록이 있다. 양홍진 한국천문연구원 선임연구원 제공.

### 객성은 하늘이 임금에게 내린 경고?

여기서 근본적인 질문을 던지고 싶습니다. 고려~조선 왕조의 천문 관측은 왜 그렇게 당대 세계 최고 수준이 되었을까요? 그 답의 실마리는 이른바 케플러 초신성이 출현했을 때 보인 선조 임금의 반응에서 찾을 수 있습니다. "객성이 여러 달 미수 분야分野에 나타났다. 이는 바로 우리나라에 해당되는 분야다. (…) 객성은 바로 적성賊星(도둑별)이다. 다른 재변도 연이어 나타나는데…."

선조의 언급 중 미수 분야가 조선에 해당된다는 게 무슨 뜻일까요? 동양에서는 하늘과 땅이 서로 연결돼 있다고 여겼습니다. 따라서 전국의 땅을 나눠서 각각의 별자리에 속하게 했죠. 이것을 '분야'라 합니다. '천상열차분야지도'를 보면, 동양에서는 특정 별자리에서 이변이 일어나면 그 별자리에 해당하는 지역에서도 심상찮은 변고가 발생한다고 믿었습니다. 선조는 객성이 출현한 별자리(미수)에 해당하는 땅이 바로 조선이라며 땅이 꺼져라 걱정했던 겁니다.

케플러에게 과학적 탐구 대상이던 1604년의 초신성이 조선에서는 '하늘이 임금에게 내리는 경고 메시지'로 해석된 겁니다. 비단 선조 때만 그런 것이 아닙니다. 우리 조상은 유독 천문학에 목숨을 걸었죠. 왕조시대 임금은 하늘이 내리는 상서로움과 재앙, 길흉의 조짐을 잘 파악하는 것을 첫 번째 덕목으로 삼았습니다. 임금은 하늘과 땅의 중간자 입장에서 농사를 제때 지어야 하는 백성에게 하늘의 변화를 알려줘야 했습니다. 상형문자인 임금 왕王은 사람이 하늘과 땅 사이를 소통시키는 형상이죠. 그러니 하늘에서 객성 같은 이변이 일어나면 불길한 징조로 여길 수밖에 없었습니다. 모든 책임은 임금에게 돌아갔죠. 그럴 때 임금은 몸과 마음을 삼가고 반성해서 하늘의 징계를 두려워해야 했고(공구수성恐懼修省), 신하들에게는 "나의 잘못을 기탄없이 지적하라"고 구언求言해야 했습니다.

단적인 예로 1770년(영조 46) 봄 객성이 출현하자 영조는 월대에 올라 사흘 밤낮으로 간절히 외쳤습니다. "제발 객성아, 백성과 나라에 재앙을 옮기지 마라." 〈영조실록〉은 "임금이 사흘간 간절한 마음으로 빌자 객성이 사라졌다"고 기록했습니다. 임금이 천문학에 관심을 쏟을 수밖에 없었던 이유입니다. 그러니 천문 관측이 정교할

1부 사건과 사연

수밖에 없었습니다. 특히 일·월식, 햇무리와 달무리, 지진, 혜성, 신성 등의 출현은 '비상 현상'으로 분류했습니다. 이럴 때는 출현 시각, 모양과 정도, 위치, 변화 등을 정해진 매뉴얼에 따라 기록한 보고서(《성변측후단자星變測候單子》)를 4부 작성해 올렸습니다. 보고하는 것으로만 그치지 않고, 천문관은 《관상감일기觀象監日記》와 《성변등록星變謄錄》에 자세한 사항을 기록해 보관했습니다. 결국 이중 삼중의 철저한 기록이 개가를 올린 셈이죠.

## 조선에서 관측한 핼리혜성 모습

천문학자 에드먼드 핼리Edmond Halley는 약 76.03년의 주기로 타원형 궤도를 그리며 지구 주변을 도는 혜성을 발견한 인물입니다. 그는 1456~1531~1607~1682년에 약 76년 주기로 나타난 혜성의 궤도가 거의 일치하는 것에 주목했죠. 그러면서 다음 혜성이 1682년의 76~77년 후인 1758~1759년에 돌아올 거라고 예측했습니다. 물론 당대 사람들은 헛소리라고 콧방귀를 뀌었지만요. 1742년에 죽은 핼리 자신도 그걸 확인하지 못했지요. 그런데 1759년 핼리가 예언한 그 혜성이 정말로 나타났습니다. 사람들은 그 혜성에 '핼리'라는 이름을 붙였습니다.

그런데 1759년 3월 11일의 〈성변측후단자〉를 보면 소름이 돋습니다. "3월 11일 신묘 밤 5경(새벽 3~5시) 파루(통행금지 해제를 알리는 종) 이후에 혜성이 허수虛宿 별자리 영역에 보였다. 혜성이 이유離瑜 별자리 위에 있었는데, 북극에서의 각거리는 116도였다." 이어 핼

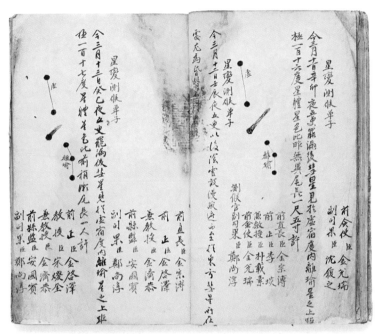

—— 1759년 3월 11일과 13일, 핼리혜성의 움직임을 관측하고 기록한 〈성변측후단자〉의 기록이다. 양홍진 한국천문연구원 선임연구원 제공·연세대학교 도서관 소장.

리혜성의 모습을 스케치한 뒤 "혜성의 꼬리가 1척 5촌을 넘었다"고 구체적으로 기록하면서 이날의 관측자 5명의 실명을 명기했습니다. 한편, 〈성변측후단자〉를 모은 1759년 음력 3~4월의 《성변등록》은 35명의 천문관이 25일 동안 관측한 것인데, 위치와 크기·색깔 등의 변화를 기록했습니다.

양홍진 한국천문연구원 선임연구원은 "천문학자 핼리가 주기를 예측한 후 첫 번째로 지구를 방문한 혜성을 스케치까지 해서 기록으로 남긴 것은 조선이 유일하다"고 평가했는데, 조선 천문관의 관

　　　　　　　　　　　　　　　　　　　　　　1부 사건과 사연

측 실력과 지독한 기록 의식이 이뤄낸 개가라 할 수 있습니다.《성변등록》을 유네스코 기록유산으로 등재하기에 차고 넘치는 이유입니다. 그러고 보면 세계에서 일곱 번째로 한국형 발사체를 우주 궤도에 안착시킨 게 만시지탄이라 할 수도 있을 것 같네요. 이제 담헌 홍대용의 바람처럼, 좁디좁은 지구를 벗어나 무한한 우주에서 꿈을 펼칠 미래만 남았습니다.

# 9

## 임진왜란 때 투항한 1만 명의 일본인

그들은 왜 조선을 위해 싸웠나

◇　　　임진왜란 때 일본으로 끌려간 조선인 포로는 2만~3만 명
(일본 측 자료) 또는 10만~40만 명(조선 측 자료)으로 추정됩니다. 그
렇다면 일본군 포로는 얼마나 됐을까요? 다음은 1597년(선조 30)
5월 18일 도원수 권율權慄이 적진에 밀파한 첩자들의 보고를 정리
해서 조정에 알린 내용입니다.

"왜군의 걱정도 이만저만이 아닙니다. 항왜(항복한 일본인)의 수가
이미 1만 명에 이르렀는데, 이들이 일본의 용병술을 다 털어놓았을
테니 심히 걱정된다고 수군거립니다."(《선조실록》)

한 연구자가 실록에 등장하는 항왜의 수를 집계했는데, 모두 42건
600명에 달합니다. 기록된 것만 이 정도이니, 갖가지 이유로 항복하
거나 귀화한 왜인이 꽤 많았겠죠. 그들 중에는 김귀순金歸順, 김향의
金向義, 이귀명李歸命 등의 이름도 보이는데, 귀순하고(귀순), 의를 좇

았으며(향의), 천명에 귀의했다(귀명)는 뜻에서 조선 조정이 하사한 이름임이 분명합니다.


## 왜군의 항복을 적극 유도하라!

항왜 가운데 가장 유명한 이는 사야가沙也加, 곧 김충선金忠善입니다. 김충선은 자신의 《모하당집慕夏堂集》에 "임진왜란 발발 당시 가토 기요마사加藤淸正가 이끄는 왜군 2진의 선봉을 맡아 부산포에 상륙했다가 곧바로 부하들과 함께 귀순했다"고 썼습니다. 그는 출정 전부터 "의롭지 못한 전쟁에 나섰지만 동방예의지국 조선에 가면 다시는 돌아오지 않을 것을 다짐했다"고 합니다.

조선 조정은 그를 가상히 여겨 자헌대부(정2품)를 제수하고, 김해 김씨 성과 함께 '충성스럽고 착하다'는 뜻의 충선忠善이란 이름을 내렸습니다. 김충선의 본관은 임금이 하사한 성이라는 뜻에서 '사성賜姓 김해 김씨'라 하기도 하고, 집성촌(대구 달성군 우록리)의 이름을 따서 '우록 김씨'라고도 합니다. 김충선은 임진왜란 때 조총과 화포 그리고 화약 제조법을 전수하는 등 무공을 세웠고, 이괄의 난(1624)과 병자호란(1636) 때도 공을 세웠습니다. 훗날 정조 임금은 "김충선은 도요토미 히데요시豊臣秀吉의 외손"이라는 가짜 뉴스를 철석같이 믿기도 했답니다.

"왜인 김충선은 평수길平秀吉의 외손이다. 임진왜란 때 선봉에 서서 충성을 다했다. 김씨 성을 하사받고 (…) 호는 모하당이라고 한다."(《승정원일기》 1797년 10월 17일)

근거 없는 얘기지만 김충선이 그만큼 '전설적인 인물'이었다는 얘기죠. 물론 김충선처럼 처음부터 귀순을 염두에 두고 참전한 왜인은 거의 없었을 겁니다. 그러나 전쟁이 장기전 양상을 띠면서 상황이 달라졌습니다. 특히 군량미 문제가 심각했죠. 이와 관련해 1594년(선조 27) 4월 17일 접대도감 이덕형李德馨의 언급이 의미심장합니다.

　"왜적들의 한 끼 식사가 작은 종지의 밥이 전부인데, 그나마 절반이 껍질째였습니다. 일은 고달프고 배가 고파 항복하려는 자가 매우 많다고 합니다."(《선조실록》)

　내부의 갈등도 만만치 않았습니다. 특히 포악한 장수 휘하의 장졸일수록 귀순하거나 투항하는 자가 많았죠. '악귀'라고 부를 만큼 악명을 떨친 가토 기요마사의 병졸들이 특히 그랬습니다. 1597년(선조 30)에는 항복한 왜병 세이소世伊所와 마다시지馬多時之를 다시 적진으로 보내 가토의 휘하 군관 5명을 귀순시켰는데(4월 21일), 그들은 "사역이 과중하고 장수의 명령이 너무도 혹독해서 견디다 못해 도망쳤다"고 했습니다. 귀순자들은 특히 "요즘 가토 기요마사가 부하들의 마음을 크게 잃어 일본으로 귀국하려는 군졸이 하루에 100명에 이른다"고 토로했습니다.

　상황이 이렇게 된 데에는 항왜를 후대한 조선 조정의 정책도 크게 한몫했습니다. 선조는 투항한 왜적에게 첨지(정3품 무관), 동지(삼군부의 종2품) 등의 고위 관직을 내렸죠. 반대가 만만치 않았지만 선조는 "항왜 가운데 검술을 하거나 병기를 잘 만드는 자를 뽑아내면 파격적인 상을 내려야 한다"(1595년 6월 11일)고 일축했습니다. 심지

── 임진왜란 때 동래성에서 왜군의 침략을 받아 싸우다 순절한 부사 송상현 이하 군민들의 항전 내용을 그린 〈동래부순절도〉로, 주변을 둘러싼 왜군들의 모습이 잘 보인다. 가토 기요마사 군의 선봉에서 선 일본인 사야가는 부산포에 닿자마자 귀화했다. 육군박물관 소장.

어 "지금 항왜들만이 (…) 성 위로 올라가 죽을힘을 다해 적병과 싸운다. (…) 이들에게 모두 당상관(정3품 이상)의 직책을 내리고, 은銀을 상급으로 하사하라"(1597년 8월 17일)는 명을 내리기도 했습니다.

## 일본의 검술과 전법을 조선에 전수한 여여문

선조의 말마따나 '제 몸 돌보지 않고 싸운 항왜들' 중 첫손에 꼽히는 인물은 바로 여여문呂汝文입니다. 1595년(선조 28) 6월 19일, 임금은 이렇게 말합니다.

"내가 항왜 여여문을 각별히 후대하라는 명을 내렸는데, 실행하고 있는가? 요즘 병이 났다가 차도가 있다고 하는데, 이는 보통 왜인이 아니다. 후하게 대우하라."(《선조실록》)

여여문이 이런 대우를 받은 데는 그럴 만한 이유가 있었습니다. 여여문은 훈련도감에서 결성한 '아동대兒童隊'를 조련하는 책임자였는데, 검술을 가르치고 사수를 양성했죠. 그 성과가 대단했습니다. "아동대 인원 50여 명을 대상으로 치른 시험에서 합격자가 19명이나 되었다."(《선조실록》 6월 21일)

그뿐만 아니라 여여문은 일본군의 진법과 전술을 조선 진영에 전수했습니다. 특히 "왜군은 쳐들어올 때 반드시 소수의 군사로 유인해 적이 매복한 곳에 빠지기를 기다렸다가 잇따라 일어나 공격한다"(《선조실록》 1596년 2월 17일)고 일러주었죠. 왜군의 이 전법은 칠천해전漆川海戰(1597년 7월 16일)에서 입증되었습니다. 이때 조선군은 일본군의 전법에 말려 12척의 전선만 남긴 채 사실상 전멸했거든요. 만약

1부 사건과 사연

－ － － 울산왜성에 포위된 왜군이 물을 길러 나오는 모습을 그린 기록화. 국립진주박물관 제공.

여여문이 가르쳐준 전법을 활용했다면 전세가 바뀌었을 겁니다.

여여문은 전쟁터로 달려가 한목숨 바칠 각오가 되어 있음을 피력하기도 했습니다. "제가 현장으로 내려가서 산성을 다시 쌓는 데 도움이 되고자 합니다. 아니면 저를 요해처로 보내주십시오. 죽음으로 보답하겠습니다."(〈선조실록〉 1597년 1월 4일) 또한 "후한 이익을 좋아하는 일본인을 유인하기는 쉽다"면서 "일본군을 꾀어 적장을 모살하도록 계획을 세우면 아마도 성공할 수 있을 것"이라는 계책을 올리기도 했습니다.

이덕형을 통해 "우리 조선 사람들 하는 것을 보면 한갓 계획만 세우고 의논만 많지 실행은 적습니다. 날짜만 기다립니다"라는 여여문의 말을 전해 들은 선조는 "그의 말대로 하라"면서 "여여문의 말을 들으니 우리나라 일이 부끄럽다"고 했습니다. 이때 여여문은 조선을 '우리 조선'이라고 표현했는데, 뼛속까지 조선인이 됐음을 알 수 있죠.

여여문의 활약은 계속됩니다. 1597년 말, 명나라군 총사령관 양호楊鎬가 여여문에게 적진에 들어가 정세를 살피라는 임무를 맡깁니다. 울산에 잠입한 여여문은 성황당·도산·태화강 등 세 곳의 적병 수를 파악하고, 손수 형세도를 그린 뒤 빠져나왔습니다. 여여문의 형세도를 본 양호는 은 10냥을 내리고, 그의 정보에 맞춰 작전을 짰죠. 그날 저녁 명나라 마귀麻貴 제독이 여여문을 다시 적진에 침투시켰는데, 이때 그는 왜군 4명의 수급首級을 베어가지고 나왔습니다.

그런데 여기서 비극이 일어납니다. 마귀가 여여문을 죽이고는 그의 공을 가로챈 겁니다. 〈선조실록〉은 여여문의 죽음을 알리면서 "여여문이 베어낸 왜적 4명의 수급을 마귀가 빼앗는 것을 똑똑히 본 사람이 많다"(1598년 3월 27일)고 증언합니다. 항왜 여여문은 이렇게 허무한 죽음을 맞이했습니다. 그로부터 두 달이 지난 5월 17일 이덕형은 선조에게 이렇게 아룁니다. "여여문은 임진란 이후로 종군하지 않은 날이 없었고, 처자식도 모두 적의 손에 죽었습니다. 여여문을 논상함으로써 격려하는 뜻을 보여야 합니다."(〈선조실록〉)

## 조선을 위해 앞장선 항왜인

사백구沙白鷗라는 인물도 있습니다. 〈선조실록〉(1597년 9월 8일)에는 경상우병사 김응서金應瑞가 사백구에 대한 포상을 건의하면서 올린 상소문이 있는데, 그 내용은 이렇습니다.

사백구는 1597년 3월 가토 기요마사 휘하에서 투항한 왜인으로, 김해부사 백사림의 휘하에 편입되었습니다. 그런데 마침 왜군이 황석산성(함양)을 공격했고, 이때 백사림을 따라 출전한 사백구는 조총으로 왜병 4명을 죽였죠. 그러나 산성은 끝내 함락되었고, 백사림은 꼼짝없이 포로가 될 운명에 처했습니다. 이때 사백구가 성을 지키던 왜병들을 위협해 백사림을 성 밖으로 탈출시켰습니다. 사백구는 백사림을 산속에 숨겨놓은 다음 왜병이 점령한 산성으로 다시 들어가 쌀 한 말과 간장, 무, 옷가지 등을 구해왔습니다. 그사이 백사림은 사백구가 배신한 줄 알고 몸을 숨겼죠. 백사림을 겨우겨우 찾아낸 사백구는 그의 허리를 끌어안고 반가워했습니다. 백사림 가족은 그렇게 사백구 덕분에 목숨을 건졌죠.

사백구와 백사림의 일화를 전하는 김응서의 한탄이 심금을 울립니다. "조선의 유식한 무리도 처자식을 구제하지 못하는데, 사백구 같은 오랑캐가 지극정성으로 김해부사를 피신시켰습니다. 사람으로서 부끄럽게 여겨야 할 것입니다."

이순신 장군의 명량대첩(1597년 9월 16일)에서 큰 공을 세운 항왜 준사俊沙도 유명하죠. 1593년 안골포에서 투항한 준사는 이순신 장군이 단 13척의 배로 일본 수군을 격파할 때 장군의 배에 타고 있었죠. 준사는 바다에 빠진 왜군들을 내려다보면서 "저 무늬 있는 붉은 비단옷을 입은 자가 적장 마다시馬多時다"라고 지목했습니다. 이에 이순신 장군이 마다시의 목을 내다 걸어 왜적의 사기를 꺾었지요. 하지만 이때 준사가 지목한 마다시는 왜장 구루시마 미치후사来島通

總라는 설이 유력합니다.

적장 가토 기요마사 암살 계획을 모의한 항왜도 있습니다. 1595년 2월 29일 경상좌병사 고언백高彦伯에게 항왜 주질지酒叱只와 학사이鶴沙伊가 찾아와 은밀하게 고했습니다.

"우린 본국(일본)을 등졌으니 이미 조선 사람입니다. 마땅히 적의 괴수(가토 기요마사)를 베어야 합니다. (…) 가토는 다른 장수와 만날 때 거느리는 군사가 10여 인에 불과합니다. (…) 사냥은 단기필마로 합니다. 일본인 중 내응하고 있는 자와 살해를 도모한다면 손바닥 뒤집듯 쉬울 것입니다."

고언백이 이들의 말을 믿지 않자 더욱 치밀한 계획까지 일러주었습니다.

"지금 우리와 함께 항복한 구질기仇叱己의 사촌 형 고로비古老非가 가토의 가장 가까운 군관으로 있습니다. 고로비 또한 조선 진영으로 귀순하려 합니다. 그 사람과 내응하면 성사될 겁니다."

하지만 이 암살 계획은 성사되지 않았습니다. 명나라와 왜의 강화 계획이 틀어질까 걱정했기 때문입니다. 고언백은 왜군 진영의 내응자 고로비에게 "강화 교섭을 위해 명나라 사신이 내려올 것이니 (가토 암살 계획은) 없었던 일로 하라"는 밀명을 내렸습니다. 그러나 적진에 있던 고로비는 "일본이 명나라와 강화하는 일은 없을 것"이라고 단언하면서 크게 화를 냈다고 합니다. (《선조실록》 1595년 3월 24일)

이뿐만이 아닙니다. 1597년 11월에 벌어진 정진 전투에서도 항왜들의 활약이 컸습니다. 아군이 왜군의 포위에 말렸지만 항왜의

1부 사건과 사연

맹활약으로 사지에서 겨우 탈출했는데, 권율 도원수는 이 전투에 참전한 항왜들의 이름과 벼슬명, 공적을 구체적으로 나열했습니다.

"왜적 70명을 죽였습니다. 검첨지(정3품 무관) 사고여무沙古汝武는 왜적의 목을 두 급, 동지(종2품) 요질기要叱其와 첨지 사야가(김충선)와 염지㤠之는 각 한 급씩을 베었습니다. 항왜 손시로孫時老는 탄환을 맞고 중상을 입었으며, 항왜 연시로延時老는 전사했습니다. 이 전투에서 왜기倭旗와 창·칼·조총 등을 노획했고, 우리나라 포로 100여 명을 되찾았습니다."

이 밖에 1597년 남원성 전투와 상주 전투, 가덕도 전투, 그리고 1598년 10월 사천 전투에서도 항왜들의 활약상이 보입니다. 항왜들은 전투나 적정 탐지 외에 기술 전수에 혁혁한 공을 세웠습니다. 조선은 그들에게서 총검 주조와 염초 굽는 방법을 배우고, 조총의 사격술과 검술도 익혔습니다. 그 덕분일까요. 1597년 1월 "김응서 휘하의 항왜 중 조총 기술자가 많으니 상경시켜 배우자"는 건의에 선조는 자신 있게 말합니다. "이제 조선에도 조총을 잘 만드는 자가 많다. 상경시킬 필요 없다."

이처럼 항왜 가운데는 김충선을 비롯해 김귀순, 김향의, 이귀명처럼 조선 조정으로부터 성을 하사받은 이들도 있고, 여여문이나 사백구처럼 전장에서 공을 세워 실록에 이름을 남긴 이들도 있습니다. 하지만 나머지 1만 명에 달하는 항왜들의 자취는 찾을 수가 없네요. 아마도 그들 역시 조선인으로서 이 땅에 뼈를 묻고 살면서 후손을 남겼을 겁니다.

# 10

# 실록에 기록된 요절복통 사건 파일

어전에서 방귀를 뀌었다고?

◇     《조선왕조실록》을 검색하다가 포복절도할 기사를 보았습니다. 1601년 3월 25일, 선조가 편전에서 왕세자(광해군)가 입시한 가운데 침을 맞는 내용입니다. 그 자리에는 약방제조 김명원金命元, 유근柳根, 윤돈尹暾 등이 있었고요. 우리가 잘 아는 허준許浚과 이공기李公沂, 김영국金榮國, 허임許任 등 어의와 침의 등도 총출동했죠. 임금을 치료하는 자리이니만큼 무겁고 심각한 분위기였겠죠.

### 《조선왕조실록》과 《승정원일기》의 차이

그런데 '유근'이라는 이름 뒤에 작은 글씨로 쓰인 기사가 눈에 띄었습니다.

"유근—임금의 지척에서 감히 방귀를 뀌었으니 이는 위인이 경솔

한 소치다咫尺天威 敢發穢聲 蓋爲人輕率之致也."

유근이 감히 임금을 치료하는 엄중한 자리에서 방귀를 뀌었다는 겁니다. 상상해보면 얼마나 '갑분싸'였겠으며, 방귀를 뀐 유근 본인은 얼마나 당황했겠습니까. 모두 망극해서 어쩔 줄 몰라 하며 짐짓 모른 체하느라 애를 썼겠죠. 몇몇은 터져 나오는 웃음을 겨우 참았을지도 모릅니다. 그래도 그런 일은 그냥 넘어갈 수 있는 것 아닐까요? 하지만 그곳에 입시한 사관의 붓끝은 달랐습니다. 그래서 유근의 사람됨이 경솔하다고 '디스'한 거죠. 그 때문에 예조판서와 좌찬성 등을 지낸 유근은 '임금 앞에서 감히 방귀를 뀐 인물'로 역사서에 기록되고 말았고요. 별것을 다 평가한 사관도 그렇고, 그걸 걸러내지 않고 실록에 실은 편수관들도 참 지독하다는 생각이 듭니다. 어쨌든 덕분에 우리는 당시 어전에서 일어난 일을 마치 드라마의 한 장면처럼 상상할 수 있게 되었지만요.

《조선왕조실록》이 얼마나 대단한 기록물인지를 소개하기 위해 유근의 방귀를 예로 들어봤습니다. 그러나 유근의 방귀 이야기는 실록의 관점에서 보면 다소 'TMI'라 할 수도 있습니다. 유근의 방귀를 비판하는 사관의 평가를 넣어야 할 어떤 이유가 있었는지는 모르지만, 실록은 어디까지나 편집본이기 때문입니다.

'사초史草'라는 게 있죠. 사관이 조정의 모든 행사 및 회의에 참석해 임금과 신하들의 언동과 정사 내용을 소개하고, 그 잘잘못 등을 기록한 걸 말합니다. 여기에 관청의 공식 문서 따위를 모아 후대(조선의 경우는 차기 국왕대)에 편집·정리해서 편찬하는 것이 바로 실록입니다. 지금의 언론으로 치면 기자가 취재한 내용을 데스킹해서

—— 유근 초상화. 예조판서와 좌찬성
을 지낸 유근은 '임금 앞에서 방귀를 뀐
인물'로 역사서에 기록되었다.

보도하는 스트레이트, 해설, 논평, 사설이라고 볼 수 있습니다. 방송
으로 치면 뉴스 및 다큐멘터리 편집본이겠죠. 유근의 방귀 같은 예
외도 있지만, 후대에 실록 편집 과정에서 상당 부분 걸러내기 때문
에 팩트에 충실한, 다소 무미건조한 내용을 전하게 마련이죠.

다만 '사관의 촌철살인 평가'는 실록의 가치를 한껏 높이는 요
소가 됩니다. 이런 실록과 달리 승정원(대통령 비서실) 소속 주서注書
2명이 임금의 일거수일투족과 신하들의 보고 등을 빠짐없이 기록
한《승정원일기》는 어떨까요? 기자의 취재 일지 혹은 영상 촬영본

1부 사건과 사연

을 일기 형식으로 정리한 것이라고 보면 됩니다. 일기이니만큼 매일매일의 날씨까지 기록해놓았죠. 그러니 그 생생함이란 이루 말할 수 없습니다. 타임머신을 타고 조선 시대 어전의 모습을 생중계한 동영상 같은 느낌을 줍니다. 그럼 실록과 《승정원일기》를 한번 비교해볼까요?

### 사료에 기록된 요절복통 사건 파일들

다음은 〈영조실록〉 1738년(영조 14) 1월 21일의 기사입니다.

"임금이 창덕궁 양정합養正閤에 나아가 영의정 이광좌李光佐 등을 만났는데, 동궁도 있었다. 임금이 동궁에게 글자를 써서 스승들에게 주라고 하자 동궁은 큰 글자를 써서 주었다."

무미건조하게 팩트만 전달한 신문의 스트레이트 기사 같죠? 그럼 《승정원일기》는 이 일을 어떻게 다뤘을까요?

1738년이면 동궁(사도세자)의 나이 겨우 네 살 때입니다. 영조는 "오늘 동궁이 책을 읽고 싶어 한다"고 운을 떼면서 "네가 읽겠느냐" 하고 세자에게 묻습니다. 세자가 수줍은 듯 대답을 못 하자 영조가 자애롭게 웃으며 말합니다.

"그럼 글씨를 쓰겠느냐?"

내시가 종이 두 장과 함께 붓과 벼루를 가져왔고, 세자가 붓을 잡고 글씨를 쓰자 영조가 웃으며 말합니다.

"글자 쓰는 것은 어려워하지 않는데, 글 읽는 건 몹시 싫증을 내는구나. 글씨 쓴 종이를 네 스승(이광좌)에게 보여주어라."

신하들의 덕담이 이어졌고, 이광좌 등은 "동궁이 온화한 모습과 슬기로운 지혜를 갖췄다"고 극찬합니다. 그런데 이 자리에서 판중추부사 서명균徐命均이 의미심장한 한마디를 던집니다.

"전하의 솔선수범만이 동궁을 인도하는 최상의 방법입니다. 한데 전하께서는 평소 감정 조절을 잘 못하시니…. 우선 성상께서 더욱 힘써 돌이켜 살펴보시기를 바랍니다."

서명균은 겉으로는 자애롭기 그지없는 임금의 변덕스러운 성격을 지적한 것입니다. 혹 24년 후인 1762년에 일어난 비극(사도세자가 뒤주에 갇혀 죽은 일)을 예고한 것일까요?

실록과 《승정원일기》의 비교 사례를 더 들어볼까요? 이번엔 〈영조실록〉 1744년 8월 20일의 기사를 보죠.

"임금이 우의정 조현명趙顯命과 예조판서 이종성李宗城을 접견하고 어진 두 폭을 보여주며 '이것이 나의 40세 때를 모사한 것인데, 이 어진의 봉안처를 찾아야겠다'고 말씀하셨다."

그런데 같은 날짜의 《승정원일기》는 어떨까요? 51세의 영조가 40세 때 그린 자신의 초상화를 가져와 신하들과 품평회를 열었다는 내용을 아주 상세하게 묘사합니다.

조현명이 "백낙천白樂天의 시에 '나이 많은 형이 어린 아우를 마주 대하듯 한다'고 했는데, 그 표현이 맞습니다"라고 하자 영조가 화답합니다. "10년 사이에 이렇게 달라졌으니…. 그 표현이 참으로 절묘하다. 지금 보니 이때만 해도 젊었구나!" 그러고는 대신들에게 "가까이 와서 과인의 어진을 상세히 보라"고 말합니다.

영조는 특히 시력이 좋지 않은 화가 장득만張得萬에게 "안경을 쓰

- - 51세의 영조를 그린 어진. 1744년 8월 20일 《승정원일기》에는 영조가 40세 때와 51세 때 그린 자신의 초상화를 두고 신하들과 품평회를 열었다는 내용을 아주 상세하게 묘사했다. 영조의 초상화를 비교한 신하들은 10년 전에 비해 엄청 늙었다는 '팩폭'을 가한다. 국립 고궁박물관 소장.

고 보라"고 권합니다. 그런데 안경을 쓰고 임금의 두 어진을 살펴보던 장득만이 '돌직구'를 날립니다.

"지금의 용안이 옛날 모습과 다릅니다."

임금이 "진짜 다르냐"고 되묻자 조현명이 확인 사살까지 합니다.

"크게 다릅니다. 수염과 머리카락은 물론 성상의 안색도 옛날 어진의 모습과 다릅니다."

임금이 웃으면서 "아니, 경들은 늘 나보고 하나도 늙지 않았다고 하더니 지금은 어찌 그런 말을 하는가" 하고 볼멘소리를 합니다.
그러자 눈치 없는 장득만이 임금의 말을 일축하죠.

"지금 용안은 수염이 하얗게 변했고, 안색도 많이 좋지 않습니다.
전에는 홍조를 띠고 윤기가 있었는데…."

임금의 마지막 항변이 재미있습니다.

"저기(40세 때의 어진)에도 흰 수염이 있구먼 뭘."

신료들도 참 어지간하지 않습니까? 지존인 임금에게 웬만하면
"하나도 늙지 않으셨다"고 덕담을 할 만한데, 면전에서 "어찌 그렇
게 늙으셨냐"고 했으니 말입니다.

또《승정원일기》(1736년 12월 25일)에는 승정원 가주서假注書(정7품
임시직 기록관) 남덕로南德老를 비롯해 협시 내관까지 징계를 당했다
는 기록이 있습니다. 임금의 명을 받들고 나가던 남덕로가 문을 닫
지 않았기 때문입니다. 한겨울 강추위에 임금을 춥게 만들었다는
이유로 문책을 받은 거죠.

1727년 12월 1일에는 살인 사건 심리에 참석한 30여 명의 신료가
무시로 화장실을 드나들다 영의정 이광좌에게 혼나는 장면도 있습
니다. 이광좌는 "연로 중신과 재상들도 대소변을 볼 때 아무리 급해
도 허락을 얻은 뒤에야 출입하는데, 오늘은 당하관(정3품 이하)까지
동시에 일어나 나가버려 텅 비었다"며 화를 냅니다. 영조는 "사정이
있다면 혹 출입할 수도 있겠지. 그러나 이번에는 동시에 많이 나가
버려 나도 이상하게 생각했다"며 이광좌의 지적에 손을 들어줍니다.

《승정원일기》에는 이 밖에도 어전에서 임금이 말씀하고 있는데
한쪽에서 시끄럽게 떠든 신하, 느린 걸음으로 신료들의 반열을 뚫

고 들어온 내시, 자주 졸아서 꾸지람을 들은 신료, 술을 마시고 참석한 승지, 심지어는 임금이 앉아 있는 어탑御榻 앞에서 코를 곤 내시 등 요절복통의 사건 파일들이 담겨 있습니다.

위에서 인용한 사례들을 보면 실록이 《승정원일기》보다 딱딱하고 무미건조하다고 느낄 만하죠? 그러나 실록에는 《승정원일기》가 담아내지 못한 특징이 있습니다. 바로 사관의 촌철살인 평론입니다. 〈선조실록〉 1598년 11월 27일의 기사를 봅시다. 좌의정 이덕형이 그달 19일에 벌어진 이순신 장군의 노량해전 전공을 선조에게 보고하는 내용인데, 실록의 사관이 사론史論을 달아 이순신 장군의 최후를 생생한 필치로 전합니다.

"기습 작전 중 몸소 활을 쏘다가 왜적의 탄환에 가슴을 맞아 쓰러지니 (…) 순신의 아들이 울려고 하자 군사들이 당황했다. (…) 옷으로 시신을 가려놓은 다음 북을 치며 진격했다. 그러자 모든 군사가 '이순신은 죽지 않았다'고 여겨 용기를 내어 공격했다. 왜적이 마침내 대패하니 사람들은 '죽은 순신이 산 왜적을 물리쳤다死舜臣破生倭'고 했다."

사관의 평론 덕분에 이순신의 장렬한 최후를 공식 자료를 통해 알 수 있게 된 것입니다.

한편, 〈선조수정실록〉의 사관은 1584년 1월 1일 율곡 이이의 부음 기사(졸기)를 쓰면서 "나라에 난리의 조짐이 있음을 분명히 알고는 늘 임금의 마음을 바르게 하고, 풍속을 바로잡고 조정을 화합하게 하는 것을 근본으로 삼았다"면서 "임진란이 일어나니 이이가 평소 염려했던 것들이 모두 사실로 밝혀졌다"고 안타까워합니다. 이

이가 주장한 '10만 양병설'을 염두에 둔 평론이겠죠.

## 우리나라의 방대한 기록물, 그리고 번역

실록과 《승정원일기》의 차이를 이제 좀 느끼셨나요? 《조선왕조실록》은 그래도 888책 4,770만 자가 오롯이 남아 있는데, 이는 네다섯 곳의 사고史庫에 분산 보관하고 임진왜란 와중에도 안의安義·손홍록孫弘祿 등이 목숨을 걸고 지킨 덕분이죠. 반면 《승정원일기》는 임진왜란(1592)과 이괄의 난(1624), 화재(1744, 1888) 때문에 상당 부분 소실됐습니다. 그래도 288년간(1623~1910)의 기록(3,245책 2억 2,650만 자)이 남아 있습니다. 중국이 자랑하는 《이십오사二十五史》(3,996만 자)와 《명실록明實錄》(1,600만 자)도 《승정원일기》와 《조선왕조실록》에 견주지 못하죠.

이런 엄청난 역사서를 실록의 경우 예문관 소속 봉교奉教(정7품) 2명, 대교待教(정8품) 2명, 검열檢閱(정9품) 4명 등 8명이, 《승정원일기》는 주서(정7품) 2명이 불철주야 써 내려간 기록을 토대로 편찬한 것입니다. 자신만의 노트인 초책草冊과 붓을 들고 임금과 신하의 일거수일투족을 미주알고주알 기록했으니 얼마나 힘들었겠습니까. 그뿐 아니죠. 지금의 국무회의 기록물이라 할 수 있는 《비변사등록備邊司謄錄》(1617~1892, 273책)도 있고, 정조가 세손 시절(1760)부터 기록한 《일성록日省錄》(2,379책)까지… 기록에 한이 맺힌 사람들 같죠.

1993년 번역 작업을 끝낸 《조선왕조실록》의 경우 데이터베이스 DB 구축까지 마쳐 지금은 누구나 온라인에서 검색할 수 있습니다.

2021년 말부터는 현대인의 입맛에 맞게 새롭게 번역한 버전이 나오기 시작했고요. 반면《승정원일기》는 분량이 워낙 방대해 완역까지는 오랜 세월이 흘러야 할 듯싶습니다. 한국고전번역원에 따르면 "요즘처럼 80여 명이 투입되어 해마다 60책 정도 번역하면 대략 2048년에 끝낼 수 있을 것" 같습니다.

2021년 4월부터는 한국고전번역원 홈페이지에서 인공지능AI을 활용한 한문 고전 자동 번역 서비스를 시작했는데, 단어와 구문을 쪼개어 번역하던 기존 방식에서 벗어나 문장을 통째로 파악해 번역하는 최신 기술을 도입했답니다. 어순, 문맥의 의미와 차이 등을 반영할 수 있어 문장 맥락의 이해도 및 정확도를 높였다는군요. 지금은 한국고전번역원 사이트에 들어가《승정원일기》의 원문 중 필요한 부분을 따서 입력하면 자동 번역됩니다. 물론 일반인이 보기에는 인공지능 번역이나 전문가의 번역이 큰 차이가 없겠지만, 자세히 보면 어색하거나 틀린 번역이 제법 나오죠. 한국고전번역원은 "복잡한 맥락과 배경 사건 등은 인공지능이 쉽게 파악할 수 있는 부분은 아니다"라고 말합니다.

고전 번역은 디테일이 생명입니다. 원전 번역이 틀리면 역사가 왜곡되는 것이기에 한 치의 오류도 허용할 수 없습니다. 저는 인공지능 번역기가 제아무리 발전한다 해도 옛사람의 붓 흔적과 체취를 찾아내고 맡을 수는 없으리라 믿습니다. 사람 냄새 나는 번역, 인공지능은 그걸 해낼 수 없을 겁니다. 어쨌든 그렇게 생각하고 싶습니다. 새삼 임금과 신하들의 일거수일투족을 조금도 빼놓지 않고 기록하려 했던 젊은 사관들의 분투에 박수를 보냅니다.

# 11

## 외교 선물이 애물단지가 되다

코끼리 유배 사건의 전모

◇ '푸바오福寶'가 전 대중의 사랑을 받으면서 판다에 대한 관심이 높아졌죠. 푸바오는 2016년 시진핑 주석의 방한 때 외교 선물로 받은 판다 부부 러바오와 아이바오가 낳은, 대한민국 최초로 자연 번식해 태어난 판다입니다. 2024년 4월 중국으로 간 뒤에도 국민의 관심은 여전합니다.

우리나라뿐만 아니라 여러 나라에 판다가 있는데, 일본 도쿄 우에노 동물원에서 태어난 암컷 판다 '샹샹'도 다섯 살이 된 2023년 2월 중국으로 갔습니다. 또 같은 해 4월 2003년 미국 멤피스 동물원으로 대여했던 판다 '야야' 역시 20년 만에 중국에 반환되었습니다. 태국에 있던 판다 '린후이'는 2023년 5월 돌연사해 태국이 중국에 보상금 6억 원가량을 지불했다고 합니다.

그런데 이상하죠? 중국이 다른 나라에 건네준 동물을 돌려받는 것도, 돌연사했다고 보상금을 받는 것도, 푸바오나 샹샹처럼 그 나라에서 태어난 판다까지 보내야 한다는 것도 모두 이해가 되지 않습니다.

중국의 판다 선물 역사는 1941년으로 거슬러 올라갑니다. 당시 국민당 주석 장제스蔣介石의 부인 쑹메이링宋美齡이 미국 뉴욕 브롱크스 동물원에 한 쌍을 기증하면서 시작됐는데, 반일 전선 구축을 위해 막대한 자금을 보낸 미국 정부를 향한 감사의 표시였죠. 이후 1949년 대륙을 석권한 중화인민공화국도 판다한테 외교사절 역할을 맡겼습니다. 1972년 중국을 방문한 미국의 리처드 닉슨 대통령에게 선물로 보낸 겁니다. 워싱턴 국립동물원에 삶의 터전을 잡은 '링링'과 '싱싱'은 역사적인 중미 수교의 상징으로 미국인의 사랑을 받았죠.

그러나 곧 '판다 외교'의 양상이 바뀝니다. 판다는 중국 고지대에서 1,500~1,600마리 정도 서식하는 멸종 위기 희귀종입니다. 그래서 다른 나라에 팔거나 기증할 수 없도록 규정한 '워싱턴협약'(1973)의 대상 동물에 포함되었죠. 따라서 이후에는 장기 임대 방식으로 판다 외교가 바뀌었습니다. 그러나 판다를 관리하는 문제는 보통 일이 아니죠. 판다 전용 축사를 세우고 중국인 전용 사육사를 고용하는 데 초기 비용만 100억 원이 든답니다. 게다가 판다 한 쌍당 공식 임대료로 1년에 100만 달러씩 꼬박꼬박 내야 합니다. 이 돈은 멸종 위기인 판다의 번식을 연구하는 데 쓰인답니다.

사실 러바오와 아이바오는 중국이 한국에 보낸 첫 번째 판다가 아닙니다. 1994년 한중 수교 2주년을 기념해 '밍밍'과 '리리'를 임대받은 적이 있는데, 1998년 외환 위기 때 중국에 반환했습니다. 장기 임대 형식으로 온 판다는 물론 현지에서 낳은 새끼들의 소유권 역시 중국에 있습니다. 그래서 푸바오도 성적 성숙이 이뤄지는 생후 4년째에 종 번식을 위해 중국으로 보낸 겁니다.

## 조선의 코끼리와 공작새 유배 사건

이 대목에서 태국 등 동남아에서 통용되는 '하얀 코끼리' 속담이 떠오릅니다. 하얀 코끼리는 석가모니 부처의 탄생 설화에 등장하는 신령스러운 동물이죠. 마야 부인의 옆구리로 하얀 코끼리가 들어가는 꿈을 꾼 뒤 석가모니를 잉태했다는 겁니다.

고대 샴Sham(태국)의 국왕은 꼴 보기 싫은 신하에게 이 하얀 코끼리를 하사했는데, 그 이유가 재미있습니다. 신하는 국왕으로부터 받은 하얀 코끼리를 지극정성으로 키워야 했죠. 어떤 일도 시킬 수 없었습니다. 그러니 먹잇값은 먹잇값대로 들면서 경제적 이득은 하나도 없고, 또 잘 돌보지 못해 죽으면 선물을 준 국왕을 욕보이는 셈이 됐죠. 그래서 국왕은 밉살맞은 신하를 골탕 먹이려고 하얀 코끼리를 하사한 겁니다. 이후 하얀 코끼리는 겉은 번드르르하지만 쓸모없고, 관리하기도 처분하기도 어려운 '애물단지'를 일컫는 용어가 됐습니다.

그런데 저는 《조선왕조실록》을 뒤지다가 하얀 코끼리와 비슷한 사례를 발견했습니다. 병조판서 유정현柳廷顯이 "(코끼리가) 사람을 해쳤으니 사람이라면 사형죄에 해당하지만 (…) 절도絶島로 유배를

--- 조선 시대 코끼리 모양 술 항아리인 상준象尊은 각종 제사에 사용됐다. 코끼리의 큰 귀와 긴 코 및 상아를 표현했고, 눈과 눈썹은 음각으로 새겨 넣었다. 국립고궁박물관 소장.

보내야 한다"고 아뢴 〈태종실록〉(1413년 11월 5일)의 기록입니다. 이 코끼리는 일본 무로마치室町 막부의 쇼군 아시카가 요시모치足利義持가 바친 '외교 선물'이었는데(1411년 2월 22일), 1412년 12월 10일에 참사가 일어났습니다. 문제의 코끼리가 공조전서工曹典書를 지낸 이우李玗를 해친 겁니다.

"일본 국왕(쇼군)이 잘 길들인 코끼리를 바쳐 삼군부에서 길렀다. 그런데 이우가 코끼리를 보고 '뭐 저런 추한 몰골이 있느냐'며 비웃고 침을 뱉자, 이에 자극을 받은 코끼리가 이우를 밟아 죽였다."

코끼리는 가뜩이나 1년에 콩 수백 석을 먹어댔기 때문에 미운털이 박혀 있었는데, 설상가상으로 사람까지 죽인 겁니다. '죄상이 드러난' 코끼리의 유배지로는 전라도 장도獐島가 낙점되었습니다.

그로부터 6개월 후(1414년 5월 3일), 전라도 관찰사가 이색 상소문을 올립니다. "(코끼리가) 좀처럼 먹지를 않습니다. 그래서 날로 수척해지고 (…) 사람을 보면 눈물을 흘립니다." 상소문을 받아본 태종은 울컥해서 명을 내립니다. "불쌍하구나. 코끼리의 유배를 풀어주어라."

코끼리는 이렇게 단식투쟁과 눈물로 호소해 태종의 사면령을 받고 육지로 돌아왔는데, 그 운명이 기구했습니다. 1420년(세종 2) 12월 28일, 전라도 관찰사는 "코끼리가 너무 많은 먹이를 축내 백성이 괴롭다"면서 순번 사육을 제안합니다. 전라도뿐 아니라 충청도·경상도도 코끼리를 교대로 키워야 한다는 거였죠. 이로써 코끼리는 전라도, 충청도, 경상도를 떠도는 처지가 됐습니다. '떠돌이' 스트레스가 심했는지 코끼리가 또 사고를 쳤습니다. 1421년 3월 14일, 충청도 공주의 사육사가 코끼리에 채여 사망한 겁니다. 이에 충청도 관찰사가 폭발했습니다.

"코끼리가 먹는 꼴과 콩이 다른 짐승의 10배는 됩니다. (…) 하루에 쌀 2말, 콩 1말씩을 먹는데 (…) 게다가 화가 나면 사람을 해치니 (…) 다시 바다 섬 가운데 목장으로 보내소서." 세종은 "물과 풀이 좋은 곳으로 코끼리를 두라"고 명한 뒤 "제발 병들어 죽지 말게 하라"고 신신당부합니다.

그런데 일본이 코끼리만 외교 선물로 보낸 것은 아닙니다. 공작새도 보냈죠. 임진왜란이 일어나기 3년 전인 1589년(선조 22) 7월 12일의 일입니다.

당시 조선을 방문 중이던 쓰시마 도주 소 요시토시宗義智가 공작

1쌍과 조총 2~3정 등을 바쳤습니다. 조선 조정은 생전 처음 보는 조총은 환영했지만, 공작의 처리를 두고는 골머리를 썩였습니다. 받자니 임금이 별로 좋아하지 않는 데다 조선의 풍토에도 맞지 않는 새였거든요. 그렇다고 받지 않자니 외교 결례가 될 수도 있고요. 선조와 조정 대신들은 고심 끝에 묘안을 찾았죠.

"일본 사신 일행이 떠나기를 기다렸다가 공작을 제주도로 보내라." 그러나 공작을 제주까지 수송하기는 어렵다는 현실론이 부각되었지요. 결국 몇 달이 지난 12월 11일 "수목이 울창한 남양(전남 고흥)의 외딴섬으로 옮기라"는 최종 명령이 떨어졌습니다. 이것이 이른바 '공작새 유배 사건'입니다.

일본이 '하얀 코끼리의 저주' 고사를 알고 코끼리 혹은 공작새를 외교 선물로 보냈는지는 알 수 없습니다. 그러나 결과적으로 '달갑지 않은' 선물 때문에 쓸데없는 비용과 힘을 낭비한 것은 사실이죠. 조정의 공론도 공연히 흩어졌고요.


### 일본의 진상품을 거절한 연산군

예부터 외국이 선물로 보내는 진금기수珍禽奇獸는 경계의 대상이었는데, 여기엔 유래가 있습니다. 상商나라를 멸하고 주周나라를 세운 무왕武王에게 각 제후국이 선물을 바쳤습니다. 그중 서방의 제후국 서려西旅가 오獒라는 명견名犬을 바쳤는데, 개국공신 소공석김公奭이 절대 받아서는 안 된다고 말렸습니다.

"토종이 아닌 진귀한 새와 짐승은 나라에서 기르지 마소서. 잘못

—— 임진왜란이 일어나기 3년 전인 1589년, 일본 쓰시마 도주가 공작 1쌍 등을 조선 조정에 바쳤다. 조정은 고심 끝에 사신 일행이 돌아가기를 기다렸다가 남양(전남 고흥)의 외딴섬으로 공작새를 옮겼다. 국립중앙박물관 소장.

하면 큰 덕에 누를 끼칩니다. 아홉 길의 산을 만드는 데 한 삼태기의 흙이 모자라서 공功이 이지러집니다."(《서경》〈여오旅獒〉)

토종이 아닌 외국산 진금기수에 빠져 백성을 돌보는 데 소홀히 하면 창업의 공든 탑이 한순간에 무너진다는 얘깁니다. 조선의 군주들도 무왕과 소공석의 고사를 금과옥조로 삼았죠.

1부 사건과 사연

1478년 성종 임금은 왜인에게 원숭이를 받은 걸 후회하면서 "내가 바로 뉘우치고 예조에 명해 다시는 바치지 못하게 했다"고 했습니다. 연산군도 마찬가지였습니다. 연산군은 1502년 일본이 암원숭이를 바치려 하자 '주 무왕의 일화'를 자세히 인용하면서 받지 말라는 명을 내립니다.

"일본이 예전에 바친 앵무새는 값만 비싸고 아무짝에도 쓸모가 없었다고 한다. 지금 또 암원숭이를 바치려고 한다. 돌려주고 받지 않겠다는 뜻을 점잖게 전하라."(《연산군일기》 1502년 11월 14일)

세조 때 일본이 바친 앵무새는 명주 1,000필 값이었답니다. 공짜는 없는 법. 조선도 그만한 선물로 답례해야 하는데, 연산군은 그 부분을 지적한 것입니다. 그러나 성준成俊과 이극균李克均 등은 외교 결례이며, 자칫하면 분쟁을 일으킬 수도 있다고 우려했습니다. 이것이 희대의 폭군이라는 연산군의 일화인지 의심스러울 정도입니다. 백성의 삶에 되레 해를 끼칠 뿐이라는 임금과 외교 결례로 인해 자칫 분쟁의 위험을 야기할 수 있다고 간언하는 신하…. 얼마나 건전한 임금과 신하 간의 논쟁입니까.


### 낙타를 굶겨 죽인 만부교 사건의 미스터리

그런데 역사적으로 동물 외교에 잘못 대응하는 바람에 나라가 위태로워진 사례도 있다는 사실을 잊어서는 안 됩니다. 바로 고려 태조 왕건 때의 일인데, 지금도 풀지 못한 수수께끼인 '만부교 사건'이 그것입니다.

942년(태조 25) 10월, 신흥 강국으로 급부상한 거란이 고려에 사절단 30명과 함께 낙타 50필을 보냈습니다. 그러나 태조 왕건은 사절단 30명을 모두 절도로 유배시키는 한편, 낙타 50필을 송도 만부교 밑에 매어놓아 굶어 죽게 만들죠. 이때 태조가 밝힌 이유는 이렇습니다.

"거란은 예전부터 발해와 화목하게 지내오다 갑자기 옛 맹약을 돌보지 않고 하루아침에 멸망시켰다. 무도함이 심하니 화친을 맺어 이웃으로 삼으면 안 된다."(《고려사》)

그러나 낙타를 굶겨 죽인 대가는 그야말로 혹독했습니다. 거란과 고려는 단교했고, 고려는 결국 세 차례에 걸친 전란의 소용돌이에 빠집니다.

만부교 사건 후 360여 년이 지난 뒤 충선왕은 태조가 왜 그런 선택을 했는지 의아해합니다. 그래서 이제현李齊賢에게 그 이유를 물어봅니다.

"임금이 낙타를 수십 마리 정도 키운다고 해서 그 피해가 과연 백성에게 이를까? 그저 돌려보내면 될 일을 태조께서는 왜 굶겨 죽였는지 모르겠구나."

그러자 당대의 명문장가 이제현은 이렇게 대답하죠.

"태조 임금의 심중에 반드시 숨은 뜻이 있었을 테지만, 후세 사람이 어찌 알겠습니까."(《고려사》〈열전 이제현〉)

1부  사건과 사연

## 인생보다 판생

판다와 하얀 코끼리, 그리고 역사서에 등장하는 각종 동물 외교의 사례를 훑어보면서 한 가지 명쾌한 해답을 찾아냈습니다. 무엇보다 푸바오를 키워온 강철원 사육사가 TV 프로그램(〈유 퀴즈 온 더 블럭〉)에서 "사람이 생각하는 행복한 삶과 동물의 행복은 다르다"고 한 말이 기억에 남습니다. 푸바오와 이별한 것이 아쉽고 슬프지만 그것은 인간의 심정이라는 거죠. 철저하게 단독 생활을 하는 판다의 습성과 4세 이후 생기는 번식 본능 등을 고려해야 한다는 겁니다. 인간에게 '인생'이 있듯이 판다에게는 '판생'이 있다는 얘기죠. 강철원 사육사의 언급을 가슴에 새기자 〈태종실록〉에 등장하는 코끼리 기사가 자꾸 눈에 밟히네요.

사람을 밟아 죽이고 사룟값이 많이 든다는 이유로 이곳저곳 옮겨 다닌 코끼리의 운명. 사람 입장에서 보면 애물단지였겠죠. 그러나 그 코끼리의 이른바 '코생'은 얼마나 스트레스받는 삶이었겠습니까. 모든 게 낯선 이역만리에서 "못생겼네, 지독히도 많이 처먹네!" 하는 지청구를 들으며 이리저리 쫓겨 다녔으니 말입니다. 뜬금없이 끌려와 만부교 밑에서 불쌍하게 굶어 죽은 낙타들은 또 무슨 죄입니까.

판다 외교는 어떨까요? 미중 국교 수립의 상징이 되었듯 한때는 우호와 협력의 마스코트로 사랑받았던 건 사실이죠. 그러나 이제는 시각을 달리할 필요가 있을 것 같습니다. 적어도 동물을 외교 선물로 주고받는 물건으로 취급해서는 안 된다고 생각합니다.

## 12

# 인간의 똥에서 추출한 화약
### 화약 제조 비법서를 밀수한 역관의 용기

◇　　　화약火藥이 당초에는 '약藥'으로 쓰였다는 걸 알고 계셨나요? "화약은 원래 약이었다"는 말은 그렇다 치고 "화약이 똥에서 나왔다"는 건 또 무슨 소리일까요? 화약은 9~10세기 무렵 중국 송나라 때부터 무기로 활용되었는데, 염초(초석 혹은 질산칼륨)와 숯 그리고 유황을 혼합해서 만들었죠. 하지만 그 이전에도 화약을 제조한 기록이 있습니다.


### 똥 흙에서 화약을 추출하라

화약은 도교 사상이 유행한 중국 한나라와 위진남북조시대에 연단술煉丹術의 하나로 사용되었는데, 여기서 연단술은 금단金丹(광물로 만든 약)을 조제·복용하는 신선 도술을 말합니다. 불로불사를 추

　　　　　　　　　　　　　　　1부　사건과 사연

구한 도사들이 사용한 팔석八石 중에 화약의 재료인 염초와 유황 등이 포함되어 있습니다(나머지 여섯 가지는 주사·웅황·운모·공청·융염·자황). 이러한 재료로 황금과 단약 등의 물질을 만드는 걸 황백술黃白術이라고 불렀죠.

그렇다면 도교에서 초석과 유황 같은 화약 재료를 왜 신성시했을까요? 단약을 만들기 위해서는 재료를 청동 솥에 넣고 끓여야 합니다. 그러면 산화재인 염초와 연소 온도를 낮추는 유황의 화학작용으로 자연스레 불꽃이 튀는데, 아마도 자연으로부터 얻은 물질에서 불꽃이 튀는 걸 보고 신비감을 느꼈을 겁니다. 그 때문인지 화약은 무기로 개발된 이후에도 줄곧 약재로 쓰였습니다. 명나라 의서《본초강목》은 "화약을 장티푸스 등 열병 치료제로 쓴다"고 했고, 허준의《동의보감》도《본초강목》을 인용하면서 "염초 성분을 포함한 '아궁이 속 흙'과 '지붕 아래 먼지' 등을 약재로 사용한다"고 기록했습니다.

조선의 의성醫聖 허준이 아궁이 속 흙과 지붕 아래 먼지 등을 장티푸스 치료약으로 언급한 데는 이유가 있습니다. 약재에 쓰든, 무기에 쓰든 화약을 제조하는 데 가장 구하기 어려운 재료가 염초였습니다. 숯(목탄)은 자체 수급이 가능했고, 유황은 화산섬인 일본에서 수입하면 됐거든요. 그러나 화약 제조의 70% 이상을 차지하는 염초는 구하기 어려웠습니다. 인도와 남미 같은 곳에서는 새나 박쥐 등의 분뇨가 광산처럼 널려 있어 구하기 어렵지 않았으며, 유럽에서도 인분을 쌓아두는 염초밭을 만들어 질산염을 대량생산했습니다.

그러나 조선에는 분뇨 광산도, 염초밭도 없었죠. 그래서 취토장取土匠이라는 기술자가 화장실이나 동굴, 아궁이, 마루와 처마 밑 등에서 염초 성분을 찾아야 했습니다. 이런 곳의 흙에는 쥐, 개, 닭 같은 동물의 분뇨와 재, 석회 등이 포함되어 있었기 때문이죠. 그러나 이렇게 모은 염초가 얼마나 되겠습니까. 염초의 양은 수거한 흙의 1%에도 미치지 못했죠.

그런데 역관 김지남金指南이 중국에서 몰래 들여온 《자초신방煮硝新方》이라는 책이 이러한 고민을 단번에 해결해주었습니다. 화약 제조법은 국가 기밀이었는데, 통역관을 맡아 중국을 방문한 김지남이 '염초 구하는 비법'이 담긴 이 책을 입수해 천신만고 끝에 국경을 넘은 겁니다.

김지남은 이렇게 들여온 《자초신방》을 토대로 《신전자초방新傳煮硝方》(1698)이라는 28쪽짜리 책을 펴냈는데, 여기에 적힌 염초 구하는 비법은 다름 아닌 '똥 흙'이었습니다.

동서양을 막론하고 18~19세기까지는 길가에 똥과 오줌을 마구 버렸습니다. 하이힐의 원조가 중세 유럽에서 똥 천지인 거리를 오가기 위해 불가피하게 만든 굽 높은 구두였다는 사실은 너무도 유명한 일화죠. 조선에서도 마찬가지였습니다. 실학자 박제가朴齊家가 《북학의北學議》에 "서울에서는 오줌을 마구 내다버리므로 우물물이 짜고, 냇다리의 석축 가에 똥이 더덕더덕 말라붙어 있다"라고 쓸 정도였으니까요. 그런데 이렇게 똥 천지인 거리의 흙이 염초밭이라는 것을 그제야 알게 된 겁니다. 덕분에 이제는 남의 집 뒷간이나 마루·처마 밑에 들어가 흙을 긁어낼 필요가 없었죠.

1부 사건과 사연

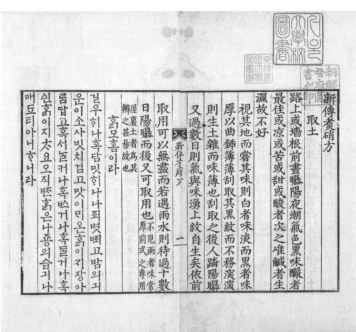

新傳煮硝方
取土
路上或墻根前晝曝陽夜潮氣色黑味鹹者
最佳或京或苦或甜或酸者次之惟鹹者生
濕故不好
視其地而嘗其味則白者味淡而黑者味
厚以曲鍤薄薄刮取其黑紋而不務濱濱
則生土雜而味薄也刮取之後人踏陽曝
又過數日則氣與味湧上紋自生矣依前
取用可以無盡而若遇雨水則待過十數
日陽曝而後又可取用也厚前式之專用
屋裏土者爲其之甚易故也
高모흠이라

김우ᄒᆡ나혹담ᄆᆞᆺ히ᄒᆞ나나죄벗ᄢᅵ고밧의거
윤이소사빗치검고맛이미온흙이기장아
롬답고혹서ᄂᆞᆯ거나혹ᄡᅳ거나혹ᄃᆞᆯ거나혹
신흙이지ᄎᆞ요오직ᄲᅥᆼ흙은나죵의습ᄂᆞ나
매됴ᄐᆡ아니ᄒᆞᄂᆞ라

－－ 화약 원료를 만드는 방법을 담은 《신전자초방》으로, 김지남이 짓고 언해문을 붙였다. 서울대학교 규장각한국학연구원 소장.

정조의 개인 문집 《홍재전서》와 〈정조실록〉(1796년 5월 12일)은 "이제 길가의 흙에서 마음껏 염초를 구하게 됐다"면서 "숙종 때 인쇄·반포한 《신전자초방》은 영원히 준수하고 따라야 할 금석과 같은 성헌成憲(헌법)"이라고 극찬했습니다.

이렇게 얻은 똥 흙에서 어떻게 염초가 만들어질까요? 똥 흙을 잿물에 섞어 끓인 뒤 졸여서 생기는 결정을 얻어내는 겁니다. 염초는 질산칼륨인데, 발효된 생물의 분뇨(질산염)가 주원료거든요. 이 분뇨와, 칼륨을 다량 함유한 재나 석회가 잘 섞여 발효해야 염초가 됩니다. 한마디로 말하면 똥이 염초로, 아니 화약으로 거듭나는 겁니다.


## 최초의 시한폭탄을 개발하다

조선의 무기에서 가장 특기할 만한 것은 뭐니 뭐니 해도 '비격진천뢰'라 할 수 있습니다. 1591년(선조 24) 과학자 이장손李長孫이 발명한 당대의 독창적인 최첨단 무기입니다. 오늘날과 같은 신관(발화) 장치가 있어 목표물까지 날아가 폭발하면서 천둥 번개 같은 굉음과 섬광 그리고 수많은 마름쇠(삼각형 형태의 쇳조각)를 쏟아내는 작렬탄炸裂彈입니다. 폭발 시간 조절이 가능하다는 면에서 시한폭탄이라 할 수 있죠.

비격진천뢰의 원리는 의외로 간단합니다. 둥그런 무쇠 속에 대나무 통을 꽂고 그 대나무 통 안에 목곡木谷을 넣습니다. 목곡이란 나선형의 홈을 파고 거기에 도화선을 10~15번 칭칭 감은 나무막대를 말합니다. 이어 별도로 뚫은 무쇠 구멍 안에 화약과 마름쇠, 흙을 잔뜩 넣고 화포에 장착합니다. 비격진천뢰는 목곡에 감은 도화선의 횟수에 따라 폭발 시간이 조절됩니다. 예컨대 빨리 폭발시키려면 도화선을 적게 감고, 더디게 폭발시키려면 많이 감는 식이죠.


1부 사건과 사연

− − 성을 공격하거나 수비하기 위한 화포인 완구(碗口)에 장전해 사용하는 시한폭탄의 일종인 비격진천뢰. 적진에 떨어지면 일정 시간 후에 폭발했으며, 폭발 시에는 폭탄 안에 있는 쇳조각이 별처럼 부서져 사방으로 날아가 적을 살상했다. 국립고궁박물관 소장.

2018년 11월에 전북 고창 무장현 관아에서 발견된 비격진천뢰 11발을 국립진주박물관이 최첨단 기법으로 분석해보니 놀라운 비밀이 숨어 있었습니다. 비격진천뢰의 벽 두께가 부위마다 달랐던 겁니다. 즉, 비격진천뢰를 제작할 때 쇳물 주입구와 살상용 쇳조각 및 심지를 꽂아 넣는 뚜껑 부분은 두껍게 한 반면, 몸체의 측면은 상대적으로 얇게 설계했습니다.

여기엔 이유가 있었죠. 먼저 쇳물 주입구와 뚜껑 부분을 두껍게 (단조 기법) 처리한 것은 상대적으로 약한 이 부위가 적진에 떨어지기도 전에 자칫 폭발해버릴 수 있기 때문이죠. 반면 몸체의 측면은 얇게(주조 기법) 제작했는데, 그래야 목표물에 떨어진 비격진천뢰의 이 부분이 일시에 터져 살상력을 배가시킬 수 있거든요. 또 발굴된 비격진천뢰의 뚜껑을 분석한 결과, 심지 구멍을 2개 만들었다는 사실도 밝혀냈습니다. 혹시 불발탄이 나올까 봐 이중으로 꽂은 심지에 불을 붙인 거죠. 이 같은 시한폭탄은 중국은 물론 세계 어디에도 없는 최첨단 무기였습니다.

비격진천뢰는 임진왜란 당시 일본군을 공포의 도가니로 몰아넣었습니다. 적진에 떨어진 직후 천둥 번개 같은 강력한 폭발을 일으키며 파편이 사방으로 흩날리니 그 위력이 상상을 초월할 정도였습니다. 〈선조수정실록〉(1592년 9월 1일)과 류성룡柳成龍의《서애집西厓集》은 비격진천뢰의 진가를 이렇게 설명합니다.

"비격진천뢰가 경주성 안에 떨어졌다. 성을 점령하고 있던 왜적은 떨어진 비격진천뢰를 앞다퉈 구경했다. 왜적들이 어떻게 만들었는지 신기해하며 이리저리 굴려보는데 비격진천뢰가 갑자기 폭발했다. 소리가 천지를 진동하고 쇳조각이 별처럼 흩어졌다. 이 파편을 맞고 즉사한 자가 20~30여 명이었다. 이튿날 아침 적병이 성을 비운 채 도주해 경주를 수복할 수 있었다."

류성룡은 "비격진천뢰포 하나의 위력이 군사 수천 명보다 낫다"고 칭찬했고,《연려실기술》은 "비격진천뢰가 터지자 왜군들이 놀라고 두려워 '귀신의 조화'라고 하면서 성을 버리고 도망갔다"고 기록했습니다.

비격진천뢰는 1592년 10월의 진주대첩 때도 혁혁한 공을 세웠습니다. 김성일金誠一은《학봉집鶴峰集》에서 "진주성 전투에서 비격진천뢰에 맞아 넘어져 죽은 적군의 시체가 수도 없이 쌓였다"고 보고했습니다. 〈선조실록〉과《난중잡록亂中雜錄》에는 행주산성 전투(1593)와 남원성 전투(1597)에서도 "비격진천뢰로 적군을 막았다"는 기록이 나옵니다. 의병장 김해金垓가 쓴《향병일기鄕兵日記》에는

"왜적을 토벌하는 방책으로 비격진천뢰를 능가하는 것은 없다"고 서술되어 있고요.

일본도 조선의 비밀 병기를 '충격과 공포'로 받아들였습니다. 일본의 사료집 《정한위략征韓偉略》은 "적진에서 괴물체가 날아와 땅에 떨어져 우리 군사들이 빙 둘러서서 구경하고 있는데, 갑자기 폭발해서 소리가 천지를 흔들고 철편이 별 가루처럼 흩어져 맞은 자는 즉사하고, 맞지 않은 자는 넘어졌다"고 했습니다. 그리고 일본의 병기 전문가 아리마 세이호有馬成甫는 《조선역수군사朝鮮役水軍史》에서 "비격진천뢰의 발화장치는 매우 교묘하다. 그것은 화공술의 획기적인 일대 진보라 말할 수 있다"고 썼지요.

## 이름 없고 빛도 없던 무기 개발자들

곰곰이 따져보면 화약과 무기 개발과 관련해 잘 알려진 인물이 여럿 있습니다. 무려 16종의 무기를 제작한 최무선崔茂宣, 그의 아들이자 신기전 등을 개발한 최해산崔海山, 쓰시마 정벌 때 무장 쾌속선을 개발한 이천李蕆…. 그러나 이렇게 과학 분야에서 혁혁한 공을 세운 인물들조차 문신에 비해서는 각박한 평가를 받아왔죠. 뿌리 깊은 '문과 우대' 가치관 때문입니다. 그래도 이분들은 나은 편입니다. 1591년 당시 최고의 첨단 무기를 발명한 이장손은 경주성 전투를 설명하는 〈선조수정실록〉(1592년 9월 1일) 말미에, 그것도 실록을 쓴 사관의 부연 설명에 등장할 뿐입니다. 즉, 비격진천뢰 덕분에 경주성을 수복했다는 전과戰果를 설명하고, 지휘관인 경상좌도 병마

절도사 박진朴晉이 가선대부(종2품)로 승진했다는 걸 기록한 다음 거기에 이장손의 존재를 살짝 첨언합니다.

"비격진천뢰는 그 제도가 옛날에는 없었는데, 화포장 이장손이 처음으로 만들었다. 진천뢰를 대완포구(대포)로 발사하면 500~600보 날아가 떨어진다. 얼마 있다가 화약이 안에서 폭발하므로 진을 함락시키는 데는 가장 좋은 무기였다."

달랑 이 내용뿐입니다. 생몰 연도도, 가문도, 이력도 없죠. 비단 이장손뿐만이 아닙니다. 중국에서 목화를 몰래 들여온 문익점은 알아도, 염초 제조 서적을 몰래 가져온 김지남에 대해서는 잘 모르지 않습니까? 이번 기회에 실록이나 주요 문헌에 기록되지 않은 무기 기술자들의 이름을 한 분 한 분 언급해보려 합니다. 지금까지 남아 있는 총통 등의 무기에 이름을 새긴 기술자들입니다. 천중원, 김우경, 막금, 신산, 희손, 준금, 한오말, 석가로, 김영환, 유신…. 이분들의 분투에 박수를 보냅니다.

1부 사건과 사연

# 13

## 세계 최고의 금속활자본 《직지》

단돈 180프랑에 팔리다

◇　　　프랑스 국립도서관이 지난 2023년 4월부터 7월까지 3개월
간 〈인쇄하다! 구텐베르크의 유럽〉 전시회에서 《직지》를 첫 번째
유물로 50년 만에 공개했습니다. 《직지》가 세계 최고最古 금속활자
본임을 재차 확인한 겁니다. 두말할 것도 없이 《직지》는 학계의 공
인을 받은 세계에서 가장 오래된 금속활자본(1377)이죠. 그러나 한
꺼풀 벗겨보면 《직지》에 대해 잘 모르거나 기본 팩트조차 잘못 알
려진 일화가 많습니다.

　《직지》의 원명은 《백운화상초록불조직지심체요절白雲和尙抄錄佛
祖直指心體要節》입니다. 고려 말의 선승 백운화상이 '부처佛와 조사祖
(고승)의 깨달음心體을 직접 가리키는直指 중요한 항목要節을 뽑아
엮은 책抄錄'이라는 뜻이죠. 그냥 줄여서 《직지심체요절》 혹은 《직
지》라고 합니다. 백운화상이 75세이던 1372년 9월, 석가모니 부처

를 비롯한 과거칠불七佛과 인도·중국의 고승 138인 등 모두 145가家의 어록을 뽑아 두 권(상·하권)으로 엮은 것입니다. 백운화상 입적 3년 후인 1377년(우왕 3) 7월, 제자 석찬釋璨과 달잠達湛이 청주 흥덕사에서 비구니 묘덕妙德의 시주를 받아 금속활자로 찍어냈는데, 그 두 권 중 '하권'이 프랑스 국립도서관에 남아 있는 겁니다.

총 1만 2,304자의 《직지》에는 금속활자의 자취가 역력합니다. 우선 본문의 행과 열이 고르지 않고 활자의 크기와 모양, 인쇄 상태도 그렇습니다. 조판이나 인쇄 때 활자가 밀리거나 맞물려 붙었기 때문이죠. 또 글자의 먹 색깔에도 차이가 나는데, 어떤 글자는 획의 일부가 인쇄되지 않아 붓으로 덧칠한 흔적이 역력합니다. 조판 때 수평을 제대로 맞추지 못했거나 인쇄 때 먹이 고르게 묻지 않아 생긴 현상이죠. 같은 장에서는 보이지 않는 동일한 활자가 다른 장에서는 반복해서 나타나기도 합니다. 활자를 재활용했다는 증거죠.

거꾸로 인쇄했거나 빠진 글자도 보입니다. 초창기 금속활자 제작의 기술 부족으로 생긴 너덜이(쇠 찌꺼기) 등도 역력합니다. 또 한 글자 때문에 다음 행으로 넘어가는 것을 막으려고 작은 활자小字로 대체하거나, 마지막에 두 자를 나열해 조판한 경우도 보입니다. 활자가 부족해서 '소자'로 대체한 사례가 119회나 됩니다. 활자를 더 주조하지 않고 '작은' 기존 활자를 활용했다는 이야기입니다. 이런 현상은 목판본에서는 볼 수 없는 초창기 금속활자본의 특성이기도 합니다.

– – –《직지》의 첫 소장자인 플랑시는 이 책의 가치를 잘 알고 있었다. 표지에 "주조된 글자로 인쇄한 가장 오래된 한국 책. 연대는 1377년"이라고 기록해놓았다. 프랑스 국립도서관 소장.

## 《직지》는 어떻게 프랑스로 가게 됐을까

《직지》는 구한말 프랑스 외교관 빅토르 콜랭 드 플랑시Victor Collin de Plancy가 구입해 간 것으로 알려져 있습니다. 그는 파리대학에서 법학 학사를 받고 파리 동양어학교에서 중국어를 전공한 뒤 외교관의 길을 걸었는데, 조선과의 인연은 1888년 6월부터 시작됩니다. 주한 프랑스 대리공사로 3년간(1891년 6월까지) 서울에 주재한 후 일본에서 5년 가까이 근무하다 1896년 4월부터 주한공사 겸 총영사로 두 번째 부임합니다.

첫 부임 때부터 플랑시는 공사관 통역이던 모리스 쿠랑Maurice Courant에게 "한국에서 간행되는 모든 서적의 목록을 만들어보라"고

—— 빅토르 콜랭 드 플랑시와 모리스 쿠랑.

권유합니다. 그리고 단순한 권유를 넘어 목록 작성에 직간접적으로 관여했죠. 쿠랑은 1894~1896년 출간한 《한국서지》(1~3권) 머리말에서 플랑시의 공을 치하합니다. "이 작업의 발상도 플랑시가 했으며, 많은 확실한 정보를 제공하고 훌륭한 조언을 준 것도 헤아릴 수 없다." 서적 목록 말고도 플랑시는 1차 부임 때 수집한 고서를 모교인 동양어학교에 기증했습니다. 그러나 《직지》는 《한국서지》에도, 동양어학교 기증품에도 들어 있지 않았죠.

쿠랑은 이후 1899년까지 추가로 조사한 목록 580건(3241~3821번)을 담아 다시 책자로 만들었는데, 그것이 1901년에 출간한 《한국서지》 부록판입니다. 그리고 그중 3738번 항목에 《직지》가 등장합니다.

"3738《백운화상초록불조직지심체요절》 1책. 이 책의 마지막 설명문이 중요하다. '1377년 청주목 바깥의 흥덕사에서 주조된 활자로 인쇄됨.' 이 내용이 정확하다면 활자는 (…) 조선 태종의 명(1403년 주

1부 사건과 사연

자소 설치 및 계미자 주조)보다 26년가량 앞서 사용⋯."

흥미로운 것은 이렇게《한국서지》부록판에 실린《직지》가 10여 년이 지난 1911년 3월 경매시장에 나왔다는 겁니다. 플랑시가 첫 번째 한국 근무 때 구입한 도서는 동양어학교에 기증했죠. 그러나 두 번째 근무 때(1896~1899) 수중에 넣은《직지》는 기증하지 않았습니다. 그것이 10여 년 뒤 883종의 '플랑시 컬렉션' 중 하나로 경매에 출품된 겁니다.

그렇다면 플랑시는 어떤 경로로《직지》를 수중에 넣은 걸까요? 이 대목에서 당대에 조선을 방문한 프랑스 민속학자 샤를 루이 바라Charles Louis Varat의 회고담이 눈길을 끕니다.

"빅토르 콜랭 드 플랑시는 '프랑스 여행자가 매일 아침 프랑스 공사관에서 조선 토산품의 견본을 구입하고 있다'는 소문을 퍼뜨렸다. 상인들이 떼를 지어 오면 (⋯) 조선인 비서들의 도움을 받아 물건을 사들였다."

아마《직지》도 조선인 비서들의 도움을 받아 구입했을 겁니다. 플랑시는 처음부터《직지》의 가치를 정확하게 알고 있었는데,《직지》의 표지와 속지에 남긴 글을 보면 이를 확인할 수 있습니다.

"주조된 글자로 인쇄한 가장 오래된 한국 책. 연대는 1377년."(표지) "불교 교리 내용. 1377년 흥덕(사)에서 금속활자로 찍은, 현존하는 가장 오래된 한국 인쇄본."(간지)

플랑시는《직지》에 자신의 한자 이름 갈림덕葛林德의 葛 자를 크게 적고 '플랑시의 장서표'라는 뜻의 문구EX LIBRIS COLLIN DE PLANCY를 인쇄해놓기도 했습니다.《직지》는 1900년 4월 15일~11월 15일

―― 플랑시는 《직지》에 자신의 한자 이름 갈림덕의 葛(갈) 자를 크게 적고 '플랑시의 장서
표'라는 뜻의 문구인 EX LIBRIS COLLIN DE PLANCY를 인쇄했다. 프랑스 국립도서관 소장.

열린 파리 만국박람회에 출품되는데, 쿠랑이 만국박람회 한국관을
소개한 팸플릿(《1900년, 서울의 추억》)을 한번 볼까요?

"대중은 한국에 인쇄소가 있고 문학이 번창·존재하였다는 것을
모른다. (…) 한국인들이 10세기 이전에 목판으로 인쇄했고, 조선 최
초의 금속활자인 계미자(1403)와 이보다 더 일찍 활자types mobiles를
발명…."

그렇다면 플랑시는 그렇게 애지중지하던 《직지》를 왜 경매에 내
놓았을까요? 플랑시는 대한제국의 만국박람회(1900) 참가를 도운
공로로 고종으로부터 태극훈장(1등)까지 받은 인물입니다. 그러나
1905년 을사늑약 이후 프랑스 공관이 철수하면서 조선을 떠났고,
1907년에는 30년 외교관 생활을 마치고 은퇴합니다. 그리고 그 후
4년 만인 1911년 3월, 한국·중국·일본 등지에서 수집한 유물 883종

을 경매에 내놓습니다. 이때의 경매 물건 중 《직지》가 포함되어 있었죠. 은퇴 이후 노후 자금이 필요했던 걸까요? 당시의 경매 기록부를 보면 《직지》는 경매 물건 중 711번으로 표시되었습니다. 플랑시는 경매 카탈로그 서문에서 "구텐베르크 발명 훨씬 전에 한국이 금속인쇄술을 알고 있었다"며 《직지》를 콕 찍어 홍보했습니다. 이때 총경매 가격은 3만 4,390프랑(2024년 기준 약 2억 5,000만 원)이었답니다.

## 단돈 180프랑에 개인 수장가의 품으로

그런데 이상한 일이 벌어집니다. 상당수 경매 물건을 프랑스 국립도서관이 구입했는데, 《직지》 등 일부 유물이 당대 수집가 앙리 베베르Henri Vever의 수중에 들어간 겁니다. 이때 베베르가 낙찰받은 《직지》의 가격은 '단돈 180프랑'(2024년 기준 약 100만 원). 놀라운 일이었죠. 파리 만국박람회에 출품하고, 경매 카탈로그에서도 '구텐베르크보다 앞선 금속활자본'이라고 소개한 《직지》를 국립도서관이 빼놓고 구입했으니 말입니다.

뒤늦게 판단 착오를 인정한 프랑스 국립도서관장이 세 차례나 베베르를 찾아가 《직지》를 기증해달라고 간청했습니다. 이에 베베르는 자신이 죽으면 《직지》와 《육조법보단경六祖法寶壇經》만큼은 기증하겠다고 약속했죠. 그리고 1942년 베베르가 죽자 그 후손이 1950년 프랑스 국립도서관에 《직지》와 《육조법보단경》을 기증했습니다. 이때 프랑스 국립도서관은 두 유물에 '플랑시 컬렉션'에 붙였던 고유번호('Coreen 109 = 직지' 'Coreen 110 = 육조법보단경')를 추가했습니다.

이렇게 처음부터 '한국 서지'로 인정받은 《직지》가 재조명받은 것은 1972년이었습니다. 유네스코가 정한 '제1회 세계 책의 해'였는데, 프랑스 국립도서관에서 5월 17일~10월 31일 소장품 가운데 귀중본을 엄선해 특별전을 마련했습니다. 이때 《직지》는 《경국대전》《여지도興地圖》와 함께 출품되었고, 당시 도서관장은 특별전 도록 서문에서 《직지》를 이렇게 소개합니다.

"동양에서는 중국의 인쇄술이 한국에 전해져 3세기 동안 발전을 거듭했고, 구텐베르크보다 수십 년 앞서 금속활자를 다룰 줄 아는 놀라운 기술에 도달했다."

프랑스 국영 TV는 〈서양 교과서를 바꿔야 할 금속활자의 역사〉에서 이렇게 보도했습니다. "교과서에 나오는 것처럼 구텐베르크는 금속활자 인쇄술의 발명가가 아니다. 자, 여기 그 증거가 있다. 《직지》는 한국의 흥덕사라는 절에서 1377년에 금속활자로 인쇄한 책이다. 구텐베르크 발명(1455년)보다 78년 앞선다. 우리는 금속활자의 영광을 이제 동양의 한 나라(한국)에 돌려줘야 할 것이다." 또한 당시의 전시 도록은 "현존하는 가장 오래된 중국 책은 15세기 말의 것이다. 따라서 한국보다 늦다. 한국에서는 13세기에 금속활자가 최초로 사용되었다"고 소개했습니다.

《직지》는 1년 뒤인 1973년 6월부터 10월까지 약 4개월 동안 〈동양의 보물〉 특별전에 다시 출품됩니다. 그리고 당시 전시 도록은 "13세기부터 새로운 기술이 고려에 도입된다. (…) 인쇄술은 한국이

1부 사건과 사연

중국을 능가했으며 유럽(독일)을 앞서갔다"고 썼습니다.

## 국내에 《직지》가 알려지기까지

《직지》 관련 뉴스가 나올 때마다 단골로 등장하는 이가 바로 고 박병선 박사입니다. 프랑스 국립도서관 서고에 묻혀 있던 《직지》를 발굴했다는 거죠. 그러나 앞서 살펴보았듯 《직지》의 가치는 이미 프랑스 외교관 플랑시가 소장했을 때부터 일관되게 알려졌습니다. 1900년 파리 만국박람회 출품 때, 1911년 경매시장에 나왔을 때, 1950년 프랑스 국립도서관에 기증할 때, 1972년 '세계 책의 해' 특별전 출품 때에도 마찬가지였습니다.

《직지》가 국내에 알려진 것은 1972년 5월입니다. 특별전 개최 소식과 《직지》의 출품 사실을 처음 알린 언론(〈조선일보〉)의 특종 보도(5월 28일) 덕분이었죠. 그 기사에서는 '박병선'의 이름이 보이지 않습니다. 그런데 7개월이 지난 그해 12월 23일 기사에서는 박병선 박사가 《직지》를 발굴한 인물이라고 소개했습니다. 당시 특별전을 특종 보도한 신용석 전 〈조선일보〉 파리 특파원에게 알아봤더니 《직지》와 박병선 박사는 직접적인 관련이 없다고 확인해주더군요. 두 번째 기사는 자신이 작성한 게 아니라면서요. 물론 신용석 특파원의 말마따나 《직지》의 가치가 세상에 드러나는 데 박병선 박사의 공이 없었던 것은 아닙니다. 1972년 전시회가 끝난 뒤 프랑스 국립도서관이 제공한 《직지》의 흑백사진을 가져와 국내 학자들이 연구할 수 있는 토대를 마련해주었으니까요.

# 14

# 조선 호랑이는 왜 이 땅에서 사라졌을까

한반도 침략 야욕의 희생양

◇　'트로피trophy'라는 말은 고대 그리스·로마 시대에 전승 기념물, 즉 전리품을 뜻했습니다. 말이 전리품이지 고대에 전쟁의 전리품 가운데 으뜸은 바로 수급, 즉 적군의 목이었죠. 잘라온 수급수에 따라 전공의 등급을 매겼으니 말입니다.

몇 년 전, 전 지구적 의제가 된 '트로피 사냥trophy hunting'의 개념도 다르지 않습니다. 인간이 특정 야생동물을 상대로 마치 전투를 벌이듯 사냥하고 그 신체 일부를 전리품, 즉 트로피로 삼아 뽐내고 있으니 말입니다. 2015년 짐바브웨의 국민 사자 '세실'의 비참한 죽음 이후 한때 난리를 떨었지만, 따지고 보면 트로피 사냥의 역사는 어제오늘의 일이 아닙니다.

그런데 머나먼 아프리카 대륙에서 일어난 세실의 비참한 죽음이 남의 일 같지만은 않습니다. 마치 한국 호랑이의 운명을 보는 듯하기 때문이죠. 한반도에서 발견된 마지막 호랑이는 1921년 경주 대덕산에서 사살된 호랑이로 알려져 있습니다. 일제강점기 이후 한반도에서 더는 호랑이의 자취를 찾아볼 수 없습니다. 한국 호랑이는 왜, 어떻게 한반도에서 멸종의 비극을 맞이했을까요?

## 일본 제국의 호랑이 정복군

우리나라에서 호랑이는 예부터 힘과 용맹을 겸비한 영험한 동물로 사랑받았습니다. 때로는 친근하고, 때로는 해학적인 존재로 자리매김했죠. 오죽하면 육당 최남선崔南善은 "우리나라는 호담국虎談國이다. 호랑이 이야기로만 《천일야화》나 《데카메론》 같은 책을 꾸밀 수 있고, 안데르센이나 그림 형제가 될 수 있다"(〈동아일보〉 1924년 1월 26일)고 평했을까요. 1988년 서울올림픽과 2018년 평창동계올림픽의 마스코트도 호랑이였지요. 2020년 도쿄올림픽에서 한국 선수단의 구호도 '범 내려온다'였습니다.

호랑이는 친근하지만 무서운 짐승이기도 했습니다. "호환(호랑이 공격) 마마(천연두)보다 무서운"이라는 말이 있을 정도로요. 호랑이는 사람과 너무 가깝게 살았습니다. 호랑이가 도성은 물론 궁궐 안까지 들어오는 일이 비일비재했죠. 1466년(세조 12)에는 경복궁의 후원(취로정) 연못가에까지 출현한 호랑이를 추격하느라 한바탕 소동이 벌어졌습니다. 1467년에는 세조 임금이 추격대를 이끌고 북악산에 출몰한 호랑이를 잡아 죽였습니다.

사람과 호랑이의 이런 묘한 공존과 갈등 구조가 구한말 외국인의 눈에는 신기해 보였나 봅니다.《은둔의 나라, 조선》을 쓴 동양학자 윌리엄 그리피스는 "조선에서는 반년 동안은 사람들이 호랑이를 사냥하고, 반년 동안은 호랑이가 사람들을 사냥한다"고 기록했어요. 물론 과장된 이야기죠. 그러나 조선을 이렇게 소개한 책을 본 '트로피 사냥꾼'이라면 어떻게 생각하겠습니까? 조선에 가면 호랑이를 사냥할 수 있겠구나 믿었겠죠. 20세기 들어 트로피 사냥에 눈 먼 서양인들이 한반도로 속속 모여들었습니다.

미국의 시어도어 루스벨트 대통령의 차남 커밋 루스벨트가 대표적입니다. 커밋은 1922년 북한 지역에서 호랑이를 사냥한 적이 있습니다. 또 영화 〈인디아나 존스〉의 모델로 알려진 로이 채프먼 앤드루스Roy Chapman Andrews는 1911년 함경도 무산에서 호랑이 사냥을 시도한 적이 있답니다. 이 밖에 윌리엄 로드 스미스와 포드 바클리라는 인물이 1902~1903년 목포와 진도에서 각각 호랑이 3마리와 2마리를 잡았다는 기록도 있습니다.

그러나 일제에 견주면 이들의 트로피 사냥은 애교로 볼 정도입니다. 특히 일본인 사업가 야마모토 다다사부로山本唯三郎는 '1917년 조선 호랑이 사냥 행사'를 개최했는데, 사냥단의 이름을 '정호군征虎軍'이라고 지었습니다. 호랑이를 정복한다는 뜻입니다. 행사의 목적은 "근래 점점 퇴패退敗해가는 우리 제국 청년의 사기를 높이기 위해"(《매일신보》 1917년 11월 18일》)였습니다. 행사에 참여한 기자가 지었다는 '정호군가'는 더욱 심상치 않습니다.

"가토 기요마사의 일이여, 지금은 야마모토 정호군 (…) 일본 남아의 담력을 보여주자. 루스벨트 그 무엇이랴. 호랑이여 오라. (…)

—— 1917년 일본의 거부 야마모토 다다사부로(가운데)가 이끄는 호랑이 사냥꾼들이 함경도에서 잡은 호랑이 2마리를 놓고 기념 촬영을 했다. 그는 한 달간의 원정을 끝내고 자랑스럽게 호랑이 사냥 원정기라는 뜻의 제목을 단 책 《정호기》를 1918년에 펴냈다. 국립중앙도서관 소장.

올해는 조선 호랑이를 모두 사냥하고, 내년에는 러시아의 곰을 사냥하세."

더욱이 정호단장 야마모토는 "늑대는 관심 없고, 조선 호랑이를 잡아야 남자 중 남자!"라고 외쳤답니다. 대체 이게 무슨 말일까요? 이들에게 호랑이 사냥은 다목적이었습니다. 조선 식민지를 발판으로 미국과 당당히 맞서고, 러시아까지 침략하겠다는 제국주의의 야욕을 과시한 겁니다.

그렇게 호기롭게 출정한 야마모토 정호군이 11월 17일부터 한 달간 벌인 호랑이 사냥의 결과는 어땠을까요? 호랑이와 표범 각각 2마리, 곰 1마리, 멧돼지 3마리, 늑대 1마리, 산양 5마리, 노루 9마리, 그리고 기러기와 청둥오리, 꿩 등이었습니다. 정호군의 개선 행사 또한 기가 막힙니다. 그들은 서울 조선호텔과 도쿄 데이코쿠帝國 호텔에서 각각 한 차례씩 사냥물 시식회를 열었는데, 특히 데이코쿠 호텔에서 열린 시식회에는 현직 대신(장관) 등 200여 명의 고관대작이 총출동했답니다. 이때 등장한 메뉴를 볼까요?

함경도 호랑이의 차가운 고기와 영흥 기러기 수프, 부산 도미 양주찜, 북청 산양볶음, 고원 멧돼지구이….


## 한반도 침략의 야욕이 담긴 호랑이 사냥

무엇보다 정호단장 야마모토가 감상에 젖어 했다는 연설이 가관입니다.

"전국시대 무장은 진중의 사기를 높이기 위해 조선의 호랑이를 잡았습니다. 다이쇼大正 시대(1912~1926)의 저희는 일본 영토 내(조선을 일컬음)에서 호랑이를 잡아왔다는 데 깊은 의미가 있다고 생각합니다."

앞서 일본 기자가 지었다는 '정호군가'에도 가토 기요마사 운운하는 내용이 있죠. 이게 무슨 소리입니까? 사실 백수의 왕 호랑이는 일본열도에 없는 동물입니다. 생태계의 가장 상위 동물은 일본 늑대였습니다. 기껏해야 늑대만 보다가 늠름하고 당당한 호랑이 같은 맹수를 보았으니 일본인이 엄청 놀란 건 당연합니다. 그래서 예

—— 야마모토 호랑이 사냥단은 서울과 도쿄에서 잇달아 호랑이 고기 시식회를 열었다. 특히 도쿄 데이코쿠 호텔에서 열린 시식회에는 현직 장관 등 200여 명이 참석해 조선에서 잡은 호랑이를 시식했다. 시식회에는 그들이 잡은 호랑이 박제를 전시해놓았다. 이 자리에서 야마모토는 "임진왜란 때는 병사들의 사기 진작을 위해 호랑이를 잡았다면, 이제는 일본 영토 내(조선)에서 마음껏 잡을 수 있다"고 자랑스러워했다. 국립중앙도서관 소장.

부터 한반도에서 호랑이 사냥은 일본 무사들에게 로망이었던 것 같습니다. 《일본서기》〈흠명기欽明紀〉에는 545년 3월, 백제를 방문하고 돌아온 무사 가시와데노하데스膳臣巴堤使가 "자식을 잡아먹은 호랑이를 퇴치했다"고 일왕에게 보고하는 내용이 있습니다.

"신이 처자식을 동반하고 백제에 갔습니다. (…) 아이가 호랑이에 잡혀 실종됐고 (…) 다음 날 호랑이 동굴로 뛰어가 '자식을 찾으러 왔다. (…) 목숨을 두려워하지 않는다'고 외쳤습니다. 그때 호랑이가 나와 입을 벌리고 저를 삼키려 했지만, 제가 호랑이의 혀를 잡고 오른손으로 찔러 죽인 뒤 껍질을 벗겨 돌아왔습니다."

이 대목에 이르러 좀 패씸하다는 생각이 듭니다. 이미 1,500년 전에 일본인이 백제 땅에 들어와 한국 호랑이를 죽였다는 얘기니까요. 아무튼 후대의 일본 무사들도 《일본서기》의 무용담을 읽었겠죠. 그 후 임진왜란을 일으켜 조선으로 출병한 일본 무장들은 "내가 조선반도에 가면 반드시 호랑이를 잡겠다"고 다짐했을 테죠. 단적인 예로 왜장 가토 기요마사의 호랑이 사냥 설화가 전해집니다.

"가토가 호랑이 사냥에 나섰다. (…) 호랑이가 갈대숲을 헤치고 입을 벌린 채 덮쳐오자 조총으로 쏘았다. 급소를 맞은 호랑이는 그 자리에서 쓰러졌다."(《상산기담常山紀談》, 1739)

1853년 류테이 다네히데柳亭種秀가 펴낸 그림에는 일본과 중국 영웅 100명 가운데 맨 첫 번째로 가토 기요마사를 다뤘는데, 그림 옆에 쓴 '화한영웅백인일수和漢英雄百人一首'라는 글이 의미심장합니다.

"가토 기요마사, 일본의 영웅. 자국을 떠나 멀리 삼한 땅에 이르고 한토漢土(중국)에까지 그 이름을 떨치고 나쁜 호랑이를 물리쳐 모든 군사에게 모범을 보였다."

가토가 호랑이 등에 올라타 머리 위쪽에서 창을 내리찍고, 호랑이가 앞발을 허공에 휘두르며 고통스러워하는 그림을 보면 좀 섬뜩합니다. 이처럼 19세기에 들어서면 가토의 호랑이 사냥은 한반도와 중국 대륙 침략의 상징으로 자리 잡습니다. 이즈음 정한론이 등장하고, 한반도 침략을 노골화하는 일본의 행보와 궤를 같이하죠.

임진왜란을 일으킨 도요토미 히데요시豊臣秀吉는 어떨까요? 왜장 가메이 고레노리龜井玆矩가 부산 기장성을 점령한 뒤 도요토미에게 호랑이 한 마리를 보냅니다. 이때 도요토미가 기뻐서 미친 듯이 춤을 추자 조선에 출병한 일본 무장들은 경쟁적으로 호랑이를 상납했습니다. 깃카와 히로이에吉川廣家는 동래에서 한 마리, 시마즈 요시히로島津義弘는 창원에서 2마리를 잡아 소금에 절여 도요토미에게 보냅니다.

"호랑이를 잡아 보내라"는 도요토미의 명령에 따라 호랑이를 사냥한 경우도 있었습니다. 조선에 출병한 나베시마鍋島 가문의 문서를 보면 "방금 전 호랑이를 보내라는 명을 받았으니 빨리 사냥을 해야겠다"는 얘기가 나옵니다. 도요토미 측이 나베시마 나오시게鍋島直茂에게 "호랑이의 가죽, 머리, 뼈, 고기, 간과 담 등을 목록 그대로 잘 받았습니다. 도요토미 님이 기뻐하며 드셨습니다"는 내용의 편지를 보내기도 했고요.

호랑이는 당시 최고 보양식으로 꼽혔습니다. 호랑이 가죽, 즉 호피는 고관대작의 융단으로 사용됐고요. 뼈, 피, 담, 고기도 최고급 정력 강장제였습니다. 호정虎精이라고 불린 뼛가루와 골즙을 섞어 만든 독한 술 호정주는 고가에 팔렸습니다. 또 호랑이 뼈를 바짝 조려 만든 호골고虎骨膏는 효력이 신기에 가깝다고 했습니다. 호랑이의 기력이 모두 앞다리에서 나온다는 이야기가 전해졌기 때문입니다. 임진왜란 와중에 조선 호랑이마저 왜장들의 무용담을 위해, 혹은 도요토미의 보양 강장제를 위해 무참히 살해됐음을 알 수 있죠.

## '해수구제' 정책으로 절멸한 호랑이

1917년 야마모토가 호랑이 사냥에 나서기에 앞서 조선총독부는 이른바 '해수구제害獸驅除' 정책 시행에 박차를 가했습니다. 사람에게 해를 끼치는 짐승을 퇴치한다는 명분을 내세운 겁니다. 총독부는 이를 위해 1915년 경찰관·헌병 3,321명, 공무원 85명, 사냥꾼 2,320명, 몰이꾼 9만 1,252명을 동원했는데, 그 결과 1915~1916년에 호랑이 24마리, 표범 136마리, 곰 429마리, 늑대 228마리가 죽어나갔습니다. 호랑이·표범·곰의 먹잇감인 애꿎은 노루(8,947마리)와 토끼(612마리) 등도 떼죽음당했습니다. 그리고 1919년부터 1924년까지 6년간 포획된 호랑이는 65마리, 표범은 385마리였다는 통계가 있습니다. 포획된 호랑이 중에는 체중 85관(318kg)~90관(338.5kg)짜리 대호도 있었습니다. 당시 사이토 마코토齊藤實 총독이 구입한 호랑이 가죽 두 장은 크기가 무려 7척(210cm)이나 되었다고 합니다.

이런 무자비하고 무분별한 사냥 탓인지 조선총독부 통계연감을 보면 1924년부터 9년 동안 호랑이 사냥 건수는 단 2건에 불과합니다. 이후 1934년(1마리), 1937년(3마리), 1938년(1마리), 1940년(1마리)으로 이어지면서 결국에는 기록에서 사라지고 맙니다. 이에 경성사범학교 생물 교사였던 우에다 쓰네카즈上田常一는 호랑이 멸종이 임박했음을 경고하기도 했습니다.

"조선에는 호랑이가 매우 많았지만 (⋯) 지금은 그림자도 보이지 않으며 (⋯) 피해 방지 목적 외에도 고가의 모피와 뼈를 얻으려 연이어 호랑이를 잡았기 때문에 (⋯) 조선의 호랑이는 가까운 장래에 멸종할 것이 틀림없다."《과학지식》, 1937)

해수구제는 허울뿐이고, 모피와 뼈를 구하려고 호랑이를 남획했다고 고발한 것입니다. 일제의 호랑이 사냥 자료를 검토하면서 "일본 영토 내에서 호랑이를 잡게 됐다"는 야마모토의 말이 계속 거슬렸습니다. 그동안에는 전설이나 신화로만 접했고, 간간이 침략 전쟁의 와중에만 경험했던 호랑이 사냥을 이제 일본 영토가 된 '한국 땅'에서 제 마음껏 할 수 있게 됐으니 얼마나 좋았을까요? 반드시 잊지 말아야 할 호랑이의 역사입니다.

# 15

# 제2의 광개토대왕비인가

향토 모임이 우연히 발견한 충주 고구려비

◇    "어? 이건 국토國土네. 이건 토내土內, 이건 대大⋯." 1979년
2월 24일, 향토 연구 모임인 예성동호회 회원들은 충북 중원군(현
충주시) 가금면 용전리 입석마을에 우뚝 서 있는 비석에서 예사롭지
않은 명문을 읽어냅니다. 한반도에서 처음으로 고구려 비석을 발견
한 역사적 순간이었습니다. 예성동호회는 1978년 9월에 당시 유창
종 충주지청 검사(현 유금와당박물관장)와 장준식 충주북여중 교사(전
충청대 교수) 등이 결성한 답사 모임인데, 예사로운 단체가 아니었습
니다. 동호회 결성 첫해에 봉황리 마애불상군(보물)을 찾았고, 고려
광종이 954년(광종 5) 어머니 신명순성왕후를 위해 세운 숭선사(사
적)의 위치를 알려주는 명문 기와를 발견하기도 했습니다.

　이들이 틈나는 대로 발품을 팔아 충주 일대를 답사한 데는 그럴 만
한 이유가 있었습니다. 미술사학자 황수영 박사(전 동국대 총장)가 전

부터 "이곳에서 진흥왕순수비가 발견될 수 있으니 만약 비슷한 고비古碑를 보면 반드시 연락해달라"고 누누이 언급했기 때문입니다. 충주 일대는 고구려-백제-신라가 각축을 벌인 요충지였으니까요.

## 국보와 보물을 잇달아 찾아낸 향토 모임

실제로 그런 일이 벌어졌습니다. 1978년 1월 6일, 단양 성재산(해발 323m)을 답사하던 장준식 당시 단국대학원생이 신발에 묻은 흙을 털다가 그 유명한 신라 적성비(국보)를 찾아냈으니까요. 적성비는 신라 진흥왕이 고구려 땅이던 적성(단양)을 점령한 뒤 "신라의 척경拓境을 도운 사람에게 상을 내리겠다"는 내용을 담고 있었습니다. 그로부터 8개월 뒤 결성된 예성동호회 회원들은 장준식 교사를 본보기로 삼아 열정적으로 답사를 다녔다고 합니다. 그리고 1979년 2월 24일 의정부지청으로 발령받은 유창종 검사를 위한 송별회 및 기념 촬영을 위해 답사에 나섭니다.

"십수 차례 답사를 다녔어도 회원들끼리 사진 한 장 찍지 못했어요. 유물, 유적 사진 찍기에만 정신이 팔렸거든요. 그래서 그 기회에 기념사진이라도 찍자고 해서 모였습니다."(장준식 교수)

동호회원들은 탑평리 칠층석탑(국보) 부근에서 기념 촬영을 했습니다. 그때 내친김에 중원 가금면 하구암리 묘곡에 있는 석불입상과 석재부재를 조사하자는 의견이 나왔습니다. 답사단이 석탑을 지나 입석마을을 지나는 순간, 당시 충북도청 소속 공무원이던 김예식 씨(작고)가 자동차를 세웠습니다.

—— 1978년 9월 결성된 예성동호회의 현판식 장면. 한가운데 당시 유창종 검사와 장준식 충주북여중 교사(왼쪽에서 세 번째)가 있다. 유창종 유금와당박물관장 제공.

"잠깐만요. 저기 저 돌 보이시죠? 저 돌 때문에 입석마을이라 하는데 한번 보고 가시죠. 일전에 제가 보았을 때는 백비白碑(내용을 새기지 않은 비석) 같았는데….."

일행이 우르르 내려 비석을 살펴보았습니다. 눈을 비벼가며 비석을 살펴보는 순간 "아!" 하는 감탄사가 일제히 터졌습니다. 눈에 불을 켜고 손으로 더듬어보니 삼면에 글자가 빽빽이 새겨져 있었던 겁니다. '국國' '수守' '토土' '대大'…. 그리고 '안성安城'이라는 글자도 있었습니다. 답사단은 고개를 갸우뚱했습니다. 충북에 무슨 경기도 안성? 그런데 이 안성은 고구려의 고모루성古牟婁城으로, 당시엔 안성으로 불렀던 겁니다.

어쨌든 동호회원들은 심상치 않은 명문 비석을 발견한 거라고 직감했습니다. 그들은 4월 5일 충주를 방문한 황수영 박사에게 이 비석과 탁본을 보여줍니다. 과연 '신라토내新羅土內, 당주幢主, 대왕大王, 국國, 태자太子' 같은 글자들이 드러났습니다. 황 교수는 순간 외마디 비명을 질렀습니다. "아! 진흥대왕眞興大王이다!" 석비 전면 맨 앞줄에 '○○大王'이라는 대목이 있는데, 이를 '진흥대왕'으로 읽은 것입니다. 황수영 박사는 "꿈에 그리던 진흥왕순수비일 것이다. 아! 혈압이 높아서 흥분하면 안 되는데…"라면서 연신 차를 마셨답니다. 그리고 제자인 정영호 단국대 교수에게 조사를 지시했습니다.

### 고려대왕이지 어째서 진흥대왕이야?

단국대박물관 조사단은 4월 8일, 이끼와 청태를 완전히 제거한 뒤 조심스럽게 뜬 탁본을 걸어놓고 비문 해독에 나섰습니다. 조사단과 몇몇 자문위원이 모두 나섰지만 비석의 국적조차 특정하지 못했습니다. 비석의 마멸이 워낙 심하긴 했지만 뭔가 이상했습니다. '전부대사자前部大使者' '제위諸位' '하부下部' '사자使者' 등 고구려 관직명이 주로 보였습니다. 특히 광개토대왕비문에 등장하는 '고모루성'이라는 글자도 확인했습니다.

고구려 관직명과 고구려 성의 이름은 보이는데 정작 고구려라는 명문은 없고, 또한 '신라토내당주' '신라토내' '모인삼백募人三百' '신라매금新羅寐錦' 등 마치 상대편이 신라를 지칭하는 것 같은 문구들만 나왔습니다. 왜 그랬을까요? 이유가 있었습니다. 처음부터 이 비석이 신라의 진흥왕순수비라는 선입견을 갖고 있었기 때문에 혼돈에 빠진 거죠. 좀처럼 해독하지 못하자 토론을 지켜보던 주민들이 수군댔습니다.

"아니, 서울에서 대학자들이 안 왔나 봐. 소학자들만 와서 해석을 못 하는 거 아냐?"

비석 해석을 두고 골머리를 썩이고 있을 때(오후 3시경) 김광수 건국대 교수가 뒤늦게 현장에 도착했습니다. 그는 조사단이 진흥대왕 어쩌고저쩌고하며 설왕설래하자 이해할 수 없다는 듯 단칼에 정리했습니다.

"도대체 뭔 소리들 하는 거야? 저게 어떻게 진흥대왕이냐, 고려대왕이지."

김 교수의 한마디에 좌중은 순간 얼음이 되었답니다. 그리고 잠시 후 "아! 맞다!" 하는 감탄사가 터져 나왔습니다. 처음부터 진흥왕이라는 선입견에 꽂혀 있던 이들이 무릎을 친 거죠. 고려대왕, 즉 고구려 임금이 주어일 수 있다는 것을 꿈에도 생각 못 한 거죠. 그런데 뒤늦게 도착해서 선입견이 없던 김 교수가 '고려대왕'을 읽어 낸 겁니다. 시골 마을에서 대수롭지 않게 여기던 비석이 일약 한반도의 유일한 고구려비로 탄생하는 역사적이고도 감격적인 순간이었습니다. 조사단을 이끈 정영호 단국대박물관장은 마침내 '충주 고구려비'(국보)가 "장수왕의 남진 정책을 기념하기 위해 고구려의 국원성國原城(지금의 충주)에 세운 비석"이라고 발표합니다.

그러나 이것은 시작에 불과했습니다. 이병도, 이기백, 변태섭, 임창순, 김철준, 김광수, 진홍섭, 최영희, 황수영, 정영호 등 당대 내로라하는 연구자들이 모여 잘 보이지도 않는 글자와 잘 연결되지 않는 문장을 두고 고뇌에 찬 해석을 하며 열띤 논쟁을 벌였습니다.

비문의 마모가 너무 심했기 때문입니다. 비석 앞부분의 글자는 50%만 확실하고, 문맥으로 읽을 수 있는 것은 25%에 불과했습니다. 비문 해석을 두고 논쟁이 계속되자 차문섭 교수가 "주민들 말마따나 대박사가 아니라 소박사들만 모였나 봅니다. 이렇게 못해서야 원!"이라고 자책해서 한바탕 좌중을 웃음바다로 만들었다는 일화도 있습니다. 오죽하면 당시 83세이던 이병도 박사가 '꿈의 계시론'까지 개진했을까요.

"내가 우스운 얘기를 하나 할게요. 비문 첫 꼭대기에 액전額篆(제목)이 있는 것 같아 곰곰이 생각하다가 잠이 들었어요. 그런데 꿈에 '건흥建興'이라는 두 글자가 나타났단 말이야. 아! 그래 눈이 번쩍 띄어가지고 전등불을 켜고 옆에 있던 (중원 고구려비문) 탁본과 사진을 보니까 그 글자가 나오더란 말씀이에요. '건흥' 두 글자는 (고구려 장수왕의) 연호가 틀림없어요."

이번에는 조사단을 이끈 정영호 교수가 '플래시와 햇빛' 발언을 이어갔습니다.

"두계斗溪(이병도의 호) 선생님 말씀대로 탁본을 보니 정말 건흥 4년建興四年인 것 같아요. 새벽 4시, 5시에 일어나 비문을 플래시로 비추어보면 그게 그럴듯하면서도 그렇지가 않아요. 또 창고 문을 열고 햇빛에 비추어가면서 보면 글자가 또 달라져요. 광선에 따라서…. 하루에 두 자, 석 자 읽어내는 것이 어떻게나 힘이 드는지…."

그랬습니다. 우연히 발견된 고구려비는 풀기 어려운 숙제를 안긴 채 현장에 서 있습니다. 비문의 내용과 관련해 백인백색의 주장이

── 국내에 유일하게 남아 있는 고구려 석비로, 장수왕이 남한강 유역의 여러 성을 공략해 개척한 후 세운 기념비로 추정된다. 1979년 입석마을 입구에서 발견되었는데, 오랜 세월이 흐른 탓에 발견 당시 비면이 심하게 마모되었다. 충주시 소장.

난무하니 완벽한 해석은 지금까지도 역불급이죠.

어쨌거나 당대 유명 학자들은 비문의 대강을 이렇게 설명합니다. 일단, 비문을 작성할 무렵 고구려·신라의 주종 관계만큼은 설명할 수 있다는 거죠.

"고려대왕○○○○신라매금세세위원여형여제高麗大王○○○○新羅 寐錦世世爲願如兄如弟"라는 대목을 보죠. 고구려 왕은 신라 매금(왕)과 오래도록 형제와 같은 관계를 맺는다는 뜻입니다. 또 '동이매금東夷

寐錦', 즉 신라 왕을 오랑캐(동이)로 지칭했습니다. 이는 고구려가 스스로를 천자국의 입장에서 신라를 주변국으로 여긴 것 아닐까요? '동이매금지의복東夷寐錦之衣服' '상하의복上下衣服' '대위제위상하의복大位諸位上下衣服'이라는 표현도 주목할 만합니다. 고구려 왕이 신라 왕과 신하들에게 의복을 하사했다는 대목이니까요. 한편 '신라 토내당주'라는 표현은 신라 영토 내에 있는 고구려 당주(군부대의 지휘관)라는 뜻입니다.

## 영락 7년 명문을 읽어내다

지난 2000년 관련 학계 연구자 55명이 비문을 판독하기 위해 4박 5일간 모여 분투한 결과 19자를 더 읽어냈지만, 비문의 실체에 다가가기는 역부족이었습니다. 특히 비석 건립 연대는 지금까지도 논쟁거리입니다. 여전히 광개토대왕설, 장수왕설, 문자명왕설 등이 혼재합니다.

그런데 2019년 충주 고구려비 발견 40주년을 맞이해 3D 스캐닝과 반사율 변환 이미징Reflectance Transformation Imaging, RTI 촬영을 활용해서 비문의 글자를 하나하나 읽어냈습니다. 둘 모두 360도 돌아가며 다양한 각도에서 빛을 쏘아 글자가 가장 잘 보이는 순간을 포착해 읽어내는 기법입니다.

동북아역사재단과 고대사학회 연구자들은 이 기법을 통해 얻은 자료를 바탕으로 두 차례에 걸쳐 판독회를 열고 총 23자를 제시했는데, 가장 중요한 결론은 비석 앞면 윗단 부분에 비문의 제목에 해당하는 글자가 존재할 가능성에 대해 연구자들이 재차 합의했다는 점입니다. 1979년 당시 이병도 박사가 꿈의 계시 운운하면서 비석의 제목이 존재할 거라고 얘기했는데, 그게 어떤 글자인지는 의견을 모으지 못한 채 유보한 터였습니다.

그런데 연구에 참여한 고광의 동북아역사재단 연구위원이 흥미로운 판독 결과를 발표합니다. 가로쓰기 형태의 비석 제목에 그동안 연구자들이 합의하지 못한 8자, 즉 '영락7년세재정유永樂七年歲在丁酉'라는 글자가 있다는 겁니다. 영락 7년(397)에 일어난 사건을 기록한 비석이라는 얘기였죠. 고광의 연구위원은 첫 번째 글자를 영永 자로 판단했습니다. 광개토태왕비나 천추총에서 발견된 전돌에 쓰여 있는 '천추만세영고千秋萬歲永固'의 영 자와 비슷한 형태라는 거죠. 또 두 번째와 세 번째 글자는 낙樂과 칠七이 확실하고, 네 번째 글자는 연年 자라고 주장했습니다. 다섯 번째 글자와 여섯 번째 글자는 세재歲在가 확실하고요. 고광의 연구위원은 그다음 세로로 쓰인 정유丁酉라는 글자를 읽었는데, 이렇게 가로로 썼다가 세로로 쓰는 경우도 흔치는 않지만 있다고 합니다.

고광의 연구위원의 판독이 맞다면 이 고구려 비석은 광개토대왕 때 일어난 일을 기록한 것이며, 건립 연대는 397년 이후라는 얘기가 되겠죠. 광개토대왕의 재위 기간이 391~412년이니 광개토대왕 재위 시절까지로도 소급해볼 수 있겠네요. 그렇다면 충주 고구려비는 한반도에서 발견된 첫 번째 '광개토대왕비'일 수도 있다는 뜻입니다.

《삼국사기》에 따르면 고구려와 신라는 381년(고구려 소수림왕, 신라

1부 사건과 사연

자비왕)에 이미 친선(주종) 관계를 맺고 있었죠. 광개토대왕과 장수왕 때에는 신라가 왕족을 고구려에 인질로 보내는 예속 관계가 이어졌습니다. 즉, 광개토대왕 2년(392)에 신라 왕족 실성實聖(훗날 실성왕으로 등극)이 고구려 인질로 떠났죠. 401년 귀국한 실성은 내물왕의 뒤를 이어 왕이 된 뒤 412년 내물왕의 아들 복호卜好를 인질로 보냈고요. 또한 광개토대왕비문에 따르면, 광개토대왕 10년(400) 신라가 왜구의 침입을 받자 고구려는 5만 보기병을 파견해 왜병을 쫓아낸 적도 있습니다.

하지만 "424년(고구려 장수왕 12, 신라 눌지왕 8) 신라가 고구려에 사신을 보내 교빙交聘의 예를 닦았다"《삼국사기》)를 끝으로 고구려·신라의 우호 관계를 다룬 기록은 보이지 않습니다. 이때부터 신라가 고구려의 예속에서 벗어나려고 안간힘을 쓰기 시작한 거죠. 신라는 대신 백제의 손짓에 눈길을 주고, 433~434년(백제 비유왕, 신라 눌지왕) 백제와 신라가 화친을 맺습니다. 장수왕의 끊임없는 남침 야욕에 백제와 신라가 연합 전선을 편 겁니다.

따라서 고광의 연구위원의 판독이 맞다면 고구려와 신라가 형제국으로서 밀월 관계를 맺고 있을 때 건립된 것이라고 해석할 수 있습니다. 향후 최첨단 판독 기술이 개발된다면 지금까지 보이지 않던 비문을 더 읽어낼 수 있겠죠. 총 500여 자 중 어렴풋하게나마 읽어낸 글자를 포함해 200여 자를 판독한 것에 불과하니까요. '소학자'라는 비판을 듣고 '꿈의 계시'까지 동원해 비문을 읽어내려 애쓴 선배들의 뒤를 이은 후학들의 분투를 기대해봅니다.

Hi-Story
Korean
History

# 인물과 인연

# 왕과 백성들이 남긴
# 흥미로운 기록들

# 16

# 동굴 속에서 발견한 비밀 통로

신라 진흥왕의 낙서를 만나다

◇　　　2015년 12월 6일 일요일 오전 11시 무렵. 모처럼 가족여행 중이던 박홍국 당시 위덕대박물관장은 울진 성류굴에 잠시 들렀습니다. 목적지인 봉화에 도착해서 점심을 먹기에는 너무 일러 따뜻한 동굴에서 시간을 보내려 했던 겁니다. 그런데 동굴로 막 들어서려던 그의 눈이 번쩍 뜨였습니다. 동굴 왼쪽 벽면에서 '癸亥(계해)'로 시작되는 심상치 않은 글자들이 보인 겁니다. 그는 울진군청 학예연구사 심현용 씨에게 이 사실을 알렸습니다.

곧이어 본격 조사가 시작되었는데, 사실 동굴 입구 벽면에서는 이미 조선 후기(1857)의 명문이 발견된 바 있습니다. 그러나 그 명문에서 불과 1m도 채 안 떨어진 곳에 삼국시대 명문이 새겨져 있다는 걸 알아차리지는 못했습니다. 박홍국 관장의 '매의 눈'이 올린 개가였죠. 조사 결과, 명문은 39~40자(7행)로 이뤄져 있었는데,

대체로 '계해년에 대나마大奈麻(17관등 중 10관등)이자 동굴 관리자인 하지荷智와 그 일행이 성류굴에 와서 쉬고 먹었던 사실을 기록한 낙서'로 이해할 수 있습니다.

그렇다면 계해년은 언제일까요? 연구자들은 대나마처럼 '大' 자가 앞에 붙는 관등은 법흥왕이 율령을 반포한 520년 즈음부터 시작됐을 거라고 봅니다. 또 신라의 경우 계해년처럼 간지를 쓰는 관행은 6~7세기까지 이어졌고, 이후에는 중국 연호로 바뀝니다. 따라서 낙서의 연대는 543년(진흥왕 4) 계해년일 가능성이 높은데, 학계에서는 603년(진평왕 25), 663년(문무왕 3), 723년(성덕왕 22) 등도 거론하고 있습니다. 정확한 연대를 두고는 아직 설왕설래 중입니다.


## 숨길 수 없었던 본능, 낙서하는 인류

여기서 궁금증이 듭니다. 성류굴이 어둡니까. 고생대(2억 5,000만 년 전)에 생성되어 온갖 기기묘묘한 종유석과 석순, 석주, 베이컨 시트(삼겹살을 닮은 종유석)와 동굴 진주, 석화, 동굴 산호, 동굴 방패 등을 자랑하는 곳이죠. 예부터 '지하 금강'이라는 별명이 있었습니다. 그래서인지 이곳을 찾은 시인 묵객들이 앞다퉈 기행문과 풍경화를 남겼습니다. 고려 말 학자 이곡李穀의 성류굴 탐사기가 대표적입니다.

"조물주의 묘한 솜씨는 헤아릴 수 없다. 자연스럽게 변화한 경치인가, 혹은 일부러 만들어놓은 것인가. 자연스러운 것이라면 그 변화의 기틀이 어쩌면 이렇게까지 오묘할 수가 있단 말인가. 일부러 만든 것이라면, 천세 만세토록 귀신이 공력을 쏟는다고 하더라도 어떻게 이렇게까지 최고의 작품을 만들어낼 수가 있겠는가."(《동유기東遊記》)

이후에도 김시습金時習과 성현成俔, 이익 등이 글과 시를 남겼고, 겸재 정선鄭敾과 단원 김홍도金弘道 등은 그림을 그렸습니다. 이뿐만이 아닙니다. 예나 지금이나 인간에게는 자신의 자취를 남기고 싶어 하는 영역 표시의 본능이 있죠. 그게 낙서입니다. 앞서 언급한 동굴 입구에만 낙서를 했을까요? 아닙니다. 동굴 안 벽면에도 그런 낙서가 숱하게 새겨져 있습니다. 그중 일부가 심현용 학예연구사가 펴낸《울진의 금석문》(전 2권)에 실려 있는데, 절대다수가 조선 시대의 것입니다.


## 한 줄기 빛 속에서 찾아낸 비밀 통로

2019년 3월 21일, 심현용 학예연구사가 이종희 한국동굴연구소 실장과 함께 성류굴의 제8광장을 찾았습니다. 제8광장은 심현용 학예연구사가 예전에 조선 시대 낙서를 찾아낸 곳입니다. 광장 안에 들어서자 한 줄기 빛이 동굴 안을 비췄습니다. 500원짜리 동전 크기만 한 빛이었습니다. 이때 동굴 전문가 이종희 실장이 흥미로운 이야기를 꺼냈습니다.

"각도가 달라 여기서는 작은 빛처럼 보이지만, 저곳에 사람 한 명이 드나들 수 있는 입구가 있어요."

다른 각도에 출입구가 또 있다는 얘기였습니다. 심현용 학예연구사 입장에서는 '비밀의 통로'였던 셈이죠. 호기심이 발동한 두 사람은 빛이 비치는 비밀의 통로로 걸음을 옮겼습니다. 헛디디면 미끄러질 수 있는 다소 위험한 길이었습니다.

입구를 지나 5m쯤 갔을 즈음, 심현용 학예연구사는 소스라치게 놀랐습니다. 동굴 안 석주와 석순 그리고 벽면에서 다수의 글자가 보이기 시작한 겁니다. 바삐 글자를 판독하기 시작한 두 사람은 '정원貞元 14년'이라는 명문 낙서 2개를 찾아냈습니다. 분명 연대를 알 수 있는 연호였죠. 그뿐 아니었습니다. 벽면에 화랑의 이름인 듯한 '~랑郎' 자가 여러 개 보였습니다. 바위틈에서는 완전히 탄 숯 조각도 발견됐는데, 옛사람들이 동굴 속에 들어와 피운 불의 흔적이 분명했습니다.

동굴 밖으로 나온 두 사람은 자동차 안에 있던 '동양연표'를 들춰 보았습니다. 과연 '정원'이라는 연호가 있었습니다. 당나라 덕종의 연호(785~805)였습니다. 따라서 누군가 동굴을 방문한 시기가 정원 14년, 즉 798년(신라 원성왕 14)이었던 게 분명해졌습니다. 동전만 한 한 줄기 빛이 신라 시대로 들어가는 비밀 통로였던 겁니다.

이후 성류굴 조사에서는 삼국시대부터 현대 영어까지 1,500년 동안 새겨졌거나 쓰인 낙서가 계속 확인됐습니다. 그중 가장 관심을 끈 명문은 "경인 6월일庚寅六月日 책작익부포柵作榏父飽 여이교우신女二交右伸 진흥왕거眞興王擧 세익자오십인世益者五十人"이라는 25자였습니다. 이 중 '진흥왕거'는 다른 글자보다 크게 써서 강조했는데, 진흥왕의 행차와 관련된 기록이라 그랬을 겁니다. 그 의미는 대략 다음과 같습니다.

─── 2019년 3월 21일, 성류굴 제8광장을 답사하던 중 한 줄기 빛을 확인한 후 이를 따라 가보니 사람이 드나들 수 있는 통로가 있었다. 1,500년 전 신라 시대로 들어가는 비밀 통로 같았다. 심현용 울진군청 학예연구사 제공.

─── 성류굴의 삼국시대 낙서 가운데 가장 관심을 끄는 것은 역시 '진흥왕이 경인년에 행차했다'는 명문이었다. 심현용 울진군청 학예연구사 제공.

"경인년(570, 진흥왕 31) 6월 ○일, 잔교柵를 만들고 뱃사공을 배불리 먹였다. 여자 둘이 교대로 보좌하며 펼쳤다. 진흥왕이 다녀가셨다. 세상에 도움이 된 이(보좌한 이)가 50인이었다."

잔교란 부두에서 선박에 닿을 수 있도록 놓은 다리 모양의 구조물을 말합니다. 그런데 진흥왕이 동굴을 탐사하는 데 왜 다리와 배가 필요했을까요? 그래서 학계 일각에서는 진흥왕이 배를 타고 왕피천을 건너 성류굴까지 행차했을 것이라고 해석합니다. 그러나 동굴 안에도 깊이가 8m 넘는 넓은 호수(제5광장)가 있습니다. 진흥왕이 이 호수를 지나기 위해 배를 탔을 가능성을 배제할 수 없죠. 경인년의 진흥왕거 명문은 제5광장을 지나야 나오는 제8광장에 있습니다. 요즘의 카누 같은 배라면 동굴 입구가 좁아도 통과할 수 있으니까요.

어쨌거나 이 명문은 진흥왕의 행차와 관련해 중요한 시사점을 제공합니다. 아시다시피 진흥왕은 자신이 넓힌 영토를 순행하면서 척경·순수비(창녕비·북한산비·마운령비·황초령비) 등을 세우지 않았습니까. 그런 진흥왕이 570년에 울진 성류굴 일대에 행차했다는 사실은 어떤 문헌에서도 확인된 바 없습니다. 아무튼 경인년의 '진흥왕거'라는 명문 하나만으로도 신라사를 새롭게 구성하고, 당시의 정치·사회 변화상을 엿볼 수 있는 획기적 자료임이 틀림없습니다.


### 화랑들의 유람터이자 수련 장소

임금만 성류굴을 찾은 것이 아닙니다. 대나마, 길사舌士(14관등),

그리고 병부사兵府史(12~17관등이 취임하는 자리) 등 비교적 지위 낮은 관리들도 개인적으로 성류굴을 찾았다는 사실을 알 수 있습니다. 성류굴 유람을 위해 관청에 휴가를 청하고 와서는 "내가 왔다 가노라!" 하고 낙서를 새겼을 겁니다.

특히 심현용 학예연구사 등이 발견한 '정원 14년'의 낙서는 세 종류입니다. '범렴梵廉' '청충淸忠' '향달向達' 등의 이름이 보이는데, 그중 범렴은 승려일 가능성이 높습니다. 또한 앞서 언급했듯 고랑高郎, 임랑林郎, 신양랑伸陽郎, 부문랑夫勿郎, 고랑古郎 등 화랑인 듯한 이름도 보입니다.

그리고 '향도香徒'라는 단어가 두 번 보이는데, 신앙 집단을 의미하기도 하지만 여기서는 김유신의 '용화향도龍華香徒'처럼 화랑도의 별칭일 수 있습니다. 이로 미루어보면 성류굴은 화랑이나 승려 등이 찾아오는 명승지이자 수련 장소였을 겁니다. 그리고 '오五' 자를 마치 모래시계처럼 그린 낙서가 더러 보이는데, 이런 필체는 울진 봉평리 신라비(524년 제작)의 '五'와 흡사합니다. 낙서의 연대를 6세기 초반, 즉 삼국시대로 볼 수 있는 여지를 남긴 것입니다.

옛사람들의 낙서가 성류굴에만 있었던 건 물론 아닙니다. 1970년 12월 24일에 발견된 울주 천전리 암각화(국보)에도 선사인들의 '알 수 없는' 그림(기하학 문양과 각종 동물상)과 함께 신라 화랑들의 낙서가 어우러져 있습니다. 특히 선사인들의 그림 위에 영랑永郎, 법민랑法敏郎 등 화랑들의 낙서가 있다는 게 흥미롭습니다. 그중 법민랑은 삼국을 통일한 김법민, 즉 문무왕의 화랑 시절 이름이죠. 이곳 역시 화랑들이 즐겨 찾던 명소이자 수련장이었음을 알 수 있습니다. 낙서 중에 특히 두 문장이 눈에 띕니다.

"을사년(525)에 갈문왕葛文王이 놀러 와서 처음으로 골짜기를 보았다. (…) 함께 온 벗은 누이인, 아름다운 덕을 지닌 밝고 신묘한 어사추여랑於史鄒女郞 님이다. (…) 정사년(537)에 갈문왕이 죽었다. 그비 지소부인只召夫人이 갈문왕을 사랑하고 그리워하여 기미년(539) 7월 3일, 갈문왕과 누이(어사추여랑)가 함께 보았던 서석書石을 보러 계곡에 왔다. 무즉지태왕비另卽知太王妃, 부걸지비夫乞支妃(법흥왕비), 사부지왕자徙夫知王子(갈문왕의 아들, 훗날의 진흥왕)가 함께 왔다."

쉽게 풀면 이런 뜻입니다. 갈문왕은 법흥왕의 동생인데, 누이인 어사추여랑과 연인 관계였죠. 둘은 525년 천전리 계곡을 찾아 사랑을 약속했고요. 그런데 어찌 된 일인지 갈문왕은 어사추여랑과 백년가약을 맺지 못합니다. 형님(법흥왕)의 딸이자 조카인 지소부인과 혼인하거든요. 그런데 갈문왕은 왕위를 잇지 못한 채 537년에 죽고, 갈문왕의 부인은 죽은 남편을 기리며 생전에 남편이 어사추여랑과 천전리 계곡을 찾아와 새겨놓은 명문을 살펴보았다는 겁니다. 이 낙서에는 갈문왕과 누이, 조카 등이 어우러진 근친 간 사랑과 정략결혼 등 예사롭지 않은 사연이 응축되어 있습니다. 그러나 비난할 필요는 없습니다. 잘 알려져 있듯 신라는 근친혼이 통했던 사회니까요.

성류굴과 천전리 각석에서 보듯 선사인이든 신라인이든 뭔가 공백이 있으면 끄적대고 싶은 본능을 감출 수 없었나 봅니다. '낙서하는 인류'라 표현해도 좋을 것 같습니다.

2부 인물과 인연

**17**

# 민간인이 쓴 '난중 일기'

이순신과 원균 그리고 전쟁의 비통함을 기록하다

◇ 　　임진왜란을 기록한 공식 사료는 당연히 〈선조실록〉과 〈선조수정실록〉이겠죠. 그러나 우리 조상들은 그 어떤 민족보다 기록에 진심이었습니다. 진중 일기인 이순신의 《난중일기》, 관리로서 임진왜란을 치른 류성룡의 《징비록》이 대표적이죠. 또한 선조의 피란길을 수행한 김용金涌의 《호종일기扈從日記》, 의병장 김해의 《향병일기》, 정경운鄭慶雲의 《고대일록孤臺日錄》, 전쟁 포로로 일본으로 잡혀갔다가 돌아온 노인魯認의 《금계일기錦溪日記》 등이 있습니다.

### 자잘하고 보잘것없는 이의 피란 일기

　그중 민간인 신분으로 전쟁 상황을 기록한 일기가 있습니다. 바로 오희문吳希文의 《쇄미록瑣尾錄》(보물)입니다. 평생 과거에 급제하지

3장　왕과 백성들이 남긴 흥미로운 기록들　　　　**183**

못한 선비 오희문이 임진왜란을 전후해 1591년(선조 24) 11월 27일부터 1601년 2월 27일까지 9년 3개월(3,368일)간 쓴 피란 일기로, 모두 7책 1,670쪽에 51만 9,973자에 달합니다.

오희문은 임진왜란 발발 5개월 전인 1591년 11월 27일 한양을 출발해 남행길에 올랐는데, 남부 지방에 사는 노비들로부터 신공身貢(노비가 주인집에 노동력을 제공하지 않는 대신 내야 했던 현물)을 거둬들이고, 겸사겸사 외가(충청 영동)에 들르고 처남(전라 장수)과 매부·누이(전라 영암) 등을 만나보려 했습니다. 그러나 여행 도중 전라도 장수에서 가족과 생이별을 해야만 했죠. 임진왜란이 일어난 겁니다. 이후 장수, 홍주, 임천(부여), 평강(아들의 부임지) 등지를 떠돌다가 한양으로 돌아오면서 그의 피란 일기는 끝이 납니다.

'쇄미'는 《시경》〈패풍邶風·모구旄丘〉의 "자잘하고 보잘것없이 떠도는 사람이로구나! 瑣兮尾兮 流離之子"라는 구절에서 따온 것인데, 한마디로 '피란 일기'라는 뜻이죠.《쇄미록》은 전쟁 당시 입수한 국왕의 교서와 각종 공문서·편지 등을 수록하고, 저자 본인의 피란 생활은 물론 전쟁 중 고통받는 민중의 삶을 생생한 필치로 그려냈습니다. 전쟁을 겪는 다양한 인간 군상의 모습은 실록이나 다른 문헌에서는 볼 수 없는 자료입니다. 무엇보다 당대 백성들 사이에 흘렀던 밑바닥 여론의 동향을 살필 수 있죠.

2022년 개봉한 영화 〈한산: 용의 출현〉에서 재조명한 한산대첩을 《쇄미록》은 어떻게 다뤘는지 살펴볼까요?

"우수사는 이달 초(7월 8일) 전라좌·우수군과 함께 나가서 적선 80척을 나포해 700여 명의 수급을 베었다. 초열흘에도 또 적선을

--- 《쇄미록》은 관리나 의병이 아닌 민간인 신분인 선비 오희문이 전쟁 상황을 기록한 피란 일기다. 국립진주박물관 소장.

만나 80여 척을 사로잡았다.”

한산대첩을 보통 이순신 장군의 업적으로 알고 있지만《쇄미록》은 약간 다른 뉘앙스를 풍깁니다. 위의 기사에서 언급한 '우수사'는 바로 경상우수사 원균元均을 가리킵니다. 원균의 주도 아래 전장에 나서서 대승을 도운 전라좌·우수군의 지휘관은 이순신(전라좌수사)과 이억기李億祺(전라우수사)이고요. 《쇄미록》에는 한산대첩 이전에도 원균 관련 기사가 제법 있습니다. “들으니 경상우수사 원균이 지난 달에 적선 10여 척을 불태웠다.”“수군절도사 원균이 또 적선 24척을 불사르고 적병 7명의 수급을 베었다니 근심이 풀렸다.”'~들으니'라는 표현이나 원균의 승전보에 근심이 풀렸다는 내용은 당대 민간의 여론을 가감 없이 전한 것으로 보입니다.

오희문은 또한 1597년 4월 5일 "삼도수군통제사가 된 원균이 왜선 2척을 포획하고 왜적 65명의 수급을 베었다"면서 참으로 기뻐합니다. 또 그해 7월 29일 원균의 칠천해전 대패를 전하면서 "흉적(왜군)이 불의에 야습해서 함락됐으며, 통제사 원균 등이 모두 죽었다"며 "매우 놀랍고 한탄스럽다"고 말합니다. "적이 오래도록 (전라도에) 침범하지 못한 것은 한산도에서 막았기 때문이다. 이제 남해 제해권을 왜적에 내줬다."

## 이순신과 원균은 왜 원수가 되었을까

이순신과 관련해서는 어떨까요? 《쇄미록》은 "전라좌수사 이순신이 (…) 적선 42척을 불태웠다"는 옥포해전(1592년 5월)과 경상우수사 원균, 전라우수사 이억기 등과 함께 대승을 거둔 한산대첩(7월 8일)의 전과를 소개한 뒤 "초열흘에도 적선 80여 척 등을 나포했다"고 기록했습니다.

1598년 12월 3일에는 왜군의 철병 소식을 전하며 "(노량해전에서) 이순신이 탄환을 맞아 죽었다고 한다"면서 "나라의 불행을 어찌 말로 다 할 수 있겠느냐"고 슬퍼합니다. 그리고 이후 다시 이순신의 죽음과 그의 삶을 조명합니다.

"전사한 이순신은 난리 초부터 전라도의 보루가 되었는데, 지금 왜적의 탄환에 죽었으니 애석하다. 지금 조정에서 전쟁이 끝났다며 호들갑을 떨고 있다. 그러나 이순신이 죽었으니 누가 조선의 바다를 지키겠는가."

2부 인물과 인연

민간인 오희문이 이순신에게도 원균에게도 어떤 선입견을 품고 있지 않았다는 걸 알 수 있습니다. 세간의 평가 역시 그랬을 겁니다. 다만 《쇄미록》엔 심상치 않은 내용이 있습니다.

　"충청도 병마절도사 원균은 난리 초기에 경상우수사로서 많은 공로를 세워 종2품으로 승진했다. 그런데 전라좌수사 이순신과 사이가 벌어져 서로 저촉되는 일이 많다 보니 형세상 서로 용납하지 못해 충청 병마사로 관직을 옮긴 것이다."

　안타깝게도 이 내용은 사실입니다. 이순신과 원균의 갈등은 옥포 해전의 공을 제대로 인정받지 못한 원균의 불만에서 시작됐으니 말입니다.

　"원균이 이순신에게 구원병을 청하여 적을 물리치고 연명으로 장계를 올리려 했다. 그러나 이순신이 '천천히 하자'고 말해놓고는 밤에 장계를 올리면서 '원균이 군사를 잃어 의지할 데가 없었던 것과 적을 공격함에 있어 공로가 없다'는 상황을 모두 진술했다. 원균이 이 소식을 듣고 대단히 유감스러워했다."(〈선조수정실록〉 1592년 6월 1일)

　〈선조수정실록〉은 또한 "이때 두 사람이 각각 장계를 올려 공을 다투었는데, 둘의 틈이 그로부터 생겼다"고 밝히고 있습니다.

　이후 전공을 둘러싼 두 사람의 반목은 극심해졌습니다. 얼마나 대단했던지 1594년 11월 12일 선조가 참석한 조정 회의에서 둘의 갈등을 두고 심도 있는 논의가 벌어졌습니다. 이때 선조는 "이순신이 왜적을 포획한 공은 가장 많을 것"이라고 인정하면서 "지병(습증)에도 불철주야 해상에서 죽기를 각오한 원균에게 전공과 관련된 불만이 있다면 이 또한 잘못된 것"이라며 원균의 처지도 이해했습니다. 결국 이 자리에서는 "원균도 사졸이 따르니 가장 쓸 만한 장수요, 이순신도 비상한 장수인데 둘이 다투면 큰일"이라면서 "두 사람에게 '그만하라'는 글을 내려 질책하는 게 좋다"는 정탁鄭琢의 상언을 채택합니다. 섣불리 둘 중 하나라도 경질한다면 수군이 동요할 것이라는 염려가 통한 거죠.

따지고 보면 이순신·원균의 알력에서 원균을 더욱 불리하게 만든 것이 있죠. 바로 이순신 장군의 《난중일기》입니다. 생각해보면 일기는 누구에게 보이기 위한 목적으로 쓴 글이 아니죠. 그래서 자신의 심중을 숨김없이 적나라하게 드러내기 마련입니다. 그러니 이순신의 일기에 지휘권과 전공, 관할구역 등을 두고 못마땅하게 여겼던 원균을 곱게 볼 리 만무하죠. 이순신은 《난중일기》에 원균을 80~120번 정도 언급했는데, 절대다수가 원색적인 비난입니다.

"원균의 술주정에 배 안의 모든 장병이 놀라고 분개하니 고약스러움은 이루 다 말할 수 없다." "원균이 잔뜩 취해서 흉악하고 도리에 어긋나는 말을 함부로 했다. 해괴했다." "원균이 온갖 계략으로 나를 모함하려 덤비니 이 역시 운수다. 뇌물로 실어 보내는 짐이 서울 길에 잇닿아 있다."

위 인용문은 빙산의 일각입니다. 다른 생각도 듭니다. 이순신 장군 역시 자신이 그날그날의 심경을 담아 쓴 일기가 400여 년 후 이렇게 공개적으로 탈탈 털리게 될 줄 몰랐겠죠. 어떻든 결과적으로 이순신의 원색적 비난을 받은 원균은 모함꾼, 비겁자, 술주정뱅이가 되었습니다. 원균의 치명적 약점은 자신의 일기를 남기지 않았다는 겁니다. 〈선조실록〉이나 〈선조수정실록〉 외에는 변명의 수단이 없습니다.

하지만 훗날 이순신 경질(1597년 1월) 후 삼도수군통제사가 된 원균은 조선 수군을 궤멸 상태로 빠뜨린 칠천해전 패전의 책임자인 것은 분명합니다. 장수로서 패전의 책임은 져야겠죠. 그렇지만 원균은 전쟁이 끝난 뒤 이순신·권율 등과 함께 나란히 '선무1등공신'으로 책록됐습니다.


## 《쇄미록》에 담긴 끔찍한 전쟁 통의 삶

비단 이순신과 원균의 이야기뿐 아니라, 《쇄미록》은 전쟁의 소용돌이에 빠진 사람들의 민낯을 여과 없이 보여줍니다. 전라도 장수를 여행하던 오희문이 임진왜란 개전(4월 13일) 소식을 들은 것은 사흘 후인 16일이었습니다. 왜군이 파죽지세로 밀고 올라오자 오희문은 백성을 팽개치고 줄행랑친 선조 임금을 원망하는 글을 남깁니다.

"만일 주상께서 도성을 굳게 지키고 장수에게 명하여 미리 준비해 막고 (…) 필사의 각오로 길을 끊었다면 적이 어찌 침범하겠는가. 그런데 먼저 도망가니 몹시 애석한 일이다."

그러곤 선조의 몽진을 수행하던 중 사초史草(사관이 매일 작성한 국정 기록)를 불구덩이에 던져 넣고 도망친 사관 4명(임취정·박정현·조존세·김선여)에 대해 "이런 개돼지 같은 무리"라고 욕합니다. 이들 때문에 선조 즉위년(1567)부터 임진왜란 개전까지 25년의 기록이 깡그리 사라져버렸으니 험한 말을 들어도 싸죠. 《쇄미록》이 전하는 전쟁의 참상은 끔찍합니다.

"경상도 관찰사가 백성을 동원해 농사철까지 '지키지도 못할' 성을 쌓는 바람에 원망이 하늘을 덮었다. 그래서 '성을 높이 쌓은들 누가 지키며 싸우랴. 성은 성城이 아니라 백성百姓이 바로 성이라네' 하는 노래를 만들어 불렀다."

"길에서 굶어 죽은 사체 곁에 두 아이가 울고 있었다. 그 어미라 하는데, 뼈를 묻으려 해도 그럴 힘이 없다."

"굶주림 때문에 심지어 육촌도 죽여 씹어 먹는다고 한다. (…) 요즘은 혼자 가는 사람을 죽여 잡아먹는다. (…) 사람의 씨가 다 말라갈 지경이다."

"긴 나무에 사람의 머리를 베어 무수히 걸었는데, 부패해서 살과 뼈는 떨어지고 머리털만 걸려 있거나 망건이 대롱대롱 매달려 있다고 한다. 분한 마음을 이기기 어렵다."

"왜적은 영남 양반가 여성 중 얼굴이 고운 자를 뽑아 먼저 간음한 다음 일본으로 가는 배편에 보냈다."

"왜적의 포로가 된 여인이 적들에게 돌아가며 강간당해 자결하려 했지만 뜻을 이루지 못했다."

한편, 《쇄미록》 곳곳에는 부모와 아내, 자식을 사랑하는 마음도 담겨 있습니다.

"전쟁 통에 헤어진 어머니를 그리워하며 통곡하고 (…) 창자가 갈기갈기 찢긴다."

"새벽에 꿈을 꾸었는데, 아내가 옛날과 같이 집에 있었다. 막내딸 '단아'는 분을 바르고 깨끗이 단장했는데, 내가 무릎 위에 안고 그

볼을 만졌다."

하지만 오희문이 그토록 사랑한 막내딸 단아는 1597년 2월 1일 숨을 거두었습니다.

"내가 외출했다가 돌아오면 단아가 나와 기다렸다가 띠를 풀어주고 옷을 벗겨주었는데, 이제는 그렇게 할 수 없다. 애통한들 어찌 겠느냐."

### 불멸의 역사가가 된 선비

오희문은 평생 과거에 급제하지 못했습니다. 평생을 포의布衣로 지냈죠. 그러나 그 어떤 장원급제자도 부럽지 않을 것 같습니다. 한 몸 추스르기도 어려운 시절에 꼬박꼬박 참혹한 역사를 기록해나갔고, 그 복이 후손들에게 미쳤으니 말입니다.

《쇄미록》 1597년 3월 19일의 일기를 보면 "맏이(오윤겸)가 선조 5대조 이하에서 처음 급제했다. 가문의 경사를 어찌 말로 표현할 수 있겠는가" 하고 기뻐합니다. 오윤겸吳允謙은 인조 연간에 영의정을 지낸 인물이죠. 그리고 둘째 오윤해吳允諧의 아들 오달제吳達濟는 병자호란 당시 충절의 상징인 삼학사(홍익한, 윤집, 오달제) 중 한 분입니다.

그러고 보면 오희문은 세상 부러울 게 없는 삶을 살지 않았나 싶습니다. 벼슬 없이도 이름 석 자를 청사에 길이 남겼으니까요. 국립진주박물관이 2020년 개최한 특별전의 이름이 〈오희문의 난중 일기〉였습니다.

# 18

## 춤을 사랑한 효명세자

궁중 예술의 총감독이 되다

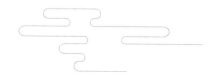

◇　　　같은 주제의 그림 2점(현재 2점이 전해지며, 고려대박물관과 동아대박물관에 각각 소장되어 있다)이 사이좋게 대한민국 국보로 지정되어 있습니다. 경복궁의 동쪽 궁궐인 창덕궁과 창경궁을 그린 〈동궐도〉가 그것입니다. 1828~1830년에 그린 것으로 추정되는데, 1828년 건립한 연경당과 1830년에 소실된 환경전, 경춘전, 함허정 등이 보이기 때문입니다.

〈동궐도〉를 보면 마치 드론으로 찍은 사진처럼 한눈에 두 궁궐의 전체 모습을 조망할 수 있습니다. '천天·지地·인人' 도장을 찍은 3점을 1세트로 제작했는데, 그중 16개 화첩으로 된 고려대박물관 소장본에는 '人' 자가 찍혀 있습니다. 제작 후 16개 화첩을 16폭 병풍으로 꾸민 동아대 석당박물관본은 '天'이나 '地' 중 하나에 해당할 것으로 추정됩니다.

── 조선 후기 순조 때 도화서 화원들이 동궐인 창덕궁과 창경궁의 전각 및 궁궐 전경을 조감도 형식으로 그린 〈동궐도〉이다. 동아대박물관 소장본.

## 〈동궐도〉에 숨은 '잠룡'의 정체

〈동궐도〉에는 비밀이 담겨 있습니다. 그림 주인공의 자취가 숨어 있다는 뜻이죠. 그 주인공은 순조의 아들 효명세자입니다. 효명세자는 2016년에 방영된 드라마 〈구르미 그린 달빛〉에서 박보검 배우가 연기한 주인공, 바로 그분입니다.

2023년 초, 국립문화유산연구원 미술문화유산연구실이 펴낸 단행본 《유물과 마주하다》에 당시 부왕(순조)을 대신해 정사에 임한 효명세자의 동선을 상세하게 파악한 글이 실렸습니다. 물론 효명세자가 3년 3개월간 대리청정(1827~1830)했던 각 전각들이 중심이지요. 그 밖에 세자가 어린 나이에 짊어졌던 정사의 부담을 덜고 각종 취미 생활을 했던 전각도 소개했습니다. 나아가 궁중음악의 가사를 쓰고 안무를 짜며 무대연출을 구상했던 사적 공간까지 알 수 있죠. 효명세자가 누구이기에 이처럼 팔방미인이었을까요? 우선 그가 남긴 시를 볼까요?

> 연못에 잠긴 용이 있으니
> 구름을 일으키고 나와 안개를 토하더라
> 이 용이 조화가 많으니
> 사해四海의 물을 움직이도다

이 시의 제목은 〈잠룡潛龍〉입니다. 조선의 세자로서 언젠가 왕위에 올라 나라와 백성을 위해 일하겠다는 각오를 다진 시죠. 그러나 효명세자는 결국 그 꿈을 펼치지 못했습니다. 〈순조실록〉에는 22세 때인 1830년 "윤 4월 22일 효명세자가 각혈 때문에 약을 먹었다"고 쓰여 있는데, 처음에는 별것 아닌 증세 같았지만 끝내 회복하지 못하고 결국 보름도 안 된 5월 6일 급서하고 맙니다. 효명세자는 사후 익종(훗날 문조)으로 추존되었습니다. 세자 신분으로 서거했지만 임금 대접을 받았다는 뜻입니다.

조선을 통틀어 사후에 '추존왕'에 오른 이는 효명세자를 포함해 9명이나 됩니다. 하지만 그중 효명세자만큼은 '국왕 대우'를 받아야 한다는 평가가 만만치 않습니다. 부왕의 명에 따라 실제로 1827년 2월 18일부터 1830년 5월 6일까지 조선을 다스렸기 때문입니다. 특히 효명세자의 저술이 역대 임금들의 시문을 모아놓은 《열성어제列 聖御製》에 실려 있습니다. 추존왕의 글이 《열성어제》에 포함된 것은 효명세자가 유일합니다.

그럼 효명세자가 어떤 분인지 〈순조실록〉을 살펴볼까요?

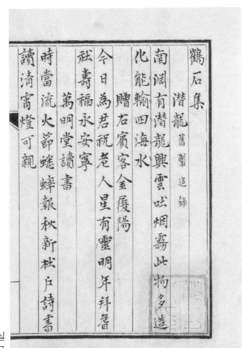

── 효명세자의 〈잠룡〉이 실
린 시문집 《학석집》이다. 한국
학중앙연구원 장서각 소장.

"세자는 이마가 솟은 귀한 상이었고, 용龍의 눈동자로 용모가 빼
어나고 아름다웠다. 궁내의 모든 이가 장효왕莊孝王(정조)과 흡사하
다고 입을 모았다."

국립고궁박물관에는 18세의 세자 예진이 남아 있는데, 불행히도
궁중 유물의 부산 피란 시절인 1954년 12월에 일어난 대형 화재 때
문에 화면의 절반 이상이 불에 타버렸습니다. 만약 불이 나지 않았다
면 조선의 미남상이 어땠는지, 또 같이 불타버린 조선의 중흥군주中興
君主 정조의 얼굴이 어땠는지 가늠할 수 있었을 텐데 아쉽습니다.

── 1826년(순조 26)에 그린 효명 세자(문조)의 예진. 국립고궁박물관 소장.

　〈순조실록〉은 세자의 비범함을 보여주는 일례를 이렇게 소개합니다. 즉, 세자로 책봉된 4세 때(1812) 홍경래의 난이 평정되었다는 소식이 들리자 젖을 먹고 있던 세자가 웃으면서 "쾌快하고 좋구려!"라고 말했다는 겁니다. 유모가 그 이유를 묻자 네 살짜리 세자는 "도둑이 벌써 잡혔으니 어찌 쾌하고 좋지 않겠느냐"고 대꾸했답니다. 또 식사를 하다가 밥알을 떨어뜨리면 반드시 주워 삼키면서 "하늘이 내려준 것을 소홀하게 할 수 없다"고 했다지요.

그렇게 15년간 '잠룡'으로서 대권 수업을 받은 효명세자는 19세 때인 1827년(순조 27) 대리청정에 나섭니다. 당시 순조는 불과 38세였는데, 왜 그런 창창한 나이에 왕권을 아들에게 물려줄 생각을 했을까요? 우선 건강 문제가 컸습니다. 어려서부터 수두, 홍역, 천연두 등 전염병이란 전염병은 모두 앓았죠. 게다가 11세의 어린 나이에 왕위에 올랐는데, 서슬 퍼런 증조할머니(정순왕후)의 3년에 걸친 수렴청정에 주눅이 들었고, 이후에는 처가 김조순金祖淳의 안동 김씨 세도정치에 기를 펴지 못했죠. 그 와중에 극심한 불면증에 신경쇠약과 소화불량에 시달렸습니다.

또한 당시 조선의 정세가 매우 어수선했습니다. 흉년과 가뭄이 계속됐으며, 홍경래의 난을 진압했지만 시중에는 여전히 '홍경래 불사론'이 떠돌 만큼 민심이 흉흉했습니다. 순조로서는 이 총체적 난국에 세자의 처가인 풍양 조씨 세력을 내세워 안동 김씨의 세도를 견제하고 싶었을 겁니다. 추락한 왕권을 강화하려고 대리청정이라는 승부수를 둔 겁니다. 순조는 1827년 2월 18일 효명세자에게 대리청정의 명을 내리면서 "병형兵刑(군권과 형벌권)의 긴요한 일이 아니면 세자가 모두 처리하라"고 이릅니다. 효명세자는 그런 부왕의 의도를 간파한 것 같습니다. 세도를 휘두르던 안동 김씨 일가를 줄줄이 쫓아냈으니 말입니다.

## 궁중 잔치를 왕권 강화의 무대로

효명세자는 그 빈자리를 친위 세력으로 채웠습니다. 외척 정치에 반대하고 청의淸議(깨끗하고 공정한 여론)를 기치로 내건 김로金鏴, 홍기섭洪起燮, 김노경金魯敬, 이인부李寅溥 등이었죠. 이 네 사람은 훗날 '효명세자의 4간신'으로 지목되죠. 세자의 처가였던 풍양 조씨 가문의 조만영趙萬永 등이 세자를 뒷받침했습니다. 그사이 효명세자는 국정 개혁을 위해 애썼습니다. 우선 서울의 소수 가문 자제를 주로 뽑는 과거의 폐단을 개혁하고, 전국에서 신진 세력을 널리 등용했습니다. 과거의 횟수도 대폭 늘렸고요.

비판도 만만치 않았습니다. 일례로 1827년 홍문관 부수찬(종6품) 강태중姜泰重이 '효명세자의 시험 남발'을 극렬히 비판했습니다. 그러자 세자는 "대리청정한 지 몇 달이 지났는데 그대같이 직언하는 이는 없었다"면서 오히려 강태중을 사간원 대사간(정3품)에 임명했습니다. 직언한 신하를 벌주기는커녕 간관의 꽃인 사간원의 수장으로 발탁한 파격 인사였죠.

효명세자는 1829년 암행어사를 각 지방에 파견해 탐관오리의 작태를 낱낱이 파악하도록 했습니다. 그해 5월 29일에는 함경도와 영남·호서·호남 등의 굶주린 백성 260만 명에게 곡식과 각종 구호물자를 내려보냈습니다.

무엇보다 효명세자 하면 우선 떠오르는 이미지가 있습니다. '문예 군주'의 향기를 물씬 풍긴다는 겁니다. 예컨대 22세에 요절한 효명세자는 400여 제의 시를 남겼는데, '조선의 문예 군주'라는 정조가 49년을 살면서 남긴 시가 200제를 넘지 않았거든요. 효명세자의

　　　　　　　　　　　　　　　2부 인물과 인연

뛰어난 문학적 재능을 짐작할 수 있습니다.

효명세자는 여동생들을 끔찍이 예뻐했는데, 특히 한 살 어린 누이동생(명온공주)에게는 사흘 간격으로 시를 보냈습니다. 동생에게 보내는 친필 시에는 한시를 원문으로 적고, 한글 음과 번역까지 첨부했죠. 어려운 어구는 한글로 주석까지 달아놓았습니다.

> 수레를 보낸 지 이미 3일이 되니
> 암암리에 내 마음이 생각하는도다
> 슬퍼함에 저녁 산을 대하니
> 나무에 가득한 매미가 울 때로다
> 送송車거已이三삼日일
> 暗암暗암我아心심思사
> 怊초悵창對대山산夕석
> 滿만樹수蟬선鳴명時시
> _〈기매씨寄妹氏〉

## 궁중 공연의 총감독 효명세자

효명세자의 업적 중에서도 으뜸은 바로 궁중 예술의 꽃인 '정재呈才(노래와 춤, 음악이 어우러진 종합예술)의 황금기'를 이뤘다는 것입니다. 정재는 궁중 연회에서 여령女伶(여성 연예인)과 무동(춤추는 아이) 등이 공연하던 춤과 노래를 말합니다. 대리청정에 임한 효명세자는 3년 3개월의 재임 기간 중 세 차례에 걸쳐 대규모 궁중 연회를 개최했습니다. 1827년 9월 9일 아버지 순조에게 존호를 올린 뒤 베푼 '자경전진작정례의慈慶殿進爵整禮儀', 1828년 어머니 순원왕후의 40세 생일을 기념한 '무자진작의戊子進爵儀', 그리고 1829년 순조의 등극 30년과 탄신 40년을 기린 '기축진찬의己丑進饌儀'가 그것입니다.

그러나 당시는 궁궐에서 그렇게 흥청망청 잔치를 벌일 상황이 아니었습니다. 천주교 탄압과 외척의 득세, 신분 질서의 와해 등으로 사회 혼란이 가중된 때였죠. 설상가상으로 크고 작은 천재지변이 일어나고 전염병이 번져 백성이 도탄에 빠져 있었습니다. 물론 왕조시대에 궁중 잔치는 단순한 '놀자판 행사'가 아니었습니다. 성리학에서는 예악을 다스리는 군주야말로 성군으로 칭송받았기 때문이죠.《예기》〈악기樂記〉는 "군왕이 음악을 만든 것은 천지의 이치에 따라 백성을 다스리려고 했기 때문"이라고까지 했습니다. 그렇다면 효명세자가 그 힘겨운 시기에 세 번이나 궁중 잔치를 벌인 속내는 무엇이었을까요?

아무리 나는 새도 떨어뜨린다는 세도가라 해도 궁중 잔치에 참석하면 군왕에게 머리를 조아리고 충성을 다짐해야 했습니다. 요컨대 효명세자의 궁중 잔치는 두 가지 효과, 즉 효를 내세워 위로는 부왕을 섬기고 아래로는 신하들에게 충성을 이끌어냄으로써 실추된 왕실의 권위를 되살리려 했던 겁니다.

더 흥미로운 사실은 효명세자가 궁중음악의 가사를 직접 썼을 뿐 아니라, 각종 공연의 총감독(총연출자)을 맡아 진두지휘했다는 겁니다. 효명세자 연간에 공연한 정재는 40종목 정도 되는데, 그중 23종목이 효명세자 시기에 새로 등장한 것이고, 그중 20종목의 가사를

2부 인물과 인연

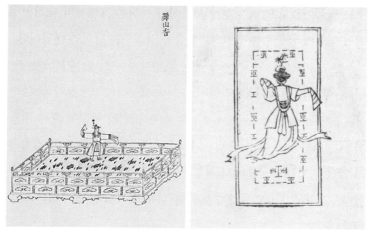

—— 효명세자가 창작한 작품 가운데 무산향과 춘앵전 등 1인 무용극이 눈에 띈다. 국립고궁박물관 소장.

효명세자가 직접 썼습니다. 그 20종목 중 17종목은 효명세자의 순수 창작품이고, 3종목은 본래 전승되어온 정재의 가사와 곡조, 춤의 구성 등을 그 시대에 맞게 완전히 바꾼 것입니다. 중국 문헌에 이름만 남아 있고 실체가 전해지지 않았던 '고구려무'를 새로운 춤으로 재창작하기도 했습니다. 신라 시대 화랑의 이야기에서 영감을 얻은 '사선무四仙舞' 등도 다시 만들었고요.

효명세자의 창작품 중 가장 눈에 띄는 것은 새로 등장한 '춘앵전春鶯囀'과 '무산향舞山香' 등 1인 무용입니다. 기존의 정재는 대부분 대형隊形 중심, 즉 군무 스타일이었거든요. 그런데 춘앵전은 한 마리 꾀꼬리인 듯 댄서 1인이 아주 작은 돗자리 무대 공간에서 나아갔다가 물러나고 빙글빙글 돌면서 춤을 추는 작품이었습니다. 무산향은 대모반玳瑁盤(침상처럼 생긴 이동 무대)에 댄서 1인이 올라가 춤을 추는 작품이었고요. 춘앵전과 무산향의 등장은 효명세자 대리청정기인 이때가 궁중무용의 전성기였음을 알려주는 단적인 예입니다.

물론 모든 창작·안무·연출 등을 효명세자 혼자 할 수는 없는 일이죠. 함화진咸和鎭의 《악인열전樂人列傳》에는 1827년 전악典樂(조선 시대 장악원掌樂院에서 음악 업무를 맡은 정6품 잡직)의 자리에 오른 김창하金昌河라는 인물이 눈에 띕니다. "효명세자의 총애를 받은 김창하가 악단을 이끌고 궁중에서 머물면서 세자 앞에서 시시때때로 연주했다." 김창하가 효명세자를 보좌해 '다수의 정재'를 창작했다는 겁니다.

〈순조실록〉에는 "1827년 3월 11일 효명세자가 장악원 소속 대년악생待年樂生(일종의 연습생) 72명에게 봉급을 주어 춤을 연습하도록 명했다"는 기록이 있는데, 요즘으로 치면 효명세자가 기획사를 차려놓고 김창하 등과 함께 연습생을 훈련시킨 뒤 궁중음악을 창작·편곡·연출한 대표 프로듀서였다는 사실을 알 수 있습니다. 결국 효명세자는 아버지(순조)와 어머니(순원왕후)를 위한 궁중 잔치禮와 이를 위한 공연樂 등 전체 의례를 연출한 총감독이었던 겁니다.

### 효명세자가 요절하지 않았다면

그렇게 정치를 통해, 음악을 통해 실추된 왕권을 되살리고 밝은 정사를 펼치려던 효명세자의 꿈은 단 3년 3개월 만에 물거품이 되고 맙니다. 세자가 죽자 그의 흔적은 곧바로 지워지기 시작하고, 효명세자가 기용한 인사들도 줄줄이 쫓겨나죠. 아버지 순조가 통곡합니다. "하늘이 너를 빼앗아감이 어찌 그렇게도 빠른가. 장차 우리나라를 두드려서 망하게 하려고 그러는 것인가."(《순조실록》 1830년 7월 12일) 과연 순조의 말처럼 조선은 헌종과 철종을 거치면서 급전직하하죠.

저는 효명세자 자료를 들춰볼 때마다 좀체 풀리지 않는 난제에 허우적거립니다. 효명세자가 만약 정식으로 왕위를 물려받아 오래 다스렸다면 조선의 형편은 나아졌을까요? 솔직히 비관적인 생각이 듭니다. 18세기 초·중반에 서구 열강은 이미 산업혁명을 이루며 완전히 바뀐 세상에 살고 있었죠. 그런 시기에 시대착오적 예악 정치로 왕권을 강화할 생각에 여념이 없었다니요. 더욱이 백성은 도탄에 빠져 있는데 말입니다.

그래도 8세에 왕위를 이은 헌종이나 아무런 준비 없이 덜컥 임금 자리에 오른 '강화도령' 철종보다는 낫지 않았을까 싶네요. 효명세자는 군주 수업을 제대로 받은 똑똑한 인물이었으니까요. 외우내환에 시달리던 조선을 구할 극적인 비책을 마련하지 않았을까요? 역사에 가정법은 없지만 긍정적인 상상을 한번 해봅니다.

**19**

# 어진에 담긴 정신
어진은 초상화가 아니라 사진이다

◇　　2020년 8월, 아주 특이한 문화유산 4점이 국가등록문화유산 반열에 올랐습니다. 조선 임금 네 분의 초상화(어진)가 그것입니다. 등록문화유산이란 개화기부터 한국전쟁 전후에 건설·제작·형성된 이른바 근대 문화유산을 정식 문화유산으로 등록하는 제도를 말합니다. 그런데 이상한 생각이 듭니다. 조선 임금의 초상화가 근대 유산이라는 것도 그렇고, 그 4점의 임금 초상화를 보면 하나도 온전한 게 없다는 것도 그렇습니다. 예를 들면 태조의 어진은 매서운 눈과 귀만 보이고, 추존왕 원종元宗(인조의 아버지)은 왼쪽 뺨과 귀 부분이 없으며, 순조는 귀밑머리와 귀만 보이고, 순종은 왼쪽 뺨과 코·눈이 싹 다 날아갔습니다. 불에 타버린 이런 어진이 무슨 가치가 있다고 문화유산으로 대접하는 걸까요?

## 화재로 수난당한 임금들의 얼굴

조선왕조의 어진은 전란과 화재로 수난을 당합니다. 임진왜란·정유재란(1592~1598), 이괄의 난(1624), 정묘호란(1627), 병자호란(1636~1637)에 이어 1900년(광무 4) 경운궁 실화까지. 그때마다 영정모사도감을 설치해 모사본을 제작했지요. 그러다 한국전쟁 당시 선원전璿源殿에 봉안되어 있던 12대왕의 어진 48점을 피란 수도인 부산으로 옮깁니다. 12대왕 48점은 태조(3점), 세조·원종·숙종(각 2점), 영조(6점), 정조·순조(각 4점), 문조(익종·효명세자, 3점), 헌종(2점), 철종(4점), 고종(9점), 순종(7점) 등입니다. 전란을 피해 잘 보관하겠다는 마음가짐의 발로였겠죠.

그러나 1954년 12월 26일 아침, 부산 동광동 전기공사 청부업자의 집에서 자고 있던 가사도우미가 켜놓은 촛불이 옮겨붙었습니다. 불은 판잣집 290동을 태우고 1,300여 명의 이재민이 생기는 대형 화재로 번졌죠. 그런데 그로부터 4일 뒤, 12대왕의 어진과 궁중 일기 등 약 4,000여 점 중 무려 3,500여 점이 '그날의 화재'로 잿더미가 되었다는 엄청난 사실이 밝혀집니다. 당시 부산에서는 국제시장 대화재(1950, 1953), 부산역전 대화재(1953) 등 화재가 빈발한터였습니다. 그래서 언론에서는 전쟁이 끝났으면 빨리 문화유산을 서울로 옮겼어야 하는데 어수선한 도심에 보관하는 바람에 화를 불렀다며 한탄하기도 했습니다.

용케 건져낸 어진 중 그나마 얼굴을 알아볼 만큼 온전한 것은 영조와 철종뿐이었습니다. 그리고 세월이 흘러 2020년 8월, 화마에서 살아남은 영조 어진(보물, 1900년 당대 일류 화가들이 1744년의 어진 원본을 보고 그대로 그린 작품)과 21세의 연잉군(왕위에 오르기 전 영조) 초상 (보물), 철종 어진(보물) 등 4점이 국가등록문화유산으로 지정된 것입니다. 그래서 임금의 용안을 그린 어진 중 국가지정(혹은 등록) 유산은 전주 경기전의 태조 이성계 어진(국보)까지 합쳐 모두 5점이 되었습니다. 그중 연잉군 초상화와 철종 어진은 3분의 1이 불탔지만 그래도 얼굴이 남아 있어 불행 중 다행이죠.

영조의 어진이 2점이나 남아 있어 특별합니다. 사실 영조는 어느임금보다 어진 제작에 힘을 쏟았습니다.《승정원일기》 등에 기록된것만 해도 10점이 넘어요. 10년 주기로 다양한 복장의 어진을 제작했습니다. 그중 2점이 남아 있는 셈이죠. 연잉군 초상화는 왕세제로책봉되기 약 7년 전인 연잉군 시절(1714) 부왕인 숙종의 지시로 화원 박동보가 그린 것입니다. 연잉군 시절의 초상화는 당시 8개월간병석에 누워 있던 숙종이 자신을 지극히 간호한 연잉군을 위해 제작 하사한 작품입니다. 초상화의 연잉군은 눈꼬리가 올라가고 갸름한 얼굴에 호리호리한 모습이죠. 21세의 패기는 보이지 않고 다소나약한 모습입니다. 수염도 단지 몇 올만 묘사했습니다. 아직 젊어서 수염이 많이 자라지 않은 탓도 있겠지만, 30년 뒤에 그려진 영조어진을 보면 그 이유를 정확히 알 수 있습니다.

그 영조 어진은 임금으로서 조선을 한창 통치하던 시절인 51세때(1744) 그린(1900년 모사) 초상화입니다. 그런데 여기서도 수염이그리 많지 않습니다. 원래 수염의 숱이 적었다는 것을 알 수 있죠. 영조는 늘 안색이 붉고 윤기가 있었다는데, 어진의 안면을 보면 복사꽃 빛깔의 붉은 기운이 가득합니다. 다소 소심하고 나약한 느낌

2부 인물과 인연

━ ━ ━ 연잉군 초상화(21세, 1714년). 국립
고궁박물관 소장.

의 연잉군은 사라졌고, 자신만만하고 권위적인 인상으로 변했습니
다. 상당히 뾰족한 하관과 적은 숱의 수염 등에서 변덕스럽고 깐깐
한 영조의 성격이 보입니다. 이 모사작의 원본은 영조의 생모(숙빈
최씨)를 받들던 육상궁毓祥宮에 봉안되었다가 한국전쟁 때 소실된
겁니다.

## 초상화가 아니라 사진이다

2016년 국립고궁박물관이 세조의 어진을 그린 초본草本을 경매로 구입해서 공개했는데, 이 세조 어진은 화가 김은호金殷鎬가 일제강점기인 1935년 이왕직李王職(일제강점기에 조선총독부에서 대한제국 황족과 관련한 사무를 담당하던 기구)의 의뢰를 받아 1735년(영조 11) 제작된 세조 어진의 모사본을 토대로 옮겨 그린 것이라고 합니다. 안타깝게도 김은호가 이 초본을 토대로 완성한 어진은 1954년 부산 화재로 소실되었습니다.

그렇다면 이렇게 몇 번씩 모사한 어진에 세조 얼굴이 온전하게 남아 있을까요? 단정할 수는 없지만 김은호가 왜곡하지 않았다면 세조의 원래 모습을 빼닮았을 거라고 하네요. 왜 그렇게 생각할까요? 이 대목에서 "털 한 올이라도 다르면 타인一毫不似 便是他人"이라는 북송의 유학자 정이程頤의 말을 다시 떠올립니다. 그런 정신으로 초상화를 그려야 한다는 얘깁니다.

여기서 문인화가 표암 강세황姜世晃의 자화상이 생각납니다. 이 작품을 두고 평론가 오주석은 '영락없는 잔나비상'이라며 우스갯소리로 '디스'했다지요. 그러나 표암 스스로 쓴 그림의 찬문에 이런 구절이 있습니다. "내가 몸집도 작고 얼굴도 잘생긴 편이 아니어서 사람들이 종종 날 얕잡아본다." 그러면서 말미에 "기진자사其眞自寫 기찬자작其贊自作"이라고 썼지요. "그 초상화는 내가 그리고, 그 찬문도 내가 썼다"는 거죠. 그런데 잘 보면 표암은 초상肖像, 즉 '닮을 초'와 '본뜰 상'이라 하지 않고 '사진寫眞'이라고 표현했습니다. 오주석은 이 대목을 주목하는데, 참眞의 어원은 '차다'라는 동사에서 비롯됐다는 겁니다. 내면에서 차오르는, 내면의 것을 그린다는 뜻이죠. 옛 선비들은 학문과 수양, 벼슬아치로서 경륜 이 세 가지를 보여주려고 초상화를 그렸다는 얘깁니다.

그러고 보니 왕조시대의 초상화 가운데 젊은 날의 초상은 거의 없는 것 같습니다. 꽃다운 얼굴 대신 왜 쭈글쭈글한 노인들만 그린 것일까요? 바로 '사진'이기 때문이죠. 젊은이들은 경륜도 학문도 수양도 아직 덜 익었기에 '참'하지 못하며, 따라서 그릴 게 없는 겁니다. 과연 딱 맞는 말입니다. 임금도 다를 바 없었죠. 그래서 임금의 초상화를 '어진御眞'이라 부르는 겁니다. 이와 관련해 1713년(숙종 39) 5월 6일, 숙종의 초상화 제작을 총괄한 이이명李頤命은 "전신傳神(전신사조傳神寫照의 줄임말로, 그리는 대상의 내면세계까지 표현해야 한다는 초상화 이론)을 '사진'이라 하니 임금의 초상화 역시 '어진'이라고 하는 것이 맞다"고 설명합니다.

이와 같은 '사진 정신'으로 초상화를 그렸으니 자타 공인의 무결점 미남이 아니고서야 자기 사진에 만족하는 사람이 드물었겠죠. 더욱이 만백성의 어버이이자 지존인 임금은 더했을 겁니다. 그래도 지존의 얼굴인데 요즘 말로 '뽀샵' 처리를 하지는 않았을까요? 태조 이성계의 어진을 보시죠. 태조 재위 당시 제작한 이 어진은 1409년(태종 9) 모사, 1763년(영조 39) 수리, 1872년(고종 9) 재모사를 거친 작품입니다. 그런데 어진의 오른쪽 눈썹 위를 자세히 보면 지름 약 0.7~0.8cm가량의 사마귀 같은 점(모반)이 있습니다. 태어날 때부터 난 점을 세 번이나 모사 및 수리하는 과정에서 그대로 둔 것입니다. 이것이야말로 털 한 올 고치지 않고 그린 초상화의 정신이라 할 수

━━ 태조 어진을 보면 눈
썹 위에 난 점(혹)이 잘 그
려져 있다. 전주 어진박물
관 소장.

있습니다.

이렇게 털끝 하나라도 잘못 그리면 부모(임금)가 아니라는 인식 때문에 몇몇 임금은 초상화 그리기를 매우 꺼렸답니다. 인종의 경우에는 생전엔 물론 죽은 뒤에도 그리지 말라는 유언을 남겼죠. 태종은 어떠했을까요? 효성이 지극한 세종이 상왕인 아버지 태종의 초상화를 그리라는 명을 내렸는데, 정작 주인공인 태종은 완성된 초상화를 보고는 당장 불살라버리라고 호통쳤답니다.

"'만일 터럭 하나라도 같지 않다면 나 자신이 아니다若有一毫未盡 卽非吾親'라는 말이 있습니다. 주상! 이 초상화는 불태우는 게 좋겠습니다."(《세종실록》 1444년 10월 22일)

그러나 세종은 이미 그려진 아버지의 초상화를 불태울 수 없어 그냥 남겨두었답니다. 그 날짜의 실록에는 이런 기록이 있습니다. "계해년, 즉 1443년(세종 25) 임금 자신과 소헌왕후(세종의 부인)는 물론 아버지(태종)와 할아버지(태조)의 어진까지 그려서 선원전에 봉안했다." 그리고 당시 경상도·전라도·함길도·평안도에 있던 태조의 어진을 전부 모셔다가 다시 그리고 선원전도 새로 중수했는데, 그 화려함이 극치에 달했다고 합니다.

소헌왕후에 대한 기록이 나와서 하는 이야기인데, 고려 공민왕 부부처럼 조선 시대에도 임금 부인, 즉 왕후의 초상화를 그렸을까요? 거의 없었던 것 같습니다. 1695년 7월 27일, 숙종이 전前 응교應 敎 김진규金鎭圭에게 중전(인현왕후 민씨)의 초상을 그리라고 명했습니다. 그런데 김진규는 물론 다른 신료들까지 "신하가 감히 왕비의 얼굴을 마주 대할 수 없다"며 맹렬히 반대했습니다. 숙종은 "정 그러면 종친인 임창군 이혼李焜과 중전의 오라비 민진후閔鎭厚를 곁에 머물도록 하면 되지 않겠느냐"고 달랬습니다. 그럼에도 신료들의 반대가 수그러들지 않자, 결국 '왕비 초상화'는 무산되고 말았습니다.

내외법이 철저했던 시절에 여인, 그것도 국모의 얼굴을 빤히 쳐다보며 초상화를 그리는 일은 정말 쉽지 않았던 것 같습니다. 더구나 왕실의 종친과 중전의 친오라비까지 두 눈 시퍼렇게 뜨고 감시하는 상황이라니, 어떤 화가가 제대로 붓을 들 수 있었겠습니까. 그러나 소헌왕후 초상화는 그렸다니 선례가 전혀 없었던 것은 아닌가 봅니다.

## 분영갱상의 만행을 저지른 세종

고려 임금들의 초상화를 세종이 불태웠다는 사실을 아시나요? 만고의 성군이신 세종대왕께서 왜 고려 임금들의 어진을 불태웠다는 걸까요?

"1426년(세종 8) 고려 멸망 후, 도화원이 간수하고 있던 고려 역대 군왕과 왕비의 초상화를 불태웠다. 태조 왕건의 비인 신성왕후의 반신 초상화도 불살라버렸다."(〈세종실록〉)

세종은 고려 임금들의 초상화가 어지간히 꼴 보기 싫었던 모양입니다.

"1428년(세종 10) 8월 1일 충청도 천안군이 소장한 고려 태조의 진영, 문의현(충북 청원)이 갖고 있던 태조의 진영과 쇠로 만든 주물상 및 공신들의 영정을 모두 각각의 무덤에 묻었다. 전라도 나주가 소장한 고려 제2대 왕 혜종의 진영과 조각상, 그리고 전라도 광주에 있던 태조 왕건의 진영도 개성으로 옮겨 능 곁에 묻었다."(《세종실록》)

이것으로 끝나지 않았습니다. 1433년 6월 15일, 세종은 고려 역대 임금 18명의 어진이 마전현(경기도 연천 미산면)에 있다는 소식을 듣고 "마전현의 정갈한 땅에 묻으라"고 명했습니다. 한마디로 고려 역대 임금들의 초상화를 불태우거나 땅에 묻는 이른바 '분영갱상焚影坑像'의 만행을 저지른 겁니다.

세종은 고려 임금들의 어진을 왜 보는 족족 불태우거나 묻어버렸을까요? 아마도 마치 살아 있는 듯 사실적으로 그린 고려 임금들의 초상화를 보는 일이 불편하다는 판단이 들었을 겁니다. 무엇보다 어진은 단순한 그림이 아니라 왕조를 상징한다고 봤겠죠. 그러니 색출 작업까지 해서 없애버릴 생각을 한 거죠. 그렇게 고려 임금들의 어진은 거의 없어지고, 앞서 언급했듯이 조선 임금들의 어진은 잇단 전란과 화마 때문에 역시 사라졌습니다.

만약 고려·조선의 역대 임금 초상화가 남아 있었다면, 그야말로 숱한 이야깃거리와 연구거리가 생겼을 텐데 정말 안타까운 일입니다.

## 20

# 임금도 눈치를 봐야 했던 현판 쓰기

전하가 연예인입니까?

◇    조선 시대 관원들의 공무 수행 공간이던 창덕궁 궐내각사
闕內各司에는 약간 특별한 '현판'이 걸려 있었습니다. 1725년 대은원
戴恩院이라는 전각을 수리한 내역을 새긴 겁니다. 그런데 영조의 영
을 받들어 수리 공사를 지휘한 것도 내시(지내시부사 오두흥, 정3품)요,
현판의 글을 지은 것도 내시(조한경)이고, 글씨를 쓴 것도 내시(이인
재)였습니다. 대은원은 내관들이 머물렀던 내반원內班院 바로 남쪽
에 자리해 있었는데, 아마도 내시부와 밀접한 관련이 있었을 겁니
다. 내관이 쓰는 건물이니 내관들이 모든 책임을 진 거죠. 그러나
내시가 궁궐 전각의 현판을 쓴 것은 지극히 예외적인 일이었죠.

## 글씨와 그림은 천한 재주일 뿐

궁궐 현판이 무엇입니까? 한 나라의 통치 철학과 의지가 현판 하나하나에 녹아 있다고 해도 과언이 아닙니다. 그 때문에 궁궐 현판은 한 나라 한 왕조의 '간판'이 되는 겁니다. 그래서 국왕 혹은 당대 최고 명필의 글씨를 받아 장인들이 정교하게 새기고 화려한 문양과 조각으로 장식하는 것입니다.

그중 왕과 왕세자의 글 및 글씨가 상당수 남아 있습니다. 현판에는 특별히 작은 글씨로 어필御筆(임금의 글씨), 예필睿筆(세자의 글씨)이라 쓰고 각종 장식을 더했습니다. 지극히 존귀한 글씨임을 나타낸 거죠. 궁궐 현판을 왕이나 세자가 쓰는 것은 상식 같은 일이죠. 왜냐하면 조선 시대 임금은 거의 대부분 명필이었거든요. 조선 국왕들은 3세 때부터 성군이 되기 위한 조기교육을 받았고, 서예는 그 기본 과목이었죠. 예컨대 문종은 "생동하는 진기眞氣가 오묘한 경지를 넘어섰다"(김안로의 《용천담적기》)는 평가를 들었습니다. 세조는 근엄하고 힘찬 필치를 자랑했고, 성종의 글씨는 안평대군의 글씨와 구별할 수 없을 정도로 흡사했답니다.

선조는 '임진왜란을 초래한 암군暗君'이라는 혹평에 시달리지만 서예에서만큼은 높은 평가를 받고 있습니다. 명필인 한호韓濩(한석봉)를 발탁한 이가 선조죠. 선조의 글씨는 한호를 닮아 강한 필치로 대담하게 휘두른 붓 맛이 일품입니다. 선조의 필치를 닮은 인조·효종·현종은 물론이고, 한결 부드러운 필치를 과시한 숙종과 영조 역시 둘째가라면 서러워할 명필이었습니다. 할아버지(영조)에게서 글씨를 잘 쓴다는 칭찬까지 들었던 정조는 굵고 시원한 필치로 당당한 인상의 글씨를 썼고요. 정조의 피를 물려받은 순조 역시 명필이었습니다. 국립고궁박물관이 소장한 현판 중 임금의 글씨는 120여 점 정도 됩니다.

그런데 여기엔 반전의 이야기가 숨어 있습니다. 남아 있는 어필·예필 현판이 모두 조선 후기의 것이죠. 선조의 글씨를 새긴 현판도 당시의 것이 아닙니다. 훗날 어필첩에 있는 선조의 글씨를 본떠 새긴 것입니다. 물론 분명한 이유가 있죠. 조선 전기의 현판 자체가 임진왜란 같은 병란과 크고 작은 화재 때문에 남아 있지 않거든요.

그러나 또 하나 놓치기 쉬운 포인트가 있습니다. 조선 초기에는 제아무리 명필이라 해도 임금이 궁궐의 현판 글씨를 쓰지 않았다는 겁니다. 대신 임금이 임명한 서사관이 썼죠. 그 이유는 글씨 잘 쓰고 그림 잘 그리는 것을 자랑으로 여기지 않았기 때문입니다. 조선 전기 인물 중 강희안姜希顔은 글씨는 물론 그림에도 남다른 재능을 보였는데, 그의 작품은 명성에 비해 그리 많이 남아 있지 않습니다. "글씨와 그림은 천한 재주일 뿐, 이것이 후세에 전해진다면 내 이름만 욕되게 한다"(《해동잡록海東雜錄》)는 지론을 지니고 있었기 때문입니다.

강희안이 즐겨 인용한 성현이 있는데, 바로 북송의 유학자 정이였습니다. 정이는 시서화詩書畫를 두고 "오로지 남의 이목을 즐겁게 하는 배우俳優와 다를 바 없다"고 비판했습니다. 정이가 인용한 성어가 바로 《서경》의 '완물상지玩物喪志'인데, "어떤 것에 지나치게 탐닉하면玩物 본래의 뜻을 상하게 한다喪志"는 뜻입니다. 글 짓는 일, 즉 작문까지도 배우와 다를 바 없는 짓거리로 폄훼했으니 서예

　　　　　　　　　　　　　2부 인물과 인연

는 어떠했겠습니까. 정이는 "서예에만 매달리면 그것은 단지 시간 낭비일 뿐"이라 했습니다. 넘치는 끼를 감추지 못한 강희안이지만, 천하게 여기던 기예를 애써 후대에 알리고 싶지 않다고 부끄러워한 것입니다.

강희안이 그랬으니 임금이야 어떠했겠습니까. 임금이 서예나 그림 솜씨를 자랑하면 '못난 임금'이라고 손가락질했습니다. 예컨대 성종은 평소 "전하가 글씨를 쓰면 저절로 난새鸞(전설상의 새)가 놀라고 봉황이 되돌아올 정도"(대사헌 이세좌李世佐)라는 극찬을 들었는데, 손이 근질근질했는지 1484년 6월 28일 "(막 창건한) 창경궁 내간(부녀자가 거처하는 방)의 전각 현판을 과인이 직접 쓰고 싶다"고 운을 뗍니다. 어떤 이들은 찬성했지만, 다른 이들은 쌍심지를 켜고 어필로 할 필요가 없다고 달려듭니다. 〈성종실록〉 사관의 평가가 촌철살인입니다. "몇몇 신하가 하찮은 기예를 좋아하는 임금의 뜻에 부응했다."

세자 시절 경회루 현판을 썼을 정도로 명필로 알려진 양녕대군의 일화도 의미심장합니다. 세자가 12세 때인 1405년 8월 19일 40여 자의 글씨를 써서 스승인 성석린成石璘에게 보여주었습니다. 이때 성석린이 아주 잘 쓴 글씨라고 칭찬하자 의기양양해진 세자가 예전의 국왕 중에는 누가 글씨를 잘 썼느냐고 물었습니다. 그러자 성석린은 당 태종과 송 휘종이 잘 썼지만 당 태종은 형과 동생을 죽이고 황제가 된 허물이 있고, 송 휘종은 망국의 군주였다고 일침을 놓습니다. 한마디로 서예에 능하다고 다 옳거나 좋은 군주는 아니라고 어린 세자를 가르친 겁니다.

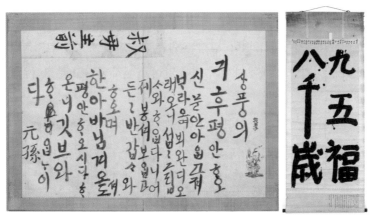

—— 정조가 원손 시절에 쓴 편지와 순조가 6세 때인 1795년에 쓴 글씨다. 조선의 왕세자와 왕자들은 어려서부터 받은 조기교육의 결과물을 편지와 서예 작품으로 남겼다. 국립한글박물관·국립중앙박물관 소장.

양녕대군은 훗날 조카인 세조가 "나도 마음만 먹으면 글씨를 잘 쓸 수 있다"고 은근슬쩍 자랑하자, "군주는 재주를 자랑해서는 안 된다"(1459년 5월 10일)고 충고했습니다. 〈세조실록〉은 "큰아버지가 한마디 했는데도 임금이 관대하게 받아들였다"고 기록했는데, 임금이 농담 삼아 한 말에 그렇게 정색을 했으니 분위기가 얼마나 썰렁해졌겠습니까. 상황이 이랬으니 임진왜란이나 화재가 아니었어도 임금이 직접 쓴 궁궐 현판은 남아 있지 않았을 겁니다.

### 천덕꾸러기가 유네스코 유산이 되기까지

그렇다면 현재 남아 있는 120여 점의 어필·예필 현판은 어떻게 된 걸까요? 낭중지추囊中之錐라는 말이 있죠. 신하들로부터 속된 말로 '자백'하지 말라는 이야기를 귀에 못이 박히도록 들은 임금이지만 그 넘치는 재능과 끼를 어찌 숨기겠습니까. 틈만 나면 시서화를 남겼겠죠.

예컨대 성종의 그림과 글씨가 시중에 떠돌면서 당대에 큰 물의를 빚은 적이 있습니다. 그러자 1492년 12월 25일, 대사헌 이세좌는 "시중에 어찰(임금의 편지)을 얻어 한껏 치장해서 병풍이나 족자를 만드는 풍조가 일고 있다"고 개탄합니다.

"임금이 고작 문장의 수식에 정신이 팔리고, 서예와 그림 같은 서생의 하찮은 기예를 자랑하니 이게 될 말입니까. 제발 전하께서는 재능과 기예가 많다는 사실을 감추고 비밀로 하십시오."

그런데 성종의 반응이 재미있습니다.

"그럴 리가 있겠느냐. 나는 본래 그림은 잘 그리지 못한다. 그런데 대체 경들은 어디서 보았다는 거냐?"

발뺌하는 성종 앞에서도 이세좌는 물러서지 않습니다. 임금이 그린 서화를 몇몇 신하가 누구누구 집에서 똑똑히 보았다고 하자 성종은 그제야 '범행' 일체를 자백하며 구구절절 변명을 늘어놓죠.

"실은 서화를 영돈녕(임금의 장인인 윤호)에게 내려준 것인데, 아마 여기서 유출되었을 것이다. 또 내가 서화를 지나치게 좋아하는 것도 아니다. 그냥 우연히 했을 뿐이다."

실제로 성종의 서화는 시중에 널리 퍼졌던 것 같습니다. 중종~인종 시기의 권세가 김안로金安老는 "민간에서 임금의 필적을 얻은 이는 그것을 완상玩賞하고 신줏단지 모시듯 보관해두고 큰 구슬보다 더 귀하게 여겼다"(《희락당고希樂堂稿》)고 증언합니다.

그러나 세월이 흘러 신권보다 왕권이 강화되는 조선 후기에는 분위기가 바뀌죠. 감히 군주의 서예·그림 솜씨를 지적하는 신하가 줄었습니다. 그리고 임금이 승하한 뒤 선왕을 추숭하는 여러 조치가 취해집니다. 선왕의 글과 글씨·그림을 수집 및 정리해서 전각에 봉안하는 작업을 진행한 겁니다. 선왕의 위업을 기리는 동시에 왕실의 권위를 높이려는 의도였죠. 그러다 보니 소소한 기예에 빠져 정사의 초심을 잃는다면서 금기시하던 임금의 현판이 자주 걸리기 시작했습니다. 조선 후기의 어필·예필이 지금까지 남아 있는 이유입니다. 그러나 완물상지(아끼고 좋아하는 것에 정신이 팔려 원대한 이상을 상실하는 것)의 경각심만큼은 잊지 않았죠

이렇게 왕조의 통치 이념과 철학이 담긴 현판은 파란만장한 조선의 역사를 온몸으로 증언했습니다. 임진왜란 같은 전란과 잦은 화재로 불에 타거나 훼손된 뒤 다시 걸리기를 반복했습니다. 경복궁 중건 등으로 겨우 제자리를 찾았지만 그것도 잠시였죠. 고종이 을미사변(1895) 후 자리를 비운 경복궁은 급격하게 원형을 잃게 됩니다. 1907년 창경궁에 동·식물원과 박물관이 들어서고, 1910년 강제합병 직전에는 사용하지 않는 궁궐 건물의 자재를 매각합니다. 1915년 경복궁에서 열린 조선물산공진회, 1917년 창덕궁 내전 일곽一廓의 화재 등 갖가지 이유로 조선의 궁궐은 무자비하게 철거되고 맙니다.

이때 현판도 뿔뿔이 흩어져 창경궁 전각의 각 칸마다 매달리게 되죠. 천덕꾸러기로 전락한 현판은 해방 이후에도 경복궁 근정전 회랑과 사정전, 천추전 등의 전각에 보관됐습니다. 그러다 이런저

━━ 창덕궁 영화당暎花堂에 걸었던 선조(위)와 창덕궁 대은원에 걸었던 정조(아래)의 어필 현판이다. 임금의 어필로 새긴 현판은 120여 점 정도 남아 있다. "군주가 글씨와 그림 등에 빠져 하찮은 기예를 자랑하면 백성을 다스려야 한다는 초심을 잃을 수 있다"는 비판 때문에 임금은 궁궐 현판의 글씨를 쓰지 않는 것을 원칙으로 삼았다. 국립고궁박물관 소장.

런 이유로 창경궁 장서각(1981), 창덕궁 인정전 서행각(1986), 덕수궁 궁중유물전시관(1992), 국립고궁박물관(2005) 등을 전전했습니다. 이런 우여곡절을 거쳐 국립고궁박물관에 안착한 현판은 770점에 이릅니다. 110점은 국립중앙박물관에서 소장하고 있고요. 국립고궁박물관 소장품 770점은 2018년 '유네스코 세계기록유산 아시아태평양 지역 목록'에 올랐습니다. 건축과 서예, 공예를 접목한 기록물이자 종합예술품이라는 가치를 인정받은 거죠.

## 모든 현판 이름에는 나름의 뜻이 있다

2022년 국립고궁박물관에서 조선 시대 궁중 현판을 다룬 특별전 〈조선의 이상을 걸다, 궁중 현판〉을 개최한 적이 있는데, 여기서 유네스코 세계기록유산 아시아태평양 지역 목록에 등재된 현판 중 81점을 선보였습니다. 당시 특별전에서 가장 큰 현판(124×374cm)은 '대안문大安門'이었습니다. 근대사의 상징적 공간이던 경운궁(현 덕수궁) 정문에 걸렸던 것이죠.

'대안'은 "나라를 다스리는 도를 얻어서 유지한다면 나라가 크게 편안해질 것得道以持之 則大安也"이라는 《순자》〈왕패王霸〉의 구절에서 따온 것입니다. 대안문 현판은 당시 의정부 참정 민병석閔丙奭이 썼다고 합니다. 1906년(광무 10) 문을 수리하면서 이름도 대안문에서 '대한문大漢門'으로 바꾸는데, 이 이유를 기록한 《경운궁중건도감의궤》 중 '대한문상량문'을 살펴볼까요?

"황하가 맑아지는 천재일우의 시운을 맞았으므로 국운이 길이 창대해질 것이고 한양이 억만년 이어갈 터전에 자리했다. (…) '대한'이라는 정문을 세운다. (…) 소한宵漢(하늘)과 운한雲漢(은하)의 뜻을 취했으니 덕이 하늘에 합치된다."

한마디로 '한양이 창대해진다'는 뜻으로 대한이라는 이름을 썼다는 겁니다. 훗날 이를 두고 말들이 많았죠. 굳이 클 대大에 중국을 의미하는 한나라 한漢 자를 쓸 게 무엇이냐는 여론이 만만치 않았습니다. 게다가 한漢에는 '놈'이라는 욕도 포함되어 있거든요. 일제 밀정이던 매국노 배정자가 갓을 쓰고 궁중을 출입하는 꼴이 보기 싫어서 이름을 바꿨다는 이야기까지 돌았죠. 편안할 안安 자는 '갓

- - - 대안문을 대한문으로 바뀐 것을 두고 흉흉한 소문이 돌았다. "원래 대안문大安門이었는데 '안安' 자가 계집 '녀女' 자에 갓 쓴 글자이고, 양장하고 모자 쓴 여자인 일제 밀정 배정자의 대궐 출입이 빈번해서 '상서롭지 못하다'는 말쟁이의 말로 인해 대한문으로 고쳤다"(《별건곤》 1933년 7월 1일자)는 것이다.

쓴 여자女'의 형상이잖습니까. 그러나 아무려면 매국노 따위로 궁궐 현판을 바꿨겠습니까? 하물며 앞에서도 밝혔지만 궁궐 현판에 그 나라, 그 왕조의 통치 철학을 담았는데 말입니다.

임금이 정사를 펼치는 전각 이름을 왜 근정전勤政殿이나 사정전思政殿이라 했겠습니까. '임금은 아침저녁 식사할 겨를도 없이 근면한 태도로 백성을 화락하게 만들어야 하며'(근정전), '깊이 생각한 연후에 비로소 정사를 펼쳐야 한다'(사정전)는 의미에서 지은 거죠.

왕비의 침전인 교태전交泰殿은 어떻습니까. 남편(임금)의 사랑을 얻으려는 왕비가 교태嬌態를 부리는 침실이 아니죠. 《주역》에서 교태는 하늘과 땅의 사귐, 즉 양과 음의 조화를 상징합니다. 임금과 왕비가 후사를 생산하길 바라는 의미인 거죠. 그렇게 지은 궁궐·전각·문 등의 이름을 현판에 담은 겁니다. 백성을 사랑하는 군주의 마음씨가 그 현판에 녹아 있습니다.

# 21

# 왕조시대 군주들의 재난 대처법

모두 과인의 책임이다!

◇　　 "남쪽 하늘에 검은 구름처럼 지평선 위에 걸치더니 곧 부
채꼴로 퍼지면서 하늘을 뒤덮었다. 세상이 밤처럼 깜깜해지고 메뚜
기들이 서로 부딪치는 소리가 천지를 진동했다. 그들이 내려앉은
곳은 잎사귀를 볼 수 없는 황무지로 돌변했다. 아낙들은 모두 손을
높이 쳐들고 하늘을 향해 기도를 올렸고, 남정네들은 밭에 불을 지
르고 장대를 휘두르며 메뚜기 떼와 싸웠다."

미국 소설가 펄 벅Pearl S. Buck의 《대지》에 등장하는 풀무치(메뚜기)
떼 습격 장면입니다. 1억 마리 이상의 풀무치 떼가 수확기 농촌을
휩쓸어 순식간에 황무지로 변했다는 해외 토픽을 요즘도 가끔 볼
수 있습니다.

## 벌레야, 차라리 내 심장을 갉아 먹어라

역사서에서는 풀무치를 황충蝗蟲이라고 불렀습니다. 황충 하면 제일 먼저 떠오르는 인물이 있죠. 중국의 명군으로 꼽히는 당나라 태종입니다. 628년 태종에게 위기가 닥칩니다. 가뭄과 함께 황충 떼가 수도 장안을 뒤덮은 겁니다. 가뭄 때문에 별로 자라지도 않은 곡식까지 황충 떼가 남김없이 훑어버리자 백성은 발만 동동 굴렀습니다. 태종이 황급히 들에 나가 처참한 광경을 목격하고는 안타까운 나머지 황충 떼를 향해 외쳤답니다.

"사람은 곡식으로 살아간다. 너희가 먹어대면 백성에게 해가 된다. 백성한테 허물이 있다면 그건 나 한 사람에게 있는 것이다. 차라리 내 심장을 갉아 먹어라!"

태종은 이때 돌발 행동을 했는데, 황충 2마리를 잡아 삼키려 한 겁니다. 좌우의 대신들이 화들짝 놀라 "폐하, 제발 멈추소서. 병이 될까 걱정됩니다" 하며 말렸지요. 그러나 태종은 "황충의 재해가 짐에게 옮겨지기를 바라는데 어찌 병을 피하겠느냐"《정관정요》〈무농〉고 하면서 꿀꺽 삼키고 말았습니다. 그러자 황충 떼가 사라졌답니다. 이것이 바로 '탄황呑蝗(풀무치를 삼킴) 고사'입니다. 모든 허물은 자신의 탓이며, 재해가 자신에게 옮겨지길 바라는 책임의 자세죠.

당 태종의 이 일화는 조선 군주들에게도 귀감이 되었습니다. 1765~1768년, 황충 떼를 비롯한 해충이 극성을 떨고 가뭄까지 겹치자 영조가 탄황 고사를 떠올립니다.

"옛날 당 태종은 황충을 삼킨 일이 있다. 아무리 어질고 의로운 군주라 해도 정성이 없었다면, 어찌 황충이 목구멍으로 넘어가겠는가.

백성을 위하는 마음이 있었으니 할 수 있는 일이다."(1765년 6월 3일)

그럼에도 자연재해가 이어지자 영조가 자책하고 한탄합니다.

"황충을 잡아먹은 당 태종의 마음이 정성스러워 효험이 있었지만, 나는 부덕하고 또 노쇠했다(당시 75세). 이 모든 것이 누구의 허물인가. 다 나의 부덕 때문이다. (…) 아! 이 벌레는 어찌하여 내 살을 빨아 먹지 않고 백성의 곡식을 먹느냐. (…) 만약 나의 정성이 있다면 벌레가 어찌 이와 같겠는가. 벌레가 스스로 온 것이 아니라, 한 사람(영조 자신)이 부른 것이다."(1768년 7월 12일)

영조는 이렇게 "내 탓이오!"를 외친 뒤에야 전국 각 지방관을 향해 "임금의 부덕함은 내가 아노니, 그대들은 정성껏 황충 퇴치에 앞장서달라"고 당부했습니다. 영조 역시 군주로서 무한책임론을 개진한 겁니다.


## 뽕나무밭에서 외친 여섯 가지 자책

동양에서는 인력으로 어쩔 수 없는 천재지변까지도 군주의 부덕과 관련지었습니다. 상商나라 창업주 탕왕湯王은 원조 '프로 자책러'였죠. 하夏나라 폭군 걸왕桀王을 정벌하고 새 나라를 세운 탕왕에게 곧 위기가 닥쳐왔습니다. 7년간이나 가뭄이 이어진 겁니다. 이때 "사람을 희생양으로 제단에 바치면 된다"는 의견이 나왔습니다. 그러자 탕왕은 "내가 희생양이 되겠다"고 자청한 뒤 목욕재계하고 상림桑林(뽕나무밭)에 들어가 기도를 올렸습니다. 그러고는 하늘을 향해 여섯 가지 일六事을 자책해 사람들의 심금을 울렸죠.

"제가 정사를 펼치는 데 절제가 없어 문란해진 것입니까政不節歟. 백성이 직업을 잃어 곤궁에 빠졌습니까民失職歟. 궁궐이 너무 화려합니까宮室崇歟. 제가 궁궐 여인들의 청탁에 빠졌습니까女謁盛歟. 뇌물이 성해서 정도를 해치고 있습니까苞苴行歟. 아첨하는 무리의 말을 듣고 어진 이를 배척하고 있습니까讒夫倡歟."(《십팔사략》《제왕세기》《사문유취》)

탕왕이 간절한 기도를 올리자 금세 1,000리에 구름이 몰려들어 비를 뿌리고 땅을 적셨습니다. 이 고사가 바로 탕왕의 '뽕나무밭 여섯 가지 자책', 곧 상림육책桑林六責입니다.

송나라 태종은 황충 떼가 하늘을 뒤덮자 "하늘의 노여움을 산 것은 곧 나의 책임"이라는 자책 조서를 내리면서 역시 돌발 행동을 합니다. "짐이 내 몸을 태워 하늘의 견책에 응답하고자 한다." 신하들이 만류했지만 태종은 스스로 몸을 태우려 했고, 이에 하늘이 응답해 비가 내리고 황충 떼는 즉시 죽었답니다.

그럼 국가적 재난을 맞닥뜨린 신하들의 자세는 어땠을까요? 심지어 천재지변이 일어나도 벌떼처럼 일어나 "모든 것은 주상이 부덕한 탓이니 공구수성恐懼修省하시라"고 다그쳤습니다. 공구수성은 '몹시 두려워하며 수양하고 반성한다'는 뜻이죠. 그러면 군주는 "기탄없는 직언으로 과인을 꾸짖어달라"는 내용의 교지를 내렸습니다. 이를 구언求言이라고 하는데, '신하의 바른말을 구한다'는 정식 절차입니다.

그런데 구언, 즉 직언을 구하는 임금의 태도도 음미해볼 만합니다. 재변 시기에 임금이 내리는 교지의 형식은 거의 일정합니다. 어

─── 중국 상나라를 세운 탕왕이 뽕나무밭(상림)에서 여섯 가지 잘못을 자책하며 하늘 신에게 빌었다는 이른바 '상림육책'의 고사를 그린 그림이다.

김없이 "나 같은 소자小子가 외람되게 나라를 맡아" "보잘것없는 내가 즉위한 이래"처럼 한결같이 겸손하게 시작되죠. 그러면서 "모두 임금의 책임이며, 임금을 잘못 만난 백성을 생각하면 죽고 싶은 심정"이라고 한탄합니다. 그런 뒤 "모두 임금의 부덕에서 비롯된 소치이니 임금의 허물을 낱낱이 지적하고, 앞으로의 대책을 마련해서 가리지 말고 올리라"고 합니다. 그러면서 "아무리 심한 직언이라도 책임을 묻지 않겠다"고 마무리하죠. 1656년 5월 27일 효종이 내린 직언 교서를 한번 볼까요?

"내 정치가 보잘것없어 기상이변이 발생했다. 두려움과 걱정에 몸 둘 바를 모르겠다. 정말 죽고 싶구나. 직언을 구해서 어리석은 자질을 변화시켜보리라."

1690년 가뭄이 극심해지자 숙종은 "어떤 직언이라도 죄주지 않을 것이다. 재변은 내가 덕이 없기 때문이다"(4월 25일)라고 했습니다. 1723년 경종의 구언 교서도 아버지(숙종)의 것과 판박이입니다. "광망狂妄한 직언이라도 용납한다. 지금의 재변은 모두 내 부덕의 소치이다."(5월 12일)

## 임금의 폐부를 찌른 신하들의 직언

과연 신하들의 직언은 군주의 폐부를 찔렀습니다. 인조를 예로 들어볼까요? 1632~1633년 잇달아 재변이 일어나자 홍문관(임금 자문 기관) 등이 상소문을 올리죠. "재앙은 괜히 일어나지 않고 반드시 그 원인이 있다災不虛生 必有所召"고 인조를 향해 비판의 칼날을 겨눈 겁니다.

"지금 위로는 하늘의 노여움을 사고 아래로는 민심을 잃어서 (…) 군주의 초심이 위축된 것입니까? 예전의 폐단에 사로잡힌 것입니까? 혹 편파적인 감정에서 벗어나지 못한 것은 아닙니까? 신상필벌에 미진한 것은 아닙니까?"(1632년 3월 5일)

홍문관의 이 상소문은 리허설에 불과했죠. 1633년 7월 21일 《승정원일기》를 보면 대사헌 강석기姜碩期가 인조에게 직격탄을 날립니다.

"최근의 재앙은 진실로 전에 없는 변고입니다. (…) 전하의 덕과 정치가 부족하고 잘못되어서 (…) 전하께서 즉위한 이래 10년 동안 불행히도 위기가 계속되어 경악할 만한 변고가 다달이 생기더니 급기야 (…) 정책의 대부분이 일관성이 없습니다. 모든 법도가 없어졌습니다. 인사도 마찬가집니다. 백성을 위해 일하는 관리가 없습니다. 시간만 보내며 앉아서 망하기를 기다립니다. 백성이 원망하고 하늘이 노여워하는 것은 당연합니다."

심지어 하늘에서 운석이 떨어진 책임도 '군주의 부덕'으로 돌렸습니다. 1563년(명종 18) 2월 18일, 경상도 산음현 북리에 운석이 떨어진 사건에 대한 〈명종실록〉의 논평을 볼까요?

"운석이 떨어지는 것은 예사롭지 않은 재변이다. 정사가 해이해지고 쇠퇴하는 날에 운석이 떨어지고, 혹은 국가가 쇠잔하고 혼란할 때도 떨어졌으니 (…) 군주가 허물을 반성하여 재앙을 그치게 할 때이다."

기상이변 같은 천재지변의 책임도 모두 군주가 지는 마당인데, 인재가 명백한 참사 사고는 오죽했겠습니까. 〈태종실록〉(1403년 5월 5일)은 경상도에서 거둔 현물 세금을 운반하는 조운선 34척이 풍랑을 만나 침몰했다는 소식을 전합니다. 태종의 첫 반응은 어땠을까요? '자책 멘트'부터 시작합니다.

"책임은 내게 있다. 5월 5일은 음양으로 볼 때 대흉일이고, 또 강풍이 불어서 배 운항이 불가능했는데, 배를 출발시켰다. 실로 백성을 사지로 몰고 간 것과 다름없다."

태종은 이렇게 먼저 "내 탓이오"를 외치고 나서 "죽은 사람은 얼마이며, 잃은 쌀은 얼마인가?" 하고 신하들에게 묻습니다. 신하들이 "쌀은 1만여 석이고, 사람은 1,000여 명"이라 하자 태종은 가슴을 칩니다. "쌀은 아깝지 않지만 사람 죽은 것이 대단히 불쌍하다. 그 부모와 처자의 마음이 어떠하겠느냐" 하고 애통해합니다.

또 이때 난파된 조운선의 선원이 도망하다가 붙잡힌 뒤 "운항이

━━ 유운홍이 그린 세곡 운
반선(조운선). 현물 세금인 세
곡을 가득 실은 모습이다. 배
운항의 최대 고비는 충청도
태안 앞바다였다. 조선 태종
때도 조운선 34척이 침몰해
1,000여 명이 수장됐다. 국
립중앙박물관 소장.

너무 괴로워서 이참에 다른 일을 찾고 싶다"고 진술했는데, 이 얘길 들은 태종의 반응이 예사롭지 않습니다. "조운선의 고통이 이렇게 심한데, 선원이 그걸 견디지 못해 도망간 것은 처벌할 일이 아니다"라고 감싸준 겁니다. 그런데 이 참사의 원인을 알면 기가 막힙니다. 다음은 난파 사고가 발생하고 3개월 후인 8월 20일에 사간원이 올린 상소입니다.

"올해 조운선을 운항할 때 풍랑을 잘 파악하고, 화물 적재의 중량을 제대로 감독해야 합니다. 그런데 그 중요한 일을 용렬하고 간사한 무리에게 맡겨 수군 수백 명을 수장시키고, 적재한 쌀 1만여 석을 모두 물에 빠뜨렸습니다. 이로써 부모처자가 하늘을 부르며 통곡했습니다."

무리한 운항 강행과 과적이 사고의 큰 원인이었음을 밝히고 있는 것입니다. '조선판 세월호 사건'이죠. 그럼에도 태종은 부하들에게 책임을 돌리지 않고 "내가 나쁜 사람이오. 내가 부덕해서 생긴 사고요"라고 외친 겁니다.


## 백성은 물이고 임금은 배다

엘턴 존의 노래 〈Sorry Seems to Be the Hardest Word〉 가사처럼 '사과'라는 게 그리 쉬운 일은 아니죠. 말 한마디에 천근만근의 정치적 무게가 실리는 지도자에게 '사과 한마디'란 더더군다나 어렵습니다.

그러나 버락 오바마 전 미국 대통령은 "실수하지 않는 것이 미덕이 아니라, 실수를 깨끗이 인정하고 반복하지 않도록 하는 것이 미덕"이라고 했습니다. 이와 관련해 고려 말 대학자 이색李穡의 시가 심금을 울립니다.

> 죄를 자책하고 용서를 바라니引罪辜以謝過兮
> 지나간 일을 누가 책망하리요孰旣往之追責
>
> _《목은시고牧隱詩藁》〈자송사自訟辭〉

그런데도 정신을 차리지 못하면 어떤 꼴을 당할까요?

"(예부터) '백성은 물이고, 임금은 배다. 물은 배를 띄울 수 있지만, 배를 뒤엎을 수도 있다君者舟也 庶人者水也 水則載舟 水則覆舟'고 했습니다."

1502년(연산군 8) 3월 25일 한치형韓致亨, 성준成俊, 이극균李克均 등 삼정승이 연산군에게 시폐時弊 10조목을 올렸습니다. 말하자면 임금의 잘못된 정치, 즉 실정失政을 10가지나 뽑아 "아니 되옵니다"를 외친 겁니다. 그런데 상대가 누군가요? 이미 무오사화(1498)로 피바람을 일으킨 폭군 연산군입니다. 하지만 정승들의 말을 곱씹어 보면 살벌하기만 합니다. '백성을 물로, 임금을 배'로 비유한 대목은 《순자》〈왕제王制〉에 나옵니다. 그러니까 정승들은 "임금이 잘못하면 백성이 당신을 갈아 치울 수 있다"고 간하고 있는 것입니다.

그뿐 아닙니다. 삼정승은 한술 더 떠서 "《서경》〈대우모大禹謨〉에 '두려운 것은 백성이 아닌가. 백성이 이반離叛하면 나라가 임금의 나라일 수 없다'는 말도 있습니다"라고 직격탄을 날립니다. 이게 무슨 일입니까. 희대의 폭군 연산군에게 "백성 손에 죽을 수도 있다"고 협박하고 있으니 말입니다. 예컨대 삼정승은 "전하께서 후원에서 내시들과 함께 장난이나 치고, 사사로운 잔치나 벌이고 있으니 이게 옳은 일입니까"라고 힐난한 것입니다.

그런데 연산군의 응답이 뜻밖입니다. 치도곤(죄인의 볼기를 치는 데 쓰던 곤장의 하나)을 놓기는커녕 "경들의 말이 옳다"며 고개를 끄덕입니다. 2년 뒤 갑자사화라는 피바람을 또 일으켜 바른 소리를 해댄 인물들을 모두 죽이긴 했지만 말입니다. 통쾌한 복수극이었을까요? 그러나 연산군 역시 다시 2년 뒤인 1506년 중종반정으로 쫓겨나 비참한 최후를 맞이했죠. '희대의 폭군'이라는 역사의 심판과 함께.

# 22

## 국새에 찍힌 기막힌 영어 낙서
국새와 어보는 우리의 자산

◇　　"당장 쓰는 것도 아니고 돈으로 쳐도 몇 푼 안 되는데…. 그 만한 것을 잃었다고 좋아하는 꼴푸(골프) 놀이를 못 한단 말이오?"

1924년 4월 15일 〈동아일보〉 기사의 일부입니다. 신문은 당시 매국노 이완용의 아들 이항구의 항변을 전하면서 그가 했다던 기막힌 한마디를 더 얹습니다.

"아니 그럼 집에서 술을 먹거나 기집(계집)을 데리고 노는 것도 못 하겠구려!"

대체 이항구는 '돈도 안 되는' 무엇을 잃어버렸기에 길길이 날뛰며 막말을 뱉어내고 있는 것일까요? 다음은 그 이틀 전인 4월 13일 기사입니다.

"10일 아침 종묘 안 영녕전에 안치되었던 덕종(성종의 아버지, 추존 왕)과 예종 어보가 분실된 사실이 확인됐다. 놀라운 소식을 들은 이왕 전하(순종)가 밤을 새우며 '어보를 찾았느냐'고 물으셨다."

그렇습니다. 바로 종묘에 모셔둔 덕종 및 예종의 어보를 잃어버린 겁니다. 그런데 이항구가 바로 조선 및 대한제국의 어보와 국새를 담당했던 이왕가李王家(국권 강탈 때 일본이 조선조의 왕가를 이르던 말)의 예식과장이었거든요.〈동아일보〉는 "종묘 내 절도 사건은 500년 이래 처음 있는 일"이라 개탄하면서 실무 책임자인 이항구의 한심한 작태를 맹비난합니다. 순종이 어보를 잃어버려 발을 동동 구르던 10일, 이항구는 아침부터 나 몰라라 하고 이왕직 차관 시노다 지사쿠條田治策와 골프를 즐겼다는 겁니다. 그런데도 이항구가 '조금도 근신한 태도가 없이' 기자들 앞에 나서 뻔뻔한 망언을 서슴지 않은 겁니다.

역사는 이항구 같은 자를 두고 인두축명人頭畜鳴, 곧 '사람의 머리를 하고 짐승의 소리를 내지르는 자'라고 하죠. 한일 강제 병합 직전인 1910년 6월 23일〈대한매일신보〉는 '개 도야지'라는 제목의 심상치 않은 기사를 실었습니다.

"시종원(승정원) 부경(차관) 이회구, 한성부윤 장헌식, 한성은행 총무 한상룡 등이 21일 밤 이항구 씨 집에 모여 기생을 데리고 놀았는데 (…) 주인 이항구 씨가 기생의 손을 붙잡고 곁방에 들어가 운우지락雲雨之樂(정사)을 나누니, 모였던 인물들이 분기탱천해서 헤어졌더라."

기가 막힙니다. 제목 그대로 '개 도야지' 같은 자(들)의 행태 아닙니까. 그리고〈대한매일신보〉는 이튿날인 24일에도 이항구의 개 도야지 행태를 꼬집는 가십을 게재합니다.

2부 인물과 인연

━━ 중앙에 앉은 이완용과
그 뒤에 서 있는 이항구의
모습.

"이항구 씨는 아버지(이완용)가 치료받고 있고, 총리 지위가 왔다
갔다 하는 판인데 (…) 기생과 행락을 벌이다니 (…) 개화 세상에는
아비는 아비의 일이고, 자식은 자식의 일이라네. 잘난 개화도 다 있
네. 개화한 놈은 부자父子의 은혜도 없어진단 말인가."

그러니까 이완용이 7개월 전인 1909년 12월 22일 이재명李在明
의사의 칼에 맞아 중상을 입고 치료 중이었거든요. 아무리 세상이
바뀌었어도 치료 중인 아버지를 두고 '흥청망청 기생을 끼고 논' 아
들을 이틀 연속으로 비판한 것입니다.

그런 이항구를 더욱 기고만장하게 만든 일이 있었죠. 어보를 잃어버리기 두 달 전인 1924년 2월 11일 일본의 기원절紀元節(초대 일왕 진무의 즉위일)을 맞아 남작 작위를 받았거든요. 일제로부터 아버지의 대를 이어 작위까지 받았으니 '아무 말 대잔치'를 벌인 거죠. 그자에게 조선과 대한제국은 없었고, 일본 제국만 남아 있었을 겁니다. 그러니 '당장 쓰는 것도 아닌' 망한 나라의 국새이니 그까짓 '도장' 따위가 대수였겠습니까.

## 왜 우리 국새에 영어 이름 톰이 새겨진 걸까

2021년 8월 국가유산청은 조선과 대한제국기의 국새 4점을 보물로 지정했는데, '대군주보大君主寶' '제고지보制誥之寶' '칙명지보勅命之寶' '대원수보大元帥寶'가 그것입니다. 그런데 이 중 대군주보에 아주 생뚱맞은 낙서가 새겨져 있습니다. 바로 'W. B. Tom'이라는 영어 이름인데, 이 낙서야말로 '어보 분실 및 이항구의 망언'과 함께 국새와 어보의 수난사를 보여주는 것입니다. 대체 대군주보에는 왜 그런 낙서가 새겨진 것일까요?

아시다시피 국새는 국권을 나타내는 도장입니다. 외교나 행정 문서 등에 사용한 조선 및 대한제국의 공식 도장입니다. 이와 비슷한 개념의 도장이 어보인데, 왕실의 권위를 상징하는 의례용 도장이죠. 이 역시 국가에서 관리했습니다. 대군주보는 1882년에 제작된 조선의 국새입니다. 원래 조선은 중국(명·청)으로부터 받은 '조선국왕지인朝鮮國王之印'이라고 새겨진 국새를 사용해왔습니다. 〈고종실

━━ 제고지보, 칙명지보, 대원수보이다(시계
방향으로). 국립중앙박물관·국가유산청 제공.

록)과《승정원일기》 1882년 5월 23일과 7월 1일의 기록을 볼까요?

"외국과의 교린을 위해 '대군주大君主' '대조선대군주大朝鮮大君主'
'대조선국대군주大朝鮮國大君主' 옥새를 만들었다."

이때 주조한 세 가지 국새 중 하나가 바로 대군주보였던 겁니다.
고종은 왜 중국에서 내려주는 조선국왕지인 대신 대군주가 포함된
국새를 제작한 걸까요? 1882년 당시 조미수호통상조약을 체결한
고종은 대외적으로 국가의 주권을 상징하는 공식 도장의 필요성을
절감한 것 같습니다. 국가 간 비준이나 공식 문서에 자주독립국임
을 표시하는 국새가 필요했던 거죠. 그때 만든 3종의 국새 중 대군
주보만 유일하게 전해져서 보물로 지정된 겁니다.

실제로 1883년 외국과의 통상조약 업무를 담당하는 전권대신을
임명할 때 이 도장을 날인한 예도 있습니다. 1894년 갑오개혁 이후

새롭게 제정된 공문서 제도를 바탕으로 대군주(국왕)의 명의로 반포하는 법률, 칙령, 조칙과 관원의 임명 문서 등에 사용한 사실도 있고요. 대군주보 등은 아마 조선이 황제국임을 천명한 1897년까지 사용했을 겁니다.

대군주보와 함께 보물로 지정된 제고지보, 칙명지보, 대원수보는 모두 대한제국기(1897~1910)에 제작한 국새입니다. 제고지보의 '제고制誥'는 '황제의 명령'을 뜻합니다. 따라서 이 도장은 조선 왕실이 아니라 황제를 칭한 대한제국에서만 사용했습니다. 칙명지보 역시 황명을 전할 목적으로 만든 대한제국 국새 10과顆 중 하나입니다. 대원수보는 군 통수권자인 황제가 군인 임명서 등에 날인하는 용도로 쓰였고요.

그러나 국권이 침탈되자 대한제국의 주권을 상징하는 국새 역시 수난을 당합니다. 〈순종실록〉은 국권 침탈 6개월 후인 1911년 3월 3일 "이왕직 차관 고미야 미호마쓰小宮三保松가 옛 국새와 보새를 총독부에 인계했다"고 썼습니다. 수모는 그에 그치지 않습니다. 인계, 아니 압수된 국새는 일왕의 진상품이 되어 일본 궁내청으로 들어가는 모욕을 당합니다.

이런 기막힌 사례가 중국 역사에도 등장하긴 합니다. "금나라는 황제가 주관하는 제사에서 금나라 국새와 함께 패망국 국새를 궁궐 뜰에 진열했다"(《금사金史》)라는 기사입니다. 승전국의 자긍심을 높이는 행사였겠지만, 패망국으로서는 굴욕적인 이벤트였을 겁니다. 국권과 함께 국새를 빼앗긴 조선의 신세와 다를 바 없었던 것이죠. 이런 와중에 매국노 이완용의 아들 이항구의 '어보 모욕 사건'이 일어난 겁니다.

그렇다면 대군주보에 새겨진 낙서 'W. B. Tom'은 무엇일까요? 1945년 해방을 맞이하자 일본 궁내청으로 반출했던 국새가 환수됩니다. 미 군정청이 대한제국 국새를 모두 인수해 대한민국에 정식으로 인계한 거죠. 1949년 2월 3일부터 10일간 총무처 주관으로 되찾은 국새와 함께 대한제국 조약 문서를 국립박물관에서 특별 전시하기도 했죠. 이때까지만 해도 대한제국 국새를 일본에서 가져온 대로 간직하고 있었습니다. 그런데 전시회가 끝난 뒤 국새를 비전문 기관인 총무처에서 관리한 게 뼈아픈 실책이었습니다.

1950년 발발한 한국전쟁 당시 대한제국기에 제작한 국새는 물론, 종묘에 보관하던 어보까지 행방불명이 되었습니다. 대체 어디로 증발한 것일까요? 〈경향신문〉 1952년 3월 4일 자 기사에 그 단서가 보입니다.

"서울 계엄민사부에서 옥새와 보검을 압수하여 한국은행에 보관 중인데, 이번에는 미군이 우리나라 국보를 발견해서 계엄민사부에 전했다. (…) 옥새를 미국인이 소유하기까지 네 사람의 손을 거쳤다."

국가를 상징하는 도장이 이런저런 사람들의 손을 거쳐 급기야 미국인에게 넘어갔다는 안타까운 사연을 전하고 있는 겁니다. 이뿐만이 아닙니다. 그해 5월까지 서울 곳곳에서 옥새를 발견했다는 기사가 여럿 보입니다. 〈동아일보〉 1952년 4월 27일 자 기사입니다.

"미군이 옥새를 감정 중이라는 첩보를 듣고 금은방 현장을 급습해서 압수했다."

어보 및 국새 상당수가 도난당해 미군 수중에 들어갔던 정황을

── 대군주보에 'W. B. Tom'이라는 영어 이름이 선명하게 새겨져 있다. 국립고궁박물관 소장.

알 수 있습니다. 전쟁 중 잃어버린 대원수보, 제고지보, 칙명지보는 그나마 1954년 경남도청 금고에서 발견되었죠.

특히 1965년 3월 25일 자 〈동아일보〉에 실린 사설이 가슴을 후벼 팝니다.

"국민 중 몰지각한 분자들은 외국인의 환심을 사려고 고귀한 물건을 선물하는 버릇이 있는 것 같고, 국보든 무엇이든 가리지 않는 악질적인 경우가 간혹 있다는 소문이 돈다."

대군주보 역시 마찬가지였을 겁니다. 한국전쟁을 전후해 톰w. B. Tom이라는 미국인이 이를 수중에 넣고는 자기 이름을 버젓이 새겨 넣은 것입니다. 천신만고 끝에 도로 찾은 국새와 어보를 관리 소홀로 잃어버리고는 "전쟁 중 괴뢰군이 가져갔을 것"이라고 둘러댔으니 참 한심한 일이었습니다.

## 국새와 어보는 사고팔 수 없는 국가의 자산

그래도 미국에서 유통되던 국새나 어보의 환수가 이뤄졌으니 불행 중 다행입니다. 2009년 3월에는 재미 교포가 소장해온 고종의 '비밀 국새(황제어새)'를 환수해 보물로 지정한 바 있지요. 2014년에는 미국 정부가 당시 버락 오바마 대통령 방한을 계기로 '황제지보' 등 9종의 국새 및 어보를 한국 정부에 돌려주었습니다. 이후 2015년 덕종 어보(1924년 잃어버린 뒤 재주조한 도장), 2017년 문정왕후 어보(1547)와 현종 어보(1651)가 돌아왔습니다. 그리고 2019년엔 대군주보와 함께 효종 어보(1740)가 환수됐습니다.

뒤늦게나마 미국 소재 어보 및 국새를 환수할 수 있었던 데는 이유가 있습니다. 2014년 국가유산청이 미국 국토안보국 소속 이민관세청과 '한미 문화재 환수 협력 양해각서'(이하 양해각서)를 맺었거든요. 미국 이민관세청은 국가유산청과 함께 '호조태환권 원판' 등 미국에 있는 불법 반출 한국 문화유산에 대한 수사 공조를 추진했던 국토안보수사국의 상급 기관입니다. 양국의 두 관청이 주고받은 각서에 따라 미군이 가져갔던 국새 및 어보의 환수가 급물살을 탔습니다. 미국 내에서 소장하고 있는 국새나 어보를 유통 혹은 매매하는 것을 불법으로 간주했거든요. 양해각서를 맺기 전에 합법적으로 국새 및 어보를 구입했다 해도 이를 유통 및 매매하면 미국 연방 도품법National Stolen Property Act에 의거해 재산형 및 몰수형을 받을 수 있었습니다.

2017년 환수된 문정왕후 어보와 현종 어보가 단적인 예입니다. 두 어보는 개인 소장자의 판매로 LA카운티박물관이 소장하고 있었는데, 국가유산청이 2013년 이를 도난품으로 규정하고 미국 국토안보수사국에 수사를 요청하면서 진품 확인 및 법적 소송 절차 등을 거쳐 반환된 것입니다.

대군주보 역시 효종 어보와 함께 재미 교포가 정상적인 경매를 통해 구입한 유물이지만, 이미 국가유산청이 미국 측에 전달한 도난 문화유산 목록에 포함되어 있었습니다. 따라서 양해각서에 따라 소장 자체가 불가능했고, 결국 자발적 기증 형식으로 환수되었습니다.

그러나 조선 및 대한제국 시대에 제작한 국새 및 어보 총 412점 중 76점은 여전히 행방불명 상태입니다. 정상적인 거래를 통해 구입했다면 '선의의 취득'을 주장할 수 있는 것 아니냐고요? 그렇지 않습니다. 나라의 상징물인 국새와 어보는 개인의 재산이 아니라 '조선-대한제국-대한민국'의 재산이기 때문입니다. 특히 국새와 어보의 경우, 유네스코 123개 회원국을 비롯해 인터폴과 미국 국토안보수사국 등이 행방불명 유물 목록을 공유하고 있습니다. 그러니 개인이 소지하는 것 자체가 불법인 거죠. 좀 심하게 얘기하면, 좋은 말로 할 때 내놔야 합니다. 1965년 뒤늦게 어보 분실 사건이 불거지자 당시 강만길 국사편찬위원이 던진 한마디가 뇌리에서 떠나질 않습니다.

"대한 국새는 매우 귀중한 문화재다. 당시 이 도장 하나면 나라를 팔고 살 수도 있었다."

## 23

# '신일본인'을 선택한 이봉창

### 그는 왜 일왕을 처단하려 했을까

◇     2022년 보물로 지정된 유물 가운데 '이봉창 의사 선서문'이 특히 제 눈에 띄었습니다.

> 나는 적성(진심)으로써 조국의 독립과 자유를 회복하기 위하야 한인애국단의 일원이 되야 적국의 수괴를 도륙하기로 맹서하나이다. 대한민국 십삼년 십이월 십삼일 선서인 이봉창. 한인애국단 앞

이미 보물로 지정된 윤봉길 의사의 선서문과 내용이 비슷합니다. 물론 다른 문구도 있습니다. 이봉창 의사는 '적국의 수괴(일왕)', 윤봉길 의사는 '적의 장교(일본 상하이 주둔군 사령관 시라카와 요시노리) 등' 도륙의 대상을 분명히 했죠.

그런데 '이봉창 의사 선서문의 보물 지정' 보도 자료를 보면 고

개를 갸웃할 만한 사진이 첨부되어 있습니다. 어릴 적부터 보아온 이봉창 의사는 교과서는 물론 각종 언론 자료 등에 소개된 이미지, 즉 말끔한 양복 차림에 수류탄을 양손에 들고 밝게 웃고 있는 사진 이죠.

하지만 보도 자료에는 흐릿할 뿐 아니라 표정도 다소 굳은 사진 이 실려 있었습니다. 여기엔 이유가 있습니다. 지금까지 이봉창 의 사의 시그너처 이미지로 알려진 '활짝 웃는 사진'은 합성된 것으로 뒤늦게 밝혀졌거든요.


## 웃는 이봉창 의사의 사진은 합성이었다

현전하는 이봉창 의사의 거사 직전 사진은 4~5장 정도 됩니다. 그중 2장은 1931년 12월 13일 제1호 한인애국단원이 되어 선서식 을 거행할 때 찍은 것으로 추정합니다. 1장은 거사 직후 이봉창 의 사가 간직하고 있다가 일본 경찰에 의해 증거품으로 압수된 것으로 보도 자료에 첨부된 그 사진이죠. 또 1장은 백범 김구 선생이 거사 의 진상을 알리기 위해 중국 신문 등에 배포한 사진입니다. 그 외에 오버코트에 두 손을 넣고 활짝 웃는 모습의 사진도 있는데, 이것은 언제 찍은 걸까요? 김구 선생의 《백범일지》에 그 단서가 있습니다.

"선서식 후(이봉창 의사 신문 조서에는 17일 아침) 내(백범) 얼굴에 처 연한 기색이 있었는지, 이 씨(이봉창 의사)가 말했다. '영원한 쾌락(일 왕 처단)을 누리고자 이 길을 떠나니, 두 사람이 기쁜 안색으로 사진 찍자'고…"

━━ (위) 지금까지 알려진 이봉창 의사의 선
서식 사진은 《도왜실기》한글판의 합성사진
(좌)을 토대로 확산된 것(우)이다.
━━ (아래) 1931년 12월 17일 무렵 찍은 이 원
본사진의 얼굴을 오려 붙이고, 수류탄을 든
양손과 선서문, 배경의 태극기까지 그려넣어
합성한 것으로 보인다.

그렇다면 합성으로 판명된, 가장 유명한 사진은 어찌 된 걸까요?

1932년 백범이 한인애국단의 활동을 정리해 중국어판으로 펴낸

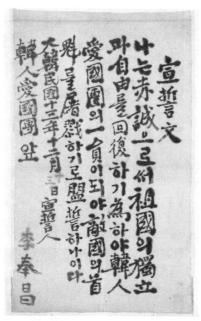

—— 이봉창 의사의 선서문. 국립중앙박
물관 소장.

《도왜실기》라는 책이 있는데, 해방 후인 1946년 재출간된 《도왜실기》 한글판에 '수류탄을 들고 활짝 웃고 있는 합성사진'이 실린 겁니다. 자세히 보면 정말 수류탄을 든 양손과 배경 속 태극기가 '그려 넣은 것'이라는 걸 쉽게 알 수 있습니다. 목에 건 선서문도, 얼굴의 목선도 어색하기 이를 데 없죠. 거사를 더욱 극적으로 묘사하기 위해 사진에 손을 좀 본 겁니다.

또 이봉창 의사의 선서문에도 이상한 점이 보입니다. 전체 내용과 '날짜' 및 '서명'의 색깔이 다르다는 걸 알 수 있는데, 이는 무엇을 말하는 걸까요? 누군가 선서문을 미리 작성해두었고, 이봉창 의사가 선서문의 '빈 날짜'와 '빈 서명'란을 채운 것입니다.

그렇다면 이봉창 의거의 의미가 퇴색되고, 따라서 선서문(사진 포함) 또한 보물의 가치가 떨어지는 것은 아닐까요? 하지만 전혀 그렇지 않습니다. 수류탄을 들고 안 들고는 문제가 되지 않습니다.《백범일지》에 뭐라고 했습니까? 이봉창 의사가 표정이 굳어 있는 백범에게 영원한 쾌락을 위해 떠나는데 웃으면서 사진을 찍자고 했죠. 그렇다면 '죽음마저 초월한 찬란한 미소'가 맞습니다. 1946년의 합성사진 또한 그 웃음 띤 얼굴을 살짝 얹은 거고요. 그분도 투사이기 전에 인간인데, 거사를 위해 떠날 때 얼마나 심경이 복잡했겠습니까. 담담한, 아니 약간은 굳은 표정의 사진이 그 심경을 대변하고 있죠. 따라서 웃는 사진도, 또 그 웃는 얼굴로 합성한 사진도 보물의 가치가 차고 넘치는 사료라 할 수 있습니다.

날짜와 이름만 써넣은 선서문은 이봉창 의사의 경우만 그런 게 아닙니다. 윤봉길 의사 역시 미리 작성된 선서문에 이름만 써넣었습니다. 백범 김구 선생이 결성한 한인애국단의 제1호 단원이 바로 이봉창 의사였습니다. 또 윤봉길 의사가 백범을 찾아와 "(이봉창 의사처럼) 나를 독립운동 자원으로 써달라"고 했죠. 이봉창 의사의 도쿄 의거가 있었기에 윤봉길 의사의 홍커우 공원 의거 역시 가능했던 겁니다. 두 선서문 모두 보물로서 가치가 충분합니다.


## 일본인과 조선인 사이에서의 고뇌

이제 각종 재판 관련 기록과 백범 김구의 저작물을 토대로 이봉창 의사의 행적을 추적해봅시다(신문 조서, 청취서, 검증 조서, 의견서, 상신서 등의 기록과 백범의 《백범일지》《도왜실기》〈동경작안의 진상〉 등 참고).

사실 그분처럼 반전의 인생을 산 인물도 드물 겁니다. 이봉창은 서른 즈음이 될 때까지 독립운동의 '독' 자도 생각하지 않았던 사람이 었죠. 1901년 용산에서 태어난 이봉창은 집안 형편 때문에 보통학교를 졸업한 뒤 생활 전선에 뛰어들었습니다. 그 후 과자 상점, 약국 등 일본인이 운영하는 가게와 용산역 등에서 일했어요. 거기서 다른 조선인들이 따라올 수 없는 생활 일본어를 익혔습니다. 이후 오사카와 도쿄를 전전하면서 갖은 차별을 감내하며 닥치는 대로 일했습니다. 차별을 숙명으로 받아들인 식민지 조선의 청년으로 자랐죠.

오히려 "난 조선인이 아니라 (한일합병으로 탄생한) 신일본인"이라고 외쳤습니다. 이봉창은 '기노시타 쇼조木下昌藏'로 개명하며 철저히 일본인으로 살아가려 합니다. 하지만 신분은 계속 들통 났고, 그럴수록 차별에 대한 좌절감은 더 심해졌죠. '신일본인'을 자처하며 일왕의 행차를 보러 갔다가 예비 검속에 걸려 까닭 없이 9일이나 구금되었을 때 '난 별수 없는 조선인'이라는 생각을 하게 됩니다. 잠깐 독립운동을 떠올리기도 했지만 그것도 잠시였죠. 일본인 신분을 고집했습니다. 그 무렵 조선 여인이 물건을 훔치러 온 도둑 취급을 받고 있는 걸 보면서도 선뜻 나서지 못한 스스로에게 양심의 가책을 느낍니다.

"나는 정말 인정머리 없는 놈이다. 난 왜 조선인이면서 이렇게 비굴하게 살아야 하는가."

급기야 이봉창은 1930년 10월, 임시정부가 있는 중국 상하이로 떠났습니다. 일본에서 일본인 행세를 하며 고통을 겪었으니 이제는

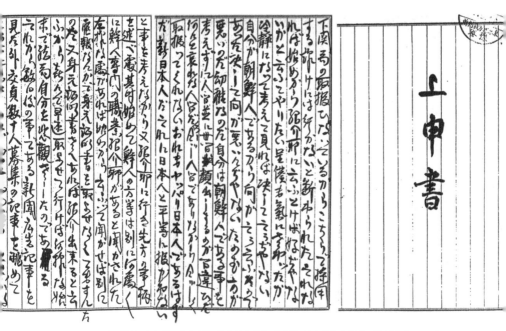

-- 이봉창은 거사 후 일본법원 예심판사에게 제출한 상신서에서 "나는 한일합병으로 탄생한 신일본인임을 자처한 식민지 청년이었다"고 말했다. 단국대 동양학연구소 소장.

진짜 '이봉창'으로 살아가기로 결심한 것입니다. 이듬해 1월 초순, 임시정부 사무실로 들어선 이봉창은 "상하이에서 노동을 하며 독립운동을 할 수 있는 방법이 없겠느냐"고 묻습니다. 그러나 《백범일지》의 표현대로 반쯤은 일본 말이고 동작조차 일본인과 흡사한 그를 누가 믿어주겠습니까?

어느 날 술과 고기를 사 들고 임시정부를 찾아간 이봉창은 교민단 직원들과의 술자리에서 거나하게 취해서는 독립운동을 한다는 사람들이 일왕은 왜 죽이지 못하느냐고 소리쳤습니다. 그로부터 며

칠 뒤 이봉창은 또 술과 고기를 사 들고 찾아가 술자리를 마련했습니다. 취기가 오르고 언성이 높아졌습니다. 술자리 대화는 마침 2층에 있던 백범에게까지 들렸습니다. 이때 이봉창의 취중 한마디가 백범의 귀에 꽂혔습니다.

"당신들은 독립운동을 한다면서 일왕은 왜 죽이지 못하오?"

"그게 쉬운 일이냐"는 교민단 직원들의 콧방귀에 이봉창은 한마디를 더 얹었습니다.

"일본에서 일왕의 행차를 맞아 엎드렸는데, 그때 '지금 폭탄이 있으면 일왕을 죽일 수도 있겠구나' 하고 생각한 적이 있었소."

그때 백범은 정신이 퍼뜩 들었습니다.

'일왕 처단이라…. 감히 누구도 생각하지 못한 대담한 작전이 아닌가.'


## 게다짝을 끌고 나타나는 일본 영감

그즈음 상하이 임시정부는 물론 중국에서의 독립운동 입지는 위축 일로를 걷고 있었습니다. 1931년 7월, 일제는 중국 지린성 창춘현 만보산 지역에 이주한 한인과 현지 중국인의 갈등을 유발하는 술책을 썼는데, 이로 인해 일본 경찰이 개입된 유혈 사태가 발생했습니다. 이른바 '만보산 사건'입니다. 조선에서는 중국인을 배척하는 폭동까지 일어났습니다. 일제의 이간책 때문에 중국 내에서도 한인에 대한 악감정이 커졌죠.

임시정부 내부 사정도 좋지 않았습니다. 1923년 국민대표회의가 결렬됐고, 1920년대 후반에는 해외 동포들의 모금도 거의 중단됐습니다. 독립운동가들도 대부분 상하이를 떠났고, 임시정부 고수파만이 외롭게 간판을 지키고 있었죠. 임시정부 국무회의가 이런 난국을 타개하려고 구상한 단체가 있는데, 바로 한인애국단입니다. "현 단계에서 특무 공작, 즉 요인을 암살·파괴하는 공작을 펴는 것이 절대 필요하다"는 백범의 제안에 따른 것이었습니다.

임시정부 국무회의는 공작에 사용할 자금과 인물 등 전권을 백범에게 위임했는데, 그 외중에 이봉창의 취중 발언을 들은 겁니다. 백범은 그날 저녁 이봉창이 묵고 있는 여관을 찾아가 흉금을 터놓고 이야기를 나누었습니다. 이봉창의 말과 표정에서 진심이 묻어났습니다.

"제 나이 서른한 살입니다. (…) 방랑 생활도 맛보았고 (…) 인생의 목적이 쾌락이라면 지난 31년간 육신의 쾌락을 맛봤으니 이제는 영원한 쾌락을 꿈꾸며 독립 사업에 헌신하려고 상하이에 온 것입니다."

이때 일을 《백범일지》는 "나는 이 씨의 위대한 인생관을 보고 감동의 눈물을 흘렸다"고 기록했습니다. 이봉창 의사는 이때부터 다시 '일본인 기노시타'를 자처하고 일본인이 운영하는 철공소에서 일하며 은밀히 임시정부 사무실에 들르곤 했습니다.

"술과 고기, 국수를 사서 민단 사무실에 자주 찾아왔다. 술에 취하면 일본 노래를 유창하게 부르고 놀아서 '일본 영감'이라는 별명을 얻었다."

《백범일지》는 "하오리(기모노 위에 입는 웃옷)에 게다(일본 나막신)를 신고 임시정부 청사를 들어오다 중국인 하인에게 쫓겨난 일도 있었다"고 전합니다. 다른 임시정부 요원들은 "한인인지 일인인지 행색이 불분명한 자를 출입시키냐"고 못마땅해했지만, 백범은 "다 생각하는 바가 있다"며 그들을 무마시켰죠. 그사이 백범은 이봉창의 의중을 탐색했습니다. 이봉창은 경성(서울)과 일본에서 당한 차별과 고생담을 털어놓으며 "폭탄이 있으면 지금 당장이라도 결행하겠다"고 다짐합니다.

"더 사는 것도 흥미가 없습니다. 오히려 빨리 죽고 싶습니다. 저는 무슨 일이든 중간에 흐지부지하는 것을 싫어합니다."

1931년 11월, 해외 후원금 수백 달러로 거사 자금을 마련한 백범과 이봉창은 일사천리로 움직였습니다. 백범은 12월 6일 임시정부 국무회의에서 일왕 폭살 계획을 보고하고, 13일 이봉창의 '제1호 한인애국단 입단식과 선서식'을 진행했습니다. 1932년 12월 17일, 폭탄 2개와 거사 자금(300원)을 들고 상하이를 떠난 이봉창은 22일 도쿄에 도착했습니다.

〈아사히신문〉을 통해 1월 8일 도쿄 요요기 연병장에서 일왕이 참석하는 육군 시관병식始觀兵式(열병식)이 열린다는 소식을 들은 이봉창은 백범에게 "상품은 1월 8일 꼭 팔릴 터이니 안심하라"는 암호 전보를 보냈습니다. 이봉창은 거사일까지 도와줄 동지 한 사람도 없이 혼자 행동했습니다. 따지고 보면 폭탄 실험도, 예행연습도 하지 않고 도쿄 현장에 온 것입니다. 일본인에게 '살아 있는 신'으로 추앙받는 일왕의 처단이라는 어마어마한 거사를 순전히 홀로 감당한 겁니다.

얼마나 외롭고 두려웠겠습니까? 오죽하면 오미쿠지(길흉을 점치는

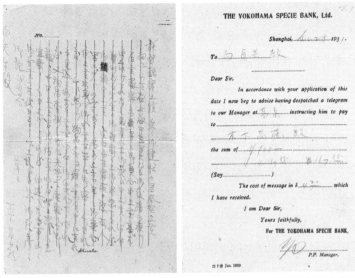

THE YOKOHAMA SPECIE BANK, Ltd.

Shanghai, _____ 193 /.

To _____

Dear Sir,

In accordance with your application of this date I now beg to advise having despatched a telegram to our Manager at _____ instructing him to pay to _____

the sum of _____

(Say _____ )

The cost of message is $ _____ which I have received.

I am Dear Sir,

Yours faithfully,

For THE YOKOHAMA SPECIE BANK,

_____
P.P. Manager.

－－－ 이봉창 의사의 친필 편지와 의거 자금 송금 증서(영자 지불 통지서). 국립중앙박물관 소장.

제비뽑기)까지 뽑았겠습니까? '제35길吉'이라는 길조가 나왔습니다. 이봉창은 이 점괘가 적힌 종이를 백범에게 보냈습니다. 그만큼 초조감과 불안감을 달래려고 분투했던 겁니다.


### 미완으로 끝난 일왕 폭살 사건과 그 여파

마침내 1932년 1월 8일 도쿄 요요기 연병장에서 히로히토 일왕이 참석한 시관병식이 열렸습니다. 이봉창은 행사가 끝날 때까지 일왕의 동선을 놓쳐 불안했습니다. 그러나 사력을 다해 뛴 결과 지름길로 겨우 따라잡았습니다. 도쿄 경시청 앞은 궁성으로 돌아오는 일왕의 모습을 보려는 사람들로 인산인해를 이뤘습니다. 일왕 행렬이 사쿠라다몬櫻田門 쪽으로 오는 것이 보이자 때를 기다린 이봉창이 수류탄을 투척했습니다. "꽝!" 폭탄은 두 번째 마차 뒤쪽에서 요란한 굉음을 내며 터졌습니다. 오전 11시 44~45분경이었습니다.

두 번째 마차가 부서지면서 일왕 행렬은 아수라장이 되었습니다. 그러나 거사 목표인 '일왕 폭살'은 실패로 돌아갔습니다. 일왕은 첫 번째 마차에 타고 있었던 겁니다. 부서진 마차에는 궁내부 대신이 타고 있었죠. 거사 직후 이봉창의 행동도 심금을 울립니다. 일본 경찰이 엉뚱한 사람을 체포하자 "그 사람이 아니라 나다, 나야!"라고 했다는 겁니다. 보통 사람이라면 무의식적으로 인파를 헤치고 몸을 피했겠죠. 그러나 이봉창은 일왕 폭살의 거사를 비겁하게 다른 이한테 전가할 수 없었습니다. 경황이 없는 중에도 대의를 지켜낸 겁니다. 만약 그때 몸을 피했다면 의거의 의미가 퇴색했을 겁니다.

이봉창은 법정에서 "폭탄의 위력이 부족해 목적을 이루지 못한 것이 유감"이며 "일왕의 목숨을 빼앗고 싶었을 뿐"이라고 당당하게 진술했습니다. 그해 9월 30일에는 선고 공판에서 일본 형법 제73조에 따른 대역죄인(천황가에 위해를 가했거나 모의 혹은 계획한 죄인)으로 사형 판결을 받았습니다. 그리고 10일 만인 10월 10일 도쿄 이치가야 형무소에서 사형이 집행되었습니다.

물론 이봉창 의사의 '도쿄 거사'는 미수로 끝났습니다. 그러나 이봉창 의거는 안중근 의사의 '이토 히로부미 척살'(1909), '윤봉길 의사의 시라카와 육군대장 등 폭사 의거'(1932)와 더불어 한국 독립운동사의 3대 의열 투쟁으로 꼽힙니다. 일본의 심장부 도쿄에서 살아 있는 신으로 추앙받는 일왕에게 수류탄을 던진 겁니다.

의거가 일어나자 일본열도는 발칵 뒤집혔습니다. 무엇보다 중국의 반응이 폭발적이었죠. 중국 신문들은 이봉창 의거 관련 기사를 경쟁적으로 다뤘는데, 그들의 보도에는 일정한 논조가 있었습니다. 즉, 일왕을 처단하지 못한 '아쉬움'을 드러낸 것입니다. 대부분의 신문에 '폭탄이 일황을 적중하지 못했다'는 문구가 들어 있죠. 특히 '미중未中(정확하게 맞히지 못했다)' '미성未成(목적을 이루지 못했다)'이라는 단어가 눈길을 끌었습니다. 국민당 기관지 〈민국일보民國日報〉는 더욱 적극적인 표현을 사용했죠. "한인이 일왕을 저격했지만 맞히지 못했다韓人刺日皇未中. 불행히도 뒤따라오던 마차를 맞히는 바람에 실패로 끝나고 체포됐다不幸僅炸副車兇手卽被逮." 이것이 유명한 '불행미중不幸未中(불행하게도 일왕을 맞히지 못했다)'의 논조입니다.

〈신보申報〉역시 '미성'이라는 표현과 함께 이봉창 의사를 '한국지사'로 표현했습니다. 〈중앙일보中央日報〉는 11월 11일 자 기사에서 한 걸음 더 나아갑니다. "일본이 만주 동북 지역을 점령하고 중국을 침략할 때 (…) 한국 지사 이봉창이 단신으로 만군의 호위를 받고 있는 일황을 저격했다. 목적을 이루지 못했지만 세계에서 가장 위대한, 사람들을 놀라게 한 소리였다." 이와 같은 중국 언론의 보도를 접한 중국 내 일본인은 방화·살인 등 연일 난동을 일으켰는데, 특히 '불행미중'이라는 표현을 쓴 국민당 기관지 〈민국일보〉가 직격탄을 맞았습니다. 일인들은 민국일보사에 난입해 권총을 난사했고 중국 국민당 시당부를 습격해 건물 전체를 불태우는 만행을 벌이기도 했습니다. 사태가 걷잡을 수 없게 되자 〈민국일보〉는 끝내 폐간되고 말았죠.

상하이에서도 일본 낭인들의 폭동이 계속되었습니다. 일본 총영사가 '천황에 대한 불경'이라고 비난하며 폭동을 부추긴 겁니다. 그 폭동은 일본 해군육전대와 중국19로군 사이의 무력 충돌로 비화하는데, 이것이 '상하이 사변'입니다. 이봉창 의사의 의거가 중국·일본 간 전쟁으로 확대된 겁니다.

백범은 한국독립당 명의로 이봉창 의거의 정당성, 즉 일왕을 처단해야 하는 아홉 가지 이유를 밝히는 선언문을 중국 언론에 배포했습니다. 안중근 의사가 설파한 '이토 히로부미의 15대 죄상'을 연상케 하는 가슴 후련한 선언문입니다. 그중 "폭악한 일구日寇(왜구)가 저지른 모든 책임이 바로 이자(일왕)에게 있고, 도둑을 소탕하려면 먼저 그 수령(일왕)을 잡으라는 말이 있다"는 대목이 눈길을 끕니다.


## 신일본인은 왜 독립투사가 되었나

이봉창 의사를 보면 몇 가지 상념이 떠오릅니다. 이봉창은 서른 즈음까지도 식민지 조선에서 한일합병 후 탄생한 '신일본인'으로 살고자 했습니다. 그에게 나라를 빼앗긴 설움 따위는 없었죠. 어떻게 하면 차별받지 않고 신일본인 대접을 받을까 끊임없이 고민했습니다. 물론 때때로 조선인이라는 자각도 했지만 이내 철저히 '기노시타 쇼조'로 살아가기로 마음먹습니다. 식민지 조선에서 살았던 보통 사람들의 고뇌이기도 합니다.

그러나 이봉창 의사는 서울-오사카-도쿄-상하이 등의 역정 속에서 끊임없이 부딪치고 깨져가며 드디어 스스로의 정체성을 확인합니다. '나는 조선인이다!'라는 자각을 하는 순간, 이봉창은 독립투사가 될 수밖에 없었습니다. 차별받지 않으려면 조선인의 나라가 존재해야 했기 때문이죠. 물론 처음부터 독립운동의 염원을 담고 투신한 분들의 삶도 가치 있습니다. 그러나 고통스럽게, 처절하게 밑바닥 삶을 경험한 뒤에야 '독립운동만이 살길'이라고 깨달은 이봉창 의사의 선택은 또 다른 의미로 다가옵니다. 그렇게 다져온 독립운동의 토대가 자신도 모르는 사이에 누구도 깰 수 없는 신념으로 승화된 것입니다. 다음은 이봉창 의사가 남긴 '거사의 변'입니다.

"일본인은 조선인을 차별 대우하고 학대하고 있다. 조선인은 어떻게든 조선을 독립시켜 조선인의 국가를 갖지 않으면 안 된다. (…) 결코 이봉창 한 사람이 멋대로 벌인 난폭한 행동이 아니다. 조선 민족을 대표해서 (…) 결행한 것이다."

신일본인을 자처했던 식민지 젊은이가 불과 몇 년 사이에 '일본의 대역죄인'으로, 그리고 '한국의 독립투사'로 목숨을 바친 것입니다. 그를 독립투사로 만든 것은 일제였습니다. 말로는 일본인과 조선인은 동등하다는 '일선동화론日鮮同化論'을 내세웠지만, 실상은 평범하게 살고자 했던 청년을 지독한 차별로 내몰았죠. 일제 스스로가 이봉창 의사로 하여금 그들이 신격화하는 일왕에게 폭탄을 던지게끔 만든 것입니다. 그야말로 자업자득입니다.

# 4장

## 그때도 지금도
## 사람 사는 것은
## 다르지 않다

**24**

# 1,500년 전 무덤에 묻힌 개의 정체

신라인의 반려견, 가야인의 경비견

◇　　경남 창녕 화왕산 기슭에 자리한 교동·송현동 고분군에는 모두 300여 기의 무덤이 집중되어 있습니다. 가야 연맹체 중 비화가야非火伽倻 지도자의 후예가 묻힌 고분군이죠. 그런데 이곳은 물론 고령·함안·김해·성주 등은 일제강점기부터 무단 발굴과 도굴의 무대였습니다. 일제가 가야 지역에 존재했다는 임나일본부任那日本府를 찾기 위해 혈안이 되었던 거죠.

'임나일본부설'은 야마토大和 정권이 한반도 남부 지역에 임나일본부라는 관청을 세워 369년부터 562년까지 200여 년간 지배했다는 학설입니다.

"남조선은 내궁가內宮家(209년 일본이 신라 정벌 후 설치했다는 관청)를 둔 곳이고, 조정의 직할지가 되어 일본의 영토가 된 일이 있다. 한국 병합은 임나일본부의 부활이다."(《매일신보》 1915년 7월 24일)

하지만 그들은 임나일본부의 증거를 찾지 못했습니다. 가야 지역 발굴에 나선 구로이타 가쓰미黒板勝美 도쿄대학교 교수는 "막상 임나일본부라고 해도 연구해보면 모두 조선풍이었다. 임나일본부의 자취는 이미 사라져 찾을 방법이 없다는 게 유감이다"라고 토로했습니다. 사라진 게 아니라, 존재하지도 않은 임나일본부의 흔적이 나올 리 없죠.

## 신라식 금동관을 쓴 교동 마님의 발굴

그렇게 용도 폐기된 가야 고분군은 방치된 채 도굴꾼의 소굴로 전락하고 말았습니다. 해방 이후에도 별반 다르지 않았죠. 그런데 2016년 교동 고분군의 맨 위쪽에 자리한 대형 고분(지름 27.5m의 39호분)을 발굴한 조사단(국립가야문화유산연구소)은 두 눈을 의심했습니다. 깨끗하게 치워진 무덤 방 안에 도굴에 사용했을 고무 대야와 양동이까지 버젓이 놓여 있었습니다. 심지어 '(주)기린' '삼립' 브랜드의 빵 봉지까지 보였습니다. 고무 대야와 양동이까지 들고 유물을 털어간 도굴범들이 무덤 방에서 유유히 빵까지 먹었다는 얘기죠. 삼립식품은 1981년 (주)기린으로 바뀌었는데, 1980년 한 해만 '삼립빵'이라는 상표를 같이 썼다고 합니다. 그러니까 마지막 도굴은 1980년대 초·중반에 이뤄졌을 가능성이 큽니다.

3년 뒤인 2019년 11월 20일에는 39호분을 발굴하던 조사단이 이 고분과 붙어 있는 또 다른 무덤을 찾아냈습니다. 39호분 바로 밑에서 드러난 고분의 무덤 방은 길이 2m가량의 돌 7개로 뚜껑을 덮었고, 돌 틈을 점질토로 밀봉한 상태였습니다. 도굴 흔적이 없었다는 뜻이죠. 39호분이 '온몸으로 덮어준' 덕분에 63호분(지름 20m)은 도굴의 화를 모면한 겁니다. 국립가야문화유산연구소 요원들은 사뭇 긴장했습니다. 짐작은 했지만, 과연 1,500년 넘게 도굴의 화를 입지 않은 싱싱한 고분이 분명했습니다. 7개의 덮개돌 사이를 메워놓은 잔돌들을 걷어내자 틈이 생겼고, 연구원들은 그 사이로 휴대폰을 밀어 넣어 연신 사진을 찍었습니다.

"무덤 안은 어둡고 흙으로 약간 덮여 있었지만 잘 보였습니다. 무덤 제일 안쪽에 토기들이 한 무더기 쌓여 있었습니다. 그리고 그 앞 공간에는 시신을 안장한 흔적이, 그 앞에는 다시 토기가 한 무더기 보였죠."(당시 박종익 국립가야문화유산연구소장)

"대부장경호臺附長頸壺(아래위가 좁고 배가 나온 저장 질그릇) 등의 토기가 보였는데, 형태는 다른 가야 지역에서 나온 나팔형이 아니라 팔八 자형이고, 투창(굽구멍) 모양도 엇갈린 문양인 '창녕식 토기'였습니다."(당시 양숙자 학예실장)

63호분은 비화가야의 전성기인 5세기 중반에 활약한 최고 지도자의 무덤으로 추정되었습니다. 8일 후인 11월 28일, 대형 크레인으로 3.8톤, 2.8톤이나 되는 63호분의 덮개돌을 들어내는 언론 공개회가 열렸습니다. 근래에 보기 드물게 신문 1면에 고고학 발굴 사진이 게재되는 순간이었죠.

본격 발굴 결과, 무덤 주인의 머리 쪽에서 높이 21.5cm의 금동관이 드러났습니다. 출卅 자형의 전형적인 신라 관이었죠. 이어서 관에 늘어뜨린 금동 드리개 및 금동 막대 장식이, 귀 쪽에서는 굵은고

—— 경남 창녕 교동 고분군 전경. 위로 39호분이, 바로 밑에는 63호분이 조성되어 있다. 39호분은 도굴되었지만, 39호분이 덮고 있던 63호분은 도굴되지 않은 상태로 발견되었다. 국립문화유산연구원 제공.

리 귀걸이 1쌍이 차례로 보였습니다. 목과 가슴 부근에서는 유리구슬 목걸이가, 손 쪽에서는 은반지가 나왔습니다. 장식 달린 허리띠에는 은장도 2점이 달려 있었고요. 피장자의 몸을 치장했던 장신구 일체를 완벽하게 발굴한 겁니다.

5세기 중반에 조성된 이 고분의 주인은 키 155cm인 여성으로 추정되었습니다. 2006년 이 고분과 인접한 송현동에서 나온 인골을 복

2부 인물과 인연

원한 뒤 '송현이'라는 이름을 붙였는데, 그렇다면 교동에 묻힌 63호분의 피장자는 '교동 마님'으로 명명하면 그럴듯하겠네요. 또한 무덤 안팎에 최소 5명의 순장자를 묻은 흔적이 있었습니다. 무덤 안에서 2명, 그리고 무덤 밖 봉토에서 석곽 2기와 옹관 1기가 나왔습니다. 무덤 속 2명, 봉토 속 3명 등 최소 5명을 순장했을 가능성이 높은 거죠.

그렇다면 아래위로 연접된 63호분과 39호분의 주인은 어떤 관계였을까요? 두 무덤의 연대를 조사해보니 63호분을 먼저 조성하고, 얼마 뒤 그 위에 39호분을 덧붙인 듯했습니다. 63호분의 주인이 여성이라면, 처참하게 도굴된 39호분은 남성의 무덤일 가능성이 짙죠. 그럼 두 사람은 부부였을 수도 있고요. 비화가야의 후예로서 창녕 지역을 다스리던 남성 지도자가 먼저 죽은 부인의 머리에 신라 중앙정부에서 하사한 금동관을 씌워 명복을 빈 것은 아닐까요? 물론 63호분의 주인 자체가 이 지역을 다스린 여성 지도자였을 수도 있죠. 만일 부부가 맞다면 남편이 위에서 부인을 보호한 셈입니다.


## 무덤을 지키는 경비견과 수호견

진짜 이야기는 이제부터 시작입니다. 2020년 12월 15일, 63호분 무덤의 구조를 정확히 파악하기 위해 입구 쪽 벽을 해체하는 과정에서 특별한 유구가 나왔습니다. 길이 1m가량의 소형 덧널(석곽)이 드러났는데, 그 안에서 3마리의 동물 뼈를 발견한 겁니다. 모두 무덤을 등진 채 바깥을 바라보는 자세였습니다. 3마리 다 성견成犬이고, 그중 1마리는 노견老犬으로 추정됐습니다. 여기서 2마리가 노견이 아니라는 게 유의미합니다. 이 2마리가 매장 이전에 살해됐다는 걸 보여주는 증거일 수 있으니까요.

3마리 모두 해체되지 않은 채로 온전하고 정연하게 묻혀 있었습니다. 이때 무언가가 조사단의 뇌리를 스쳤습니다. 39호분 입구 쪽에도 비슷한 크기의 덧널이 있었거든요. 그 속을 살펴보니 과연 부식한 개의 뼈가 보였습니다. 분석 결과, 39호분과 63호분 모두 피장자를 묻고 무덤 입구를 폐쇄하면서 '개 전용 공간'을 조성한 것으로 파악됐습니다. 그리고 모두 무덤 방 안에 순장자 2~3명을 넣고, 무덤 밖 봉토에도 덧널과 옹관 등을 조성해 순장자를 묻는 형식이었습니다. 그렇다면 두 고분의 입구에서 바깥쪽을 바라보고 나란히 누워 있는 개도 순장을 당한 것이겠죠. 조사단이 옛 자료를 찾아보니 창녕 교동 7호분과 41호분에서도 이와 비슷한 동물 유체의 매장 사례가 있었습니다.

사실 고분에서 동물 뼈가 나온 예는 많습니다. 해체 후 일부를 부장한 동물 뼈가 대부분이지만, 제사용으로 쓰인 소 등을 통째로 묻은 사례도 있습니다. 그렇다면 예전에는 가축으로 키웠고, 요즘엔 반려견으로 대접받는 개의 경우는 어떨까요?

제가 확인한 가장 극적인 예는 1974년 중국 상나라 시대 제후국이던 중산국中山國 왕릉에서 출토된 개의 유골인데, 중산국의 개는 당대에 '북견北犬'으로 명성을 떨쳐 중원에서도 수입한 것으로 알려졌습니다. 출토된 중산국 북견 2마리의 목에는 금은 목걸이가 걸려 있었습니다. 《후한서》〈오환선비열전〉은 "오환烏桓 사람들은 개가

2부 인물과 인연

――― 63호분에서 발견된 개 뼈. 39호분과 63호분 모두 무덤 주인공을 묻고 입구를 폐쇄하면서 개 전용 공간을 조성했다. 국립문화유산연구원 제공.

피장자를 하늘 세계로 인도한다고 믿어 개를 붉은색 끈으로 맨 다음 피장자와 함께 매장한다"고 했습니다.

한반도는 어떨까요? 청동기 후기부터 철기시대 유적인 경남 사천 늑도에서 26기 이상의 인골과 함께 28기 이상의 개 뼈가 나왔는데, 이 중엔 순장견도 있었습니다. 경북 경산 임당 2호분의 덮개돌 위에서 발견된 개 4마리 역시 순장견이었고요. 이런 순장의 예는 대부분 제의를 위해 희생된 제물이죠.

그런데 창녕 교동 39·63호분에서 나온 순장견은 조금 다릅니다. 단순한 부장품이나 제물은 아니라는 견해가 지배적이죠. 무엇보다 무덤 주인을 먼저 묻고 고분 입구를 폐쇄한 뒤 별도의 전용 공간(덧널)에 순장견을 넣은 것이 눈에 띄고, 3마리를 해체하지 않은 채 온전하게 넣었으며, 한결같이 바깥쪽을 바라보는 형태라는 게 그 이유입니다.

고구려 고분벽화를 볼까요? '영화 13년'(357, 고국원왕 27)이라는 묵서명墨書銘이 있는 안악 3호분의 부엌 그림에서도, '영락 18년'(408, 광개토대왕 18)에 조성된 덕흥리 벽화고분의 '견우·직녀' 그림에서도 개를 볼 수 있습니다. 무용총에 묘사된 개는 말을 탄 무덤 주인의 영혼을 인도하고 있다는 해석이 가능하답니다. 또한 개는 각저총, 송죽리 유적, 장천 1호분, 개마총 등 여러 곳에서 다양한 모습으로 등장합니다. 이 중 각저총 널길의 서북 벽에 그려진 개는 39·63호분의 개와 궤를 같이하는데, 그림 위치가 무덤 입구에서 널방에 이르는 통로인 널길의 서북 벽에 있고, 무언가를 지키는 자세를 취하고 있기 때문입니다. 발굴단은 이런 모습을 백제 무령왕릉의 널길에 서 있는 진묘수鎭墓獸(무덤을 지키는 짐승)와도 연결하죠. 39호와 63호 고분의 순장견 역시 무덤 입구에 떡하니 버티고 서서 바깥을 바라보며 무덤 주인을 지키는 진묘수 역할을 하고 있다는 겁니다.

### 넓적다리 위에 놓인 반려견

2021년 8월, 경북 경주 탑동 유적에서도 의미심장한 발굴이 진행되었습니다. 발굴단(국가유산진흥원)이 삼국시대 인골 중 최장신에 속하는 175~180cm의 남성 인골을 찾아낸 겁니다. 유골은 5~6세기 삼국시대 무덤 24기와 그 내부에 있는 12기의 인골을 확인하는 과정에서 발견했는데, 세인의 관심이 삼국시대 최장신 남성의 현현에 쏠린 것은 당연했습니다. 지금까지 알려진 삼국시대 남성 인골

－－ 유적에서 확인된 최장신 인골의 양쪽 넓적다리뼈 위에서 발견된 개 뼈. 해체된 것이 아니라 온전한 한 마리였다. 국가유산진흥원 제공.

의 평균 신장이 165cm 정도였거든요. 그런데 기골 장대한 신라인 이 출현했으니 얼마나 놀랐겠습니까. 게다가 보존 상태까지 훌륭했 습니다.

그러나 최장신 인골보다 더욱 사람들의 관심을 끈 것이 있었습니 다. 인골의 양쪽 넓적다리 위에 개 뼈가 가로질러 놓여 있었던 겁니 다. 해체되지 않은 온전한 형태의 중·소형견 한 마리였습니다. 이 것은 무엇을 의미할까요? 무덤 주인이 생전에 애지중지하며 키우 던 반려견을 넓적다리 위에 올려놓은 채 묻은 것으로 해석할 수밖 에 없습니다.

그렇다면 무덤 주인의 내세를 지키는 수호신의 의미로 묻힌 39·63호분의 개들과는 약간 다르죠. 그러나 매장 양상이야 어떻든 교동이나 탑동의 개는 생전에 무덤 주인의 사랑을 한 몸에 받던 반려견이었을 가능성이 큽니다. 그러다 죽은 주인의 내세를 지키기 위해(창녕 교동), 혹은 죽은 주인의 반려를 위해(경주 탑동) 묻힌 것입니다.

저는 이 순장견들을 보며 깊은 상념에 빠졌습니다. 주인이 죽자 생전에 애지중지한 반려견까지 죽여서 묻었다는 얘기잖습니까. 반려견을 아낀 고인의 뜻을 담아 살아 있는 사람이 잘 키우면 될 일인데 말입니다. 아무리 내세를 믿었다 해도 살아 있는 생명을 죽여서까지 묻을 것은 없지 않았을까 싶습니다.

그러나 순장이 고대사회의 보편적 풍습이었던 것을 감안하면 이른바 견권犬權까지 거론하기는 힘들겠죠. 39호와 63호 고분의 안팎에 묻힌 사람들도 지금의 관점으로 보면 엄청난 인권침해를 받은 셈이니까요. 주인공의 내세를 위해 생짜로 죽음을 당한 사람들의 울부짖음이 귓가에 들리는 것 같습니다.

2부 인물과 인연

## 25

# 신라에서 유행한 이모티콘과 줄임말

'수전水田' 대신 '답畓'을 쓴 이유

◇　　　국가유산청이 2023년 1월, 경북 경산 소월리 유적에서 출토된 '사람 얼굴 모양 토기 항아리'를 활용한 그림말(이모티콘) 24종을 사회 관계망 서비스SNS에 공개했습니다. 네이버 블로그, 인스타그램 등에서 쓸 수 있답니다. 얼굴 항아리는 각기 다른 표정의 세 가지 얼굴을 드러낸 독특한 모습인데, 국가유산청 공식 SNS는 유물이 출토된 2019년 말부터 프로필 이미지로 활용해왔답니다. "문화유산은 어렵고 지루하다"는 고정관념을 없애려는 의지를 반영한 것이라고 합니다.

그런데 잘 들여다보면, 이 얼굴 항아리는 세 가지 얼굴로만 볼 수 없습니다. 항아리를 살살 돌리면 얼굴과 얼굴 사이에 '또 다른 표정의 얼굴'이 보입니다. 입을 동그랗게 벌린 얼굴들이 나타나죠. 그렇게 따지면 이 얼굴 항아리에는 총 여섯 가지 얼굴이 담긴 겁니다.

이제부터 한국 고고학 발굴 사상 처음 출토된 '다중 인격의 얼굴 항아리' 이야기를 시작합니다.

## 다중 인격의 항아리 출현

2019년 11월, 화랑문화유산연구원이 경북 경산 와촌면 소월리에서 도로공사를 위한 사전 발굴 조사를 하고 있었습니다. 이 과정에서 심상치 않은 구덩이(깊이 2m, 밑지름 1.6m) 1기를 확인했는데 30cm 땅 밑에서 도기 조각들이 나왔고, 거기서 50cm 정도를 더 파내자 정체 모를 항아리 1점과 시루 1점이 드러났습니다. 겉에 묻은 흙을 걷어내던 발굴자는 깜짝 놀랐습니다. 둥그런 항아리에 사람 얼굴이 3개나 표현되어 있었던 겁니다.

각 사람 얼굴은 두 눈과 입은 길게 타원형으로 표현했습니다. 콧구멍은 안에서 밖으로 찔러 만들었는데, 손가락을 이용해 콧등을 중심으로 양쪽을 살짝 눌러서 도드라지게 했습니다. 항아리 높이는 28.4cm, 지름은 17.5cm 정도였습니다. 어떤 물건인지 이리저리 한참 돌려보던 발굴단은 바로 옆에서 출토된 시루의 뻥 뚫린 부분에 이 항아리를 맞춰보았습니다. 그랬더니 딱 맞았죠. 그제야 얼굴 항아리와 시루가 한 세트가 되었습니다. 시루의 양손잡이가 마치 사람의 양손처럼 보였습니다. 제작 연대는 6세기 중·후반으로 추정되었죠.

또 하나의 관전 포인트는 그 밑에서 나온 또 다른 유물이었습니다. 명문 목간과 함께 나뭇가지 다발, 목기가 정연하게 놓여 있었죠.

▬▬ 사람 얼굴 항아리. 항아리는 빙 돌아가며 각기 다른 표정의 얼굴이 표현되어 있다. 얼굴 항아리와 시루가 한 세트로 시루의 양손잡이가 마치 사람의 양팔처럼 보인다. 화랑문화유산연구원 제공.

고고학 조사에서 글자를 새긴 목간, 즉 명문 목간은 아주 중요한 가치를 갖습니다.《삼국사기》같은 역사서는 후대(고려 시대)에 편찬된 사료인 반면, 명문 목간과 명문 비석 등은 당대 사람들의 생생한 기록물이죠. 그러니 역사서보다 훨씬 가치가 높습니다. 더구나 소월리에서 출토된 목간은 그 길이(74.2cm, 직경 4.3~2.8cm)가 다른 신라 영역의 출토품보다 2~3배 이상 깁니다.

명문 목간의 다섯 면에 글씨가 쓰여 있었는데, 읽을 수 있는 글자만 100자 정도였습니다. 그중 눈에 띄는 글자가 몇 개 있었죠. 골짜기를 경계로 들어선 마을을 가리키는 '곡谷'과 논을 가리키는 '답畓', 제방을 의미하는 '제堤', 그리고 신라의 토지 면적 단위인 '결結'과 '부負'였습니다. 특히 답 자가 흥미로웠습니다. 왜냐하면 답 자는 신라에서만 사용한 줄임말이기 때문입니다. 백제에서는 논을 지칭할 때 '수전水田'이라는 중국 단어를 썼거든요. 예컨대 신라가 561년(진흥왕 22) 창녕에 세운 척경비에는 '전답田畓'으로 표기했고, 각 마을의 인구 및 농사 등의 현황을 기록한 '신라촌락문서'(일본 쇼소인正倉院 소장)에도 답 자가 여러 차례 나옵니다. 신라인은 밭을 전田으로 표기했고, 논은 수전水田을 한 글자로 줄인 '답'으로 분류해서 사용한 겁니다.

또한 신라에서는 관직명이나 숫자처럼 흔히 쓰는 표현을 줄여 기록한 예가 많습니다. 예컨대 '사천신라비'(8세기)에는 '상대등上大等(최고관등)'을 쓰면서 '상上'은 정자로 쓰고 '대등大等'은 '大 밑에 朩'으로 표기했습니다. 또 '남산신성비'(제4비, 591)는 '일벌一伐(지방 관직 중 여덟 번째)'과 '일척一尺(지방 관직 중 아홉 번째)' 등을 한 글자처럼

── 통일신라 시대
의 공문서인 촌락
문서에 기록된 답畓
자이다. 신라인 특
유의 줄임말로 신조
어였다. 일본 쇼쇼
인 소장.

표기했습니다. 이를 두고 경상도 출신 연구자는 우스갯소리로 "성
질 급한 경상도 사람들이라 줄여 쓴 것 아니겠느냐"고 하더라고요.


### 토지 장부인가, 업무 수첩인가

명문 목간은 6세기 경산 소월리 인근 지역의 토지 현황을 기록
한 문서로 추정되는데, 소월리는 금호강의 지류인 청통천 주변 언
덕에 자리하고 있습니다. 신라에서는 429년(눌지왕 13) 제방을 쌓고,
531년(법흥왕 18) 임금이 저수지 축조를 명한 기록이 있습니다. 이때
부터 각 지방에서 본격적으로 제방을 쌓은 것으로 보입니다. 금호
강 유역에는 '청제菁堤'라는 제방을 쌓은 기록인 '영천청제비'(536)

가 있고, 영동리촌의 저수지 축조 기록인 '대구무술오작비'(578) 등이 있습니다. 청제 축조는 연인원 7,000명이 동원된 국가적인 대역사였습니다. 자연재해로부터 안전한 전답을 확보하고, 수확량과 토지 이용률을 향상시켜 중앙정부의 재정을 안정적으로 늘리기 위함이었을 겁니다.

금호강 유역인 소월리 부근에서도 같은 맥락으로 제방을 축조했겠죠. 소월리 목간에 적힌 '제堤' 자가 당시 상황을 암시해줍니다. 제방 축조 후 소월리의 전답과 그곳에서 나온 소출량을 꼼꼼하게 쓴 1차 기록물이었던 겁니다. 그러나 지명, 토지 종류, 토지 면적 등으로만 나열된 목간에는 동사가 보이지 습니다. 그 때문에 정식 문건이라기보다는 '감말곡 마을 논 7결' '둑 위堤上 땅 1결' '구미곡 마을 3결' '둑 아래堤下 땅 40부' 이런 식으로 정리한 일종의 장부 혹은 업무용 수첩일 가능성도 있습니다.

또 목간 한 면의 밑을 보면 '제제제堤堤堤' '사사사사四四四四' 같은 반복된 글자들이 보이는데, 이것은 필자가 글씨를 연습한 흔적 같습니다. 이 명문 목간은 장부 혹은 업무용 수첩으로 쓰였다가, 글씨 연습 용도로 재활용한 뒤 마지막으로 '얼굴 항아리, 시루' 밑에 고이 모셔둔 것으로 보입니다.

또한 이 명문 목간이 나뭇가지 다발과 함께 정연하게 놓여 있는 것도 재미있습니다. 나뭇가지 다발의 정체는 무엇이었을까요? 일종의 싸리비이며, 옆에 있는 '폐기 목간'은 그 싸리비의 손잡이 구실을 한 것으로 추정하는 연구자도 있습니다. 그럼 왜 싸리비를 그렇게 고이 모셔두었을까요? 어떤 연구자는 6세기 무렵 소월리 주민들이 지신地神에게 수확량의 40%를 뜯어간 세리들의 수탈을 고발하는 의식을 치른 것으로 해석했습니다. "목간에 논 13결 30부에서 5결 40부를 거뒀다는 내용이 나온다. 그렇다면 대략 40%가량을 세금으로 뜯어간 것이다." 이것이 맞는다면 너무나 가혹한 세금이죠.

여기서 세리의 혹정을 꾸짖는 징벌의 회초리, 즉 싸리나무가 등장합니다. 회초리와 관련된 고사가 있죠. 중국 전국시대 조趙나라 염파廉頗와 인상여藺相如의 '문경지교刎頸之交'가 그것입니다. 평소 인상여를 시기 질투하던 염파가 인상여의 진심을 알아차리고는 웃통을 벗고 가시나무 채찍을 짊어지고肉袒負荊 용서를 빌었다는 내용이죠. 이를 계기로 두 사람은 '죽음도 함께할 친구(문경지교)'가 됐답니다.(《사기》〈염파·인상여 열전〉)

소월리 주민들이 높은 세금을 고발하면서 '혹정의 증거'인 목간, 세리를 징벌하는 의미의 회초리(싸리나무 다발), 세리의 얼굴을 토기에 새긴 항아리를 넣어두었다는 겁니다. 지신에게 봉헌한 시루의 음식(떡과 밥)과 함께요. 그래서 항아리의 세 얼굴은 '세금을 많이 낸 사람에게는 흡족한 표정' '적당히 낸 사람에게는 보통의 표정' '적게 낸 사람에게는 화내는 표정'을 각각 지었다는 겁니다. 기발한 발상이죠.

## 풍년을 기원하는 어린 토착신인가

다른 견해도 있습니다. 나뭇가지 다발이 싸리비일 수도, 볏가리일 수도 있다는 겁니다. 싸리비일 경우 혼魂과 잡귀를 쓸어버리거나 수확물을 담는 뜻으로 해석할 수 있습니다. 중국에서는 점을 칠 때 쓰이기도 했답니다. 일본에서는 임신부가 빗자루로 배를 쓰다듬거나 머리맡에 두어 순산을 빌기도 했습니다. 한국의 민담에서 빗자루는 풍요와 재복의 상징이었습니다. 또 작물이 잘 자라기를 기원하며 짚 꾸러미를 단 장대를 높이 올리는 볏가리가 있죠. 몽당빗자루나 나무 다발에 불을 붙여 논·밭두렁을 태우는 정월 보름의 쥐불놀이도 있습니다. 어떤 경우든 소월리 출토 나뭇가지 다발은 풍요를 기원하는 주술적 도구일 가능성이 높습니다.

명문 목간은 어떨까요? 지역사회의 수확량을 기록한 것으로 보아 풍작의 의미로 묻었을 가능성도 있답니다. 시루 역시 비슷합니다. 경북 봉화 지역에서는 떡시루에 불밝이를 하고 절을 하면서 농사의 풍작을 비는 농신제가 있었죠. 충남 서산에서는 햇곡식을 광에 쌓아두고 거기서 시루떡을 만들어 고사를 지내는 풍습이 있었습니다.

그렇다면 사람 얼굴 항아리는 어떨까요? 일본에서는 소월리 항아리처럼 구멍을 뚫어 표현한 예는 없지만 도기에 얼굴을 그린 사례가 더러 보입니다. 일본의 사람 얼굴 도기에서는 질병신, 물신水神, 부엌신, 토착신 등과 관련된 명문이 보입니다. 또한 소월리가 속한 경북 경산에서는 전동신田童神을 믿었는데, 풍작을 뜻하는 전동신은 비와 바람을 거느리는 신이었다고 합니다. 또 경북 영일과 의성 등에서도 비슷한 영동신靈童神을 믿었는데, 영일에서는 민가 양쪽에 기둥을 세우고 그 끝에 가늘고 긴 볏짚단을 붙였고, 의성에서는 취사장에서 각종 음식을 옮기며 그해의 풍요를 기원했답니다.

이들 지역에서 믿는 신의 공통적 요소는 '아이童'입니다. 소월리 출토 나뭇가지 다발을 '볏짚단'(영일)으로, 시루를 취사장(의성)의 구성 요소로 대입하면 어떨까요? 소월리에서 출토된 '얼굴 항아리, 시루, 목간, 나뭇가지 다발'은 바람과 비 등을 관장하며 농업의 풍흉과 지역의 안녕을 좌우하는 '아동 토착신'으로 볼 수 있다는 겁니다. 이런 해석을 토대로 아이 얼굴의 세 가지 표정을 풀어볼 수 있습니다. 평온-심각-분노까지 삼중 인격으로 묘사된 이 토착신은 각각 날씨와 기후변화에 따라 표정이 바뀐다는 걸 가리킵니다.

또 다른 견해도 있습니다. 이 구덩이에서는 지금도 물이 샘솟듯 올라오고 있거든요. 유물이 나온 구덩이의 맨 밑바닥에 설치된 가공 목재가 흡사 콩나물시루 받침대 형태를 띠고 있다는 겁니다. 이 받침대 위에 시루와 얼굴 항아리를 올려놓았다면 어떨까요? 지하에서 끊임없이 용출되는 물이 얼굴 항아리의 눈, 코, 입 등 구멍마다 솟구쳐 쏟아지겠죠. 얼굴 항아리가 물과 관련된 신이거나, 상반신이 사람인 용어龍魚(인어)의 모습이지 않을까 생각하는 연구자도 있습니다. 즉, 이곳 사람들이 지하에서 용출되는 풍부한 물을 통해 풍년을 기원하는 의식을 벌였다는 겁니다. 또 일본 학자 가운데는 소월리의 골짜기 논을 수호하기 위한 일종의 부적으로 해석하는 이도 있습니다.

각기 나름의 근거를 갖고 갑자기 출현한 얼굴 항아리에 관해 갖가지 상상의 나래를 펼치고 있습니다. 그러나 1,500년 전 소월리 사람들이 왜 얼굴 항아리를 시루와 명문 목간, 싸리비 등과 함께 그렇게 정연한 상태로 고이 놓아두었는지 가늠하기는 쉽지 않습니다. 또 겉으로 보기엔 '세 가지 얼굴의 항아리'로 보이지만 슬슬 돌리면

보기에 따라 '여섯 가지 얼굴'인 것 같기도 합니다. 그렇게 보이도록 일부러 만든 것일 수도 있고요.

아직 이 유물의 정확한 용도는 알 수 없습니다. 향후 이 유물이 공개되면 더 깊이 있는 연구 성과가 나올 수 있겠지요. 하루빨리 그 날이 오길 기대합니다.

# 26

# 〈오징어 게임〉은 가라, 나한이 납신다

호주도 열광한 '볼매' 얼굴

◇　　　2021년 12월부터 2022년 5월까지 호주 시드니 파워하우스 박물관에서 열린 〈창령사터 오백나한〉 전시회가 누적 관람객 23만 명을 돌파하는 인기를 끌며 막을 내렸는데, 현지 언론의 호평이 이어졌습니다. 호주 일간지 〈시드니 모닝 헤럴드〉는 '〈오징어게임〉은 가라, 나한이 납신다'라는 제목의 기사에서 "〈창령사터 오백나한〉 전은 2022년 가장 아름다운 전시 중 하나다. 병약한 아내가 산비탈을 지나기만 하면 몸이 좋아져서 이곳에 감사하는 마음으로 절을 짓다가 오백나한상을 발견했다"는 비하인드 스토리까지 소개하며 "온화한 미소를 머금은 나한상이 코로나19로 지친 호주 관객에게 힐링 시간을 선사할 것"이라고 했습니다. 〈오스트레일리안〉은 "우리의 고통과 세속적 애착이 오백나한의 평화로운 명상을 방해하고 있는 것 같은 느낌이 들 정도"라고까지 호평했습니다.

〈창령사터 오백나한: 나에게로 가는 길〉은 2018년 9월부터 국립춘천박물관에서 첫선을 보였고, 〈영월 창령사터 오백나한: 당신의 마음을 닮은 얼굴〉 특별전은 2019년 3월까지 연장될 만큼 인기를 끌며 국립중앙박물관이 뽑은 '2018년의 전시'로 선정되기도 했습니다. 당시 국립춘천박물관 전시는 전국의 국립박물관이 2018년 1년간 주최한 특별전을 대상으로 관내·외 전문가와 관람객 만족도 등을 종합 평가한 결과, 압도적 점수를 받아 1등으로 꼽혔습니다. 종합 점수 1위의 특전으로 국립중앙박물관에서 2019년 서울 순회전이 열리기도 했습니다. 신기한 일이죠. 왜 철저하게 파괴된 절터에서 무참하게 훼손된 채 나타난 오백나한이 국내는 물론, 외국인들에게까지 친근한 이웃처럼 다가와 성찰의 시간과 위안을 준 걸까요?

## 조선 시대 불상들은 왜 목이 잘렸을까

2001년 5월 1일, 강원도 영월군 남면의 한 주민이 자기 소유지에 암자를 지으려고 경작지 평탄 작업을 벌이다가 소스라치게 놀랐습니다. 그렇지 않아도 '무덤치 절터'로 알려진 이곳에서 사람 형상의 석상이 하나둘 쏟아져 나오기 시작한 겁니다. 그는 이렇게 수습한 조각상 100여 점을 천막 하우스에 보관하고, 그중 상태가 좋은 6점은 임시로 지은 암자에 봉안한 다음 유물 출토 사실을 신고했습니다.

강원문화재연구소의 발굴 조사가 이뤄졌고, 곧이어 '창령蒼嶺'이라고 쓰인 명문 기와를 발견했습니다. 《신증동국여지승람》에 "영월 석선산(배거리산)에 창령사가 있다"는 기록이 있는데, 그곳이 바로 창령사 터였던 거죠. 총 317점의 석상이 나왔고, 그중 완형完形은 64점이었습니다. 나머지 250여 점은 머리와 몸체가 분리된 채 발견된 겁니다. 몸체는 135점, 머리는 118점이었습니다. 일부 석상은 불에 그을린 상태였고, 석상들을 모신 금당 또한 화재로 폭삭 내려앉은 모양새였습니다.

1998년 한 개신교 신자가 제주도 원명선원에 봉안되어 있던 불상 750여 점과 삼존불을 훼손한 일이 있죠. 숭유억불을 내세운 조선에서도 누군가 창령사 석상을 훼손하고 아예 불태웠을 가능성이 짙습니다. 더구나 당시는 사찰로 몰려가 불상을 태우거나 깨뜨린 유생을 '영웅'으로 대접하는 분위기가 있었거든요.

〈성종실록〉 1489년(성종 20) 5월 11일의 기록을 보면 "유생 이벽李璧 등이 인수대비(성종의 어머니)가 정업원(출가한 왕실 여인들이 머물던 사찰)에 내린 불상을 태워버렸다"는 대목이 있습니다. 이때 인수대비가 "그자를 엄벌에 처하라"고 성종에게 권하자 성종은 "유생이 부처를 물리치는 것은 상을 주어야지 죄를 줄 수는 없으며, 더구나 임금이 내간內間(아녀자, 곧 인수대비)의 말을 듣고 그럴 수는 없는 일"(《국조보감》)이라고 일축했답니다.

또 1568년(선조 1)에는 성여신成汝信 등의 유생들이 경남 산청 단속사에서 거접居接(사찰 등을 빌려 행하던 글짓기 행사)하던 중 동료들과 함께 불교 책판을 불태우고, 오백나한상과 사천왕상의 목을 잘랐답니다. 성여신은 근처에 살던 남명 조식曺植에게 이 일을 자랑 삼아 알렸고요. 마침 조식의 집을 방문했던 수우당 최영경崔永慶은 감탄사를 연발하면서 "우리(성여신과 최영경)가 너무 늦게 만났다"고 안타까워했답니다.

지난 2002년 경기 양주 회암사지에서 불에 탄 흔적과 무참하게 잘린 채 흩어져 있는 불상 조각들이 발견되었는데, 명종 때 잠깐 전성기를 누리던 절이 든든한 후원자인 문정왕후(중종의 계비)의 죽음과 함께 유생들의 파괴로 폭삭 무너져버린 겁니다. 창령사 석상과 금당의 운명도 비슷한 길을 걸었겠죠.


## 천의 얼굴을 가진 개성파 나한상

이 석상들이 바로 오백나한상입니다. 나한은 범어梵語 'arhan'을 음역한 '아라한阿羅漢'의 줄임말입니다. 부처의 가르침을 듣고 깨달음을 얻은 성자를 가리키죠. 부처의 제자로서 뛰어난 수행 끝에 최고 경지에 오른 사람을 일컫습니다. 석가모니가 입적한 뒤 가섭을 비롯한 제자들이 모여 석가모니의 생전 말씀을 경전으로 만들었는데, 그때 모인 500명을 '오백대아라한'이라고 했다지요. 깨달음을 얻은 불제자인 나한은 점차 재앙을 물리치는 신통력을 갖춘 존재로 인식되었고요. 그래서 후대 사람들은 나한을 그림이나 조각으로 제작해 숭배했습니다.

사실 다른 부처나 보살상은 '엄근진'이면서도 온화한 표정을 짓고 있죠. 그런데 이 불상들을 만들 때는 특별히 얼굴로 구별하지 않는다고 합니다. 예컨대 석가모니불·비로자나불·아미타불·미륵불 등은 수인手印을 지은 손과 팔의 모습으로, 문수보살·보현보살·관

ㅡㅡ 친근한 이미지의 창령사 터 나한상들. 길거리 어디에선가 본 듯한 인상이다. 정면상이 대부분이지만 대화를 하듯 고개를 들어 위를 쳐다보거나, 눈을 지그시 감은 채 깊은 생각에 잠겨 있거나, 바위 뒤에서 살짝 고개만 내민 등 각양각색이다. 국립춘천박물관 소장.

한상은 물론 국립대구박물관이 소장하고 있는 청동 및 금동 나한좌상과 동국대박물관의 목조 및 소조 나한상, 동아대박물관의 석조나한좌상 등은 뭔가 의도적이라 할 만큼 유머가 넘치는 얼굴입니다.

 창령사 터에서 출토된 오백나한상의 얼굴은 어떨까요? 역시 다양한 모습을 보여줍니다. 정면을 바라보는 상이 대부분이지만 대화를 나누듯 옆쪽을 바라보거나, 고개를 들어 위를 쳐다보거나, 생각에 잠겨 있거나, 바위 뒤에서 살짝 고개만 내민 상도 있습니다. 위로 치켜뜨거나 아래로 내리뜬 눈, 지그시 감은 채 깊은 생각에 잠긴 눈, 화두 해결을 위해 고뇌에 빠진 눈, 잔뜩 화가 나서 째려보는 눈

등 다양한 시선 처리도 돋보입니다. 또 양 입술을 위로 올려 가볍게 웃거나, 입꼬리가 내려가 침울한 표정의 나한상도 있습니다. 일상의 희로애락을 표현한 겁니다. 당대의 조각가가 오백나한상을 한곳에 봉안할 때의 전체적 배치와 구성까지 고려한 것이겠죠.

그런데 놓쳐서는 안 될 창령사 오백나한만의 특징이 있습니다. 2018년 국립춘천박물관이 주최한 특별전 제목에 '당신의 마음을 닮은 얼굴'이라는 수식어가 괜히 붙은 게 아닙니다. 저는 그때 전시실에 일렬로 늘어선 나한상들을 바라보는 순간 무장해제되고 말았습니다. 어디선가 보았던 친척이나 친구, 이웃집 사람의 얼굴 같은 느낌이었죠. 때로는 어린아이 같은 웃음을 보이기도 하고, 울기도 하고, 또 수줍거나 슬픈 표정을 짓고…. 한 구 한 구 돌아볼 때마다 꼭 이 나한상과 똑 닮은 누군가를 찾게 됩니다. 그뿐 아니라 나와 비슷한, 아니 나보다 조금 못생긴 것 같은 나한상과 꼭 사진을 찍고 싶죠.

이와 관련해 얼굴 전문가(조용진 한국형질문화연구원장)의 해석이 그럴듯합니다. 창령사 나한상의 얼굴 크기가 대략 12cm인데, 이것이 절묘하다는 겁니다.

"조각가가 작업할 때의 동작 거리가 약 60cm인데, 그 60cm에서 시세포가 밀집되어 있어 빛을 가장 선명하고 정확하게 받아들이는 황반에 맺히는 얼굴 크기는 약 12cm이다. 즉, 안구의 시축(물체로부터 동공 중심을 지나 망막의 황반에까지 뻗는 가상의 곧은 선)이 약 25mm 이므로 여기 황반의 직경 5mm에 알맞은 크기(5분의 1)는 60cm 거리에 있는 12cm(5분의 1)가 된다. 즉, 60cm 거리에 두고 12cm의 얼굴상을 조각할 때 가장 에너지 소비가 적다. 이 거리에서는 얼굴 전체가 한눈의 시야에 들어간다."

그러니 나한상의 얼굴을 편안하게 볼 수밖에 없다는 것이죠.


## 오징어상의 미덕

얼굴 크기도 그렇지만 형태도 친숙하기는 마찬가지입니다. 창령사 나한상의 얼굴은 매우 한국적인데, 인위적으로 솟은 것은 깎아내고 튀어나온 것은 밀어 넣었으며, 파인 곳은 메워 일부러 최대한 평평하게 만든 것 같습니다. 그러니까 솟은 코는 볼과 이마의 높이로 낮아지고, 눈자위와 입술은 살짝 올라와 파인 골을 메워줍니다. 좋은 말로 "부족한 것은 채워주고 넘치는 것은 덜어준다"고 할 수 있습니다. 들어갈 때는 확실히 들어가고 나올 때는 확실히 나온 뚜렷한 이목구비의 다비드상과는 천양지차죠. 전형적인 오징어상 얼굴이 아닐까 싶네요.

사실 그럴 수밖에 없는 이유가 있습니다. 창령사 오백나한은 입자가 굵은 화강암을 다듬어 제작했죠. 그러니 작업이 쉬웠겠습니까. 오백나한의 일부에 입술을 붉게 칠한 흔적이 남아 있는데, 이는 붉은색 안료, 즉 연단鉛丹입니다(붉은색 흔적은 다른 불상에서도 흔히 발견된다). 화강암 불상에 생동감을 불어넣기 위한 채색이라는 분석이 지배적입니다. 그러나 화강암은 풍화작용의 영향을 많이 받습니다. 그러니 오백나한은 시간이 흐를수록 비바람에 깎이고 다듬어져 더욱더 뭉그러질 수밖에 없죠. 사회학자 이진경 서울과학기술대 교수

━━ 립스틱 짙게 바른 나한상 모습. 극도의 깨달음을 얻은 성자를 뜻하는 나한상에 립스틱을 바른 이유는 수수께끼다. 국립춘천박물관 소장.

는 "창령사 나한상은 세월이 흐르면 결국 얼굴도 신체도 알아보기 힘든 돌로 돌아갈 것"이라며 "돌로 돌아가는 나한상이야말로 실은 부처의 세계로 들어간다는 뜻"이라고 나한상에 철학적 의미를 부여했습니다.

그렇다면 이 오징어상 얼굴이 바로 창령사 나한상의 미덕이 아닐까요? '창령사 오백나한상' 하면 제 입맛에 꼭 맞는 비유가 있습니다. 평생 돌에 먹줄을 긋고 불상을 새겨온 석공이 설악산 신흥사의 무산 스님에게 이런 얘길 했답니다.

"스님, 평생을 돌에 걸었는데 이제 보니 헛것이었네요. 이젠 눈을 감고 이 돌을 가만히 들여다보면 천진한 동불童佛들이 놀고 있는 모습이 보입니다. 저 암벽에는 마애불이, 그 옆 바위에는 연등불이, 그 앞 반석에는 삼존불이…. 젊었을 땐 눈을 뜨고 봐도 나타나지 않아 먹줄을 그어야 했는데….”

저는 불교 신자는 아니지만 무뎌진 오백나한의 얼굴을 찬찬히 뜯어봅니다. 그 안에서 혹시 부처님의 모습을 볼 수 있을까 해서요.

# 27

# 기로소가 무엇이기에

50대에 노인 대접 요구한 숙종과 영조

◇　　　늙을 기耆에 늙을 노老, '기로'는 노인을 가리키는 말입니다. 《예기》〈곡례 상〉에서는 "60세는 기耆이며 남에게 일을 시켜도 되는 나이六十耆指使이고, 70세는 노老이며 자기 일을 넘겨주고 은퇴하는 나이七十日老而傳"라고 구체적으로 설명합니다. 즉 기로는 예순이 넘어가면 노인 대접을 받고, 일흔이 되면 정년퇴직한다는 깊은 뜻을 담고 있습니다.

물론 70세가 되더라도 물러나지 않는 경우는 있었습니다. 임금에게서 궤장(의자와 지팡이)을 하사받는 것입니다《예기》〈곡례 상〉). 예컨대 신라 문무왕은 664년 70세가 된 김유신에게 궤장을 하사했습니다《삼국사기》〈김유신 열전〉). 존경의 의미와 함께 은퇴하지 말고 임금이 내려준 지팡이를 짚고 출근해서 의자에 앉아 근무하라는 뜻입니다. 그러나 대부분의 경우에는 "70세가 되면 은퇴하고, 비록 70세가 되지 않더라도 사직을 청하면 대부분 허락한다"고 했습니다(《증보문헌비고》〈직관고職官考〉).

70세가 넘어 은퇴한 정2품 이상의 문관 중 '기로소'로 입소하는 이들이 있었습니다. 일종의 원로원입니다. 물론 자격 요건을 채우더라도 모두가 기로소 회원이 될 수는 없었습니다. 우선 과거 급제를 통하지 않고 관리가 되면 아무리 학문이 높고 명망이 두터워도 원칙적으로 입소할 수 없었죠. 무관 출신도 역시 자격을 얻지 못했습니다.

그리고 무엇보다 중요하게 여기는 조건이 한 가지 더 있었는데, 바로 '덕德'입니다. 《맹자》〈공손추 하〉는 "세상에서 존귀하게 여기는 세 가지는 벼슬爵과 나이齒와 덕德"이라고 했습니다. 이것을 '삼달존三達尊(존귀한 조건 세 가지)'이라 하는데, 정2품 문관爵으로서 70세 이상齒인 자라도 덕을 겸비하지 못한 이는 기로소 회원이 될 수 없었습니다.


### 노인 대접을 받겠다고 아우성친 임금들

그런데 이런 기로소에 들어가겠다고 아우성친 임금이 두 분 있습니다. 숙종과 영조입니다. 더욱이 70은커녕 60도 안 된 59세(숙종), 51세(영조)에 기로소 입소를 강행한 거죠. 임금 신분으로 들어갈 필요도 없는 기로소 입소가 뭐 그리 급했을까요?

1719년 4월 18일, 59세에 기로소에 입소한 숙종은 기로신耆老臣 10명을 초청해 기념 잔치를 벌였습니다. 당시 숙종은 눈병 때문에 잘 보이지도 않았는데 "병든 몸이 궁전에 오르니 (…) 여러 관리 모

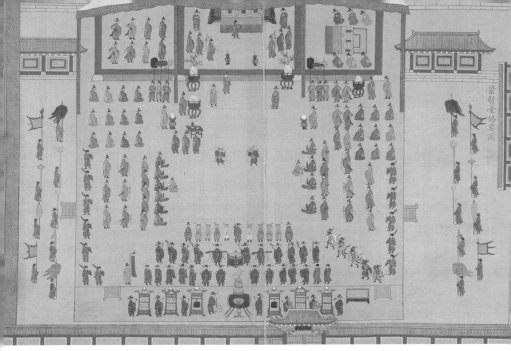

━━ 1719년 4월 18일 숙종이 59세로 기로소에 입소한 뒤 그 기념으로 기로신 10명을 초청해 잔치를 벌인 모습을 그린 《기사계첩》 중 〈경현당석연도〉이다. 국립중앙박물관 소장.

여 있고 (…) 이 연회는 본시 높이려는 뜻에서 나왔으니 가득한 술잔에 자주 손이 간들 어떠리"라는 어제시御製詩를 지었습니다. 숙종은 기로신들과 하루 종일 어울리며 다섯 차례에 걸쳐 5잔씩 술을 마시도록 했습니다. 그날의 연회 내용을 글과 그림으로 제작한 것이 《기사계첩耆社契帖》(국보)입니다.

숙종의 기로소 입소를 처음 거론한 이는 여성군 이집李楫(인조의 고손자)이었습니다. 이집은 1719년(숙종 45) 1월 10일 "어차피 올 연말이면 (춘추 60을 앞둔) 성상의 기로소 입소를 준비할 것인데, 그때까지 기다릴 필요가 있겠느냐"는 의견을 냈습니다. 이에 대리청정 중이던 세자(경종)가 반색했습니다.

- - 기로소에 입소한 숙종은 눈병에 걸린 중에도 어제시를 지어 하사했다. 국립중앙박물관 소장.

"태조대왕께서도 60세에 기로소에 들어가셨다. 성상도 59세가 되셨으니 자식 된 마음에 어찌 기쁘지 않겠느냐."

그러나 법과 절차를 따라야 하기에 곧 난제에 부딪힙니다. 태조가 60세에 기로소에 입소했다는 내용을 실록 등 공식 기록에서 찾을 수 없다는 보고가 올라온 겁니다. 백방으로 자료를 뒤진 끝에 후대의 인물인 심희수沈喜壽와 김육金堉이 기록한 '태조와 기로소' 이야기를 겨우 찾아냈는데, 일각에서 아쉬운 대로 그들의 기록이 있으니 '근거'는 마련된 셈이라고 여겼습니다.

하지만 임금의 일을 사적인 기록에 의존하기는 왠지 찜찜했죠. 공식 출처와 근거가 필요했습니다. 조정은 지춘추 민진후 등 춘추관 관리 2명을 실록을 보관하는 강화 정족산 사고史庫에 급파했습니다. 그러나 민진후는 "〈태조실록〉 첫 권부터 샅샅이 뒤졌지만 출처를 확인할 수 없었습니다"(《숙종실록》 1719년 1월 22일)라고 보고했습니다. 세자가 다시 되묻자 민진후는 "두 사람이 밤새도록 철저하게 찾았으니 놓칠 리 없습니다"라고 쐐기를 박았죠. 중전(인현왕후)의 오라비이기도 한 민진후는 "근거와 출처가 없으니 차라리 날씨가 따뜻해지기를 기다려 양전兩殿(임금과 왕비)을 위한 잔칫상을 베푸는 게 좋겠습니다"라고 제안했습니다. 관례도 출처도 없는 군왕의 기로소 입소 행사 강행에 신중론을 개진한 겁니다.

이 말에 충격을 받은 걸까요, 아니면 삐친 걸까요? 숙종은 "기록이 없다니 할 수 없지. 논의를 중지하라"는 명을 내렸습니다. 이 무렵의 〈숙종실록〉을 읽으면 잘 짜인 각본 같습니다. 임금이 근거가 없다니 그만두겠다고 떼를 쓰자, 종친들이 상소문 릴레이를 펼치고, 세자가 맞장구치고, 급기야 연잉군 이금李昑(영조) 등이 종신宗臣을 거느리고 나섰습니다.

"실록에 없다고 갑자기 논의를 중단하다니요. 아니 될 말씀입니다. 국초에는 사관들이 더러 빠뜨리고 기록했을 겁니다."(1719년 1월 26일)

연잉군 등은 "선조 말년에 태조대왕의 고사를 뒤좇아 기로소에 입소하려고 했다가 미처 시행하지 못했다"는 가짜 뉴스까지 동원했습니다. 선조는 57세에 승하했거든요. 또 〈선조실록〉에도 선조가 기로소 입소를 도모했다는 기록은 보이지 않습니다. 그러나 숙종은 "세자와 왕자, 여러 종친이 한목소리로 청하고 선조의 고사까지 전해진다니 명백한 일이 아니냐"면서 기로소 입소의 명을 내렸습니다. 아무리 눈치 없는 신하들이기로서니 더는 반대할 수 없었죠.

그러나 숙종의 기로소 입소 소동은 새 발의 피였습니다. 영조는 51세에 기로소에 입소했거든요. 영조는 "기로소에 입소한 뒤 국사를 원량元良(사도세자)에게 맡기고 한가롭게 지내는 것이 평생의 소원"(《영조실록》1743년 1월 11일)이라고 했습니다. 종신들이 가만히 있지 않았습니다. 1744년 7월 29일, 여은군 이매李梅가 "전하의 춘추 쉰을 넘어 예순을 바라보게 되었으니 기로소 입소 자격을 갖췄다"는 상소문을 올렸습니다. '51세는 곧 망육望六(예순을 바라보는 나이)'이니 자격이 충분하다는 것이었습니다. "숙종은 59세였고 전하는 51세입니다. 조금 차이는 나지만 '육순을 바라보는 것은 매한가지 望六旬則一'입니다."

이런 억지 춘향이 어디 있습니까. 그러나 영조는 "기로소 입소가 내 소원이기 때문에 겸손을 떨지 않겠다"면서 "선조(숙종)의 고사를 따르려면 59세까지 기다려야 하지만 (몸이 아픈 내가) 어찌 될 줄 알겠느냐" 하고 맞장구를 쳤습니다. 〈영조실록〉은 이 대목에서 "임금의 하교가 누누이 수백 마디에 달했다"고 표현했습니다. 보다 못한 우의정 조현명이 "성교聖教(임금의 지시)가 너무 장황하고 번거롭다"며 일침을 놓았고, 영의정 김재로金在魯도 가세했죠.

"태종·세종·세조·중종·선조 같은 분들은 50세를 넘겼지만 모두 기로소에 들어가지 않았습니다. 기다렸다가 의논하더라도 늦지 않습니다."

정승들까지 앞장서서 반대하자 영조는 어린아이같이 생떼를 부립니다.

"자네들이 나를 아비라고 여긴다면 8년을 기다리라고 했겠느냐. 역시 아들이 아버지 생각하는 마음과 너희 신하들이 임금 생각하는 것이 다르구나."

이에 조현명이 일침을 놓습니다. "보통 사람들은 늙는 것을 싫어

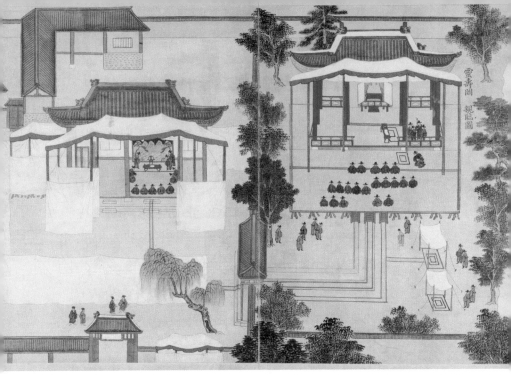

—— 영조의 기로소 입소 기념으로 제작한 《기사경회첩》 중 〈영수각친림도〉이다. 모든 반대를 묵살한 영조는 1744년 9월 9일 평소 소원하던 기로소에 입소했다. 국립중앙박물관 소장.

해서 족집게로 흰 머리털을 뽑기까지 하는데…." 다른 사람들은 젊어 보이려고 애쓰는데, 임금은 왜 이렇게 노인 대접을 받으려 하는지 이해할 수 없다는 것이었죠. 그러나 어느 누가 임금의 고집을 꺾겠습니까. 대신들은 "정 그러하시니 특별 교서로 명하신다면 불가하지 않을 것"(1744년 8월 19일)이라며 항복합니다.

마침내 극심한 반대 여론을 잠재웠다고 의기양양해하는 영조 앞에 한 관리가 나섰습니다. 8월 29일 사헌부 지평(정5품) 박성원朴聖源이 "성상께서는 100세까지 사실 수 있을 것 같은데 뭐가 그리 급하십니까"라고 꼬집은 거죠. 영조가 펄쩍 뛰었습니다. "네가 감히 임

2부 인물과 인연

금이 기로소에 들어가는 것을 반박하는가!" 영조는 '너 때문에 더러워서 임금 노릇 못해먹겠다'는 듯 "모든 정사는 앞으로 승정원이 알아서 처리하라"는 명까지 내렸습니다. 말하자면 양위 소동을 벌인 거죠. 승정원 관리들이 "저희의 팔뚝이 끊어지더라도 망극한 하교를 받잡을 수 없습니다"라고 아우성쳤죠. 결국 상소문을 올린 박성원은 영조의 역린을 건드린 죄로 절도(남해)에 유배됐습니다.

상황이 이러니 누가 반대 목소리를 내겠습니까. 영조는 1744년 9월 9일 기로소에 입소했습니다. 이때 입소를 기념해 제작한 것이 《기사경회첩 耆社慶會帖》입니다.


### 건강 문제로 초조했던 두 임금

두 임금은 왜 생떼를 쓰면서까지 기로소 입소를 소원했을까요? 갖가지 해석이 가능하지만 역시 건강 문제를 들 수 있습니다. 조선 임금들의 평균수명은 48세 정도였는데, 환갑을 넘긴 왕은 태조(74), 정종(63), 광해군(67), 숙종(60), 영조(83), 고종(67) 등 6명에 불과합니다.

숙종은 병치레가 심상치 않았습니다. 기로소에 입소하기 2년 전인 57세 때는 다리가 저리며 양쪽 눈이 어지럽고 잘 보이지 않는 증세에 시달렸습니다. 세자에게 대리청정을 명한 이유도 여기에 있죠. 숙종은 "왼쪽 눈뿐 아니라 오른쪽 눈도 장님이 될 지경"이라면서 "억지로 정사를 펼치는 것은 죽음을 재촉하는 결과"(1717년 7월 19일)라고 호소했습니다.

과연 숙종은 기로소에 입소한 직후 급격하게 쇠약해졌습니다.

1720년 1월 육순을 맞이했지만, 그해가 마지막이 됐죠. 6월 8일 승하할 때까지 6개월 이상 병석에 누워 있었습니다. 숙종은 60세를 맞기도 어려운 몸 상태를 알고 입소를 강행했던 것 같습니다.

영조는 어떨까요? 83세에 승하한 영조는 조선 임금 가운데 가장 장수했죠. 그러나 '골골 팔십'이라는 말이 딱 맞았습니다. 두창, 안질, 현훈증(정신이 아찔아찔하여 어지러운 증상), 화병, 견비통, 담병 등에 시달렸거든요. 특히 기로소에 입소할 무렵인 50세 때는 담병, 근육통, 현훈증을 달고 살았습니다. 그래서 조바심을 낸 겁니다. 또 영조는 무수리 출신인 숙빈 최씨의 소생인데, 출생 콤플렉스가 만만치 않았죠. 게다가 이복형(경종)을 독살했다는 의혹이 평생을 따라다녔습니다. 영조가 기로소에 입소한 부왕 숙종의 모습과 자신을 대비하면서 왕권의 정통성을 입증하려 했다는 해석도 있습니다. 어떻습니까. 두 임금이 생떼를 썼지만 천근만근 국정의 무게를 짊어졌던 군주였으니 그 정도는 애교로 봐줄까요?

요즘 '노인 연령' 문제는 반드시 풀어야 할 화두죠. 1981년 제정된 노인복지법에 따라 노인 연령 기준은 만 65세입니다. 그러나 평균수명이 길어지고 빠른 고령화로 그 기준을 늘려야 한다는 논의가 일고 있죠. 2025년이면 5명 중 1명이 노인으로 분류되어 이들을 부양해야 할 젊은이들의 부담이 너무나 커질 겁니다. 물론 '정년 연장' 문제도 함께 논의해야 할 것 같고요. 평균수명이 턱없이 낮았던 왕조시대에도 은퇴 나이가 70세였으니 앞으로 기로에 접어든 분은 옛사람들이 강조한 삼달존을 떠올려보면 좋을 것 같습니다. 요즘 같은 시대에 노인 대접을 제대로 받으려면 덕이 제일 중요하겠죠.

# 28

## 나라의 운명을 바꾼 소주

세종조차 '임금도 못 막는다'고 인정하다

◇　　"(술 때문에) 나라의 장래를 생각하기는커녕 제 한 몸도 돌보지 못한다는 말인가." 1433년 10월 28일, 세종은 술酒의 폐해와 훈계를 담은 글을 발표했습니다. "술은 몸과 마음을 해친다. 술 때문에 부모의 봉양을 버리고, 남녀의 분별을 문란하게 한다. 나라를 잃고 집을 패망하게 만들며, 성품을 파괴하고 생명을 잃게 한다."

세종은 이러한 내용의 교서를 족자로 만들어 서울은 물론 전국 관청에 걸어두게 했습니다. 세종이 특히 개인과 나라를 망치는 술로 지목한 것은 바로 '소주'였습니다. 1433년 3월 23일, 이조판서 허조許稠가 세종에게 소주의 폐해를 열거하며 금주령을 주장했습니다.

"예부터 술 때문에 몸을 망치는 자가 많은데, 최근에는 소주 때문에 목숨을 잃는 이가 흔합니다. 금주령을 내려야 합니다."

그러나 세종이 누굽니까. 아무리 나라님이라도 법령으로 술을 금할 수 없으며, 섣불리 금주령을 내렸다가는 범죄자만 양산할 수 있다는 걸 잘 알고 있었습니다. 세종의 한마디가 재미있습니다.

"임금이 금한다고 무슨 소용이겠느냐. 막지 못할 것이다雖堅禁 不可之也."

그래서 대신 술의 폐해를 알리는 교서를 만들어 족자 형태로 배포한 겁니다. 사실 허조의 말도, 세종의 말도 맞습니다. 술의 폐해는 필설로 다할 수 없지만, 그것을 끊기도 힘들죠.


## 조선을 뒤흔든 소주, 그리고 폭탄주 살인 사건

역사적으로 간과되는 가장 극적인 사례가 있습니다. 바로 소주가 조선의 운명을 바꿔놓은 이야기죠.

"원체 술을 좋아한 진안대군 이방우李芳雨는 날마다 소주를 마시고 병이 나서 죽었다."(《태조실록》 1393년 12월 13일)

이방우는 태조 이성계의 맏아들입니다. 어려서부터 효자였고 형제간의 우애가 돈독했죠. 고려조 말에 예의판서(예조판서·정2품)라는 고위직에 올랐습니다. 그러나 아버지의 위화도 회군(1388) 이후 역성혁명이 노골화하자 운명이 갈리죠. 이방우는 고려의 충신이 되기를 자처하고 철원에 은거했습니다. 그곳에서 소주를 마시며 세월을 보내다가 결국 술병에 걸려 죽고 만 거죠. 만약 이방우가 소주에 취해 죽지 않았다면 어찌 되었을까요?

태조가 두 번째 부인 신덕왕후 강씨 사이에서 낳은 어린 아들 방석을 세자로 세웠을까요? 만약 그랬다면 다섯째 아들 방원(태종)이 왕자의 난을 일으켰을까요? 설사 일으켰다 쳐도 열세 살 연상인 큰형, 즉 적장자가 시퍼렇게 살아 있는데 허수아비 둘째 형(정종)을 세운 뒤 결국엔 자신이 왕위에 올랐을까요? 쉽지 않았을 겁니다. 만약 이방우가 왕위를 계승했다면 조선의 역사는 전혀 다르게 전개되었을 겁니다.

이방우만이 아닙니다. 실록에는 소주 때문에 사망한 사례가 심심치 않게 보입니다. 1417년(태종 17) 윤 5월 4일, 금천현감 김문金汶이 인근 수령들이 마련해준 전별연에서 마신 소주 때문에 사망한 일도 있었습니다. 1515년(중종 10) 4월 23일에는 제주목사 성수재成秀才가 죽자 〈중종실록〉의 사관은 "성수재는 일찍 무과에 장원급제했고, 청렴하고 유능해서 임금이 크게 쓰려고 했지만 소주를 너무 좋아했다"고 안타까워했습니다.

그러나 이런 사례는 단순 음주 사망 사건이죠. 소주를 독극물처럼 사용해서 일으킨 살인 사건도 심심찮게 일어났습니다. 〈성종실록〉은 내연남과 짜고 남편한테 소주를 먹여 취하게 한 뒤 몽둥이로 때려 죽인 여인의 사연을 실었습니다. 〈중종실록〉에는 아버지의 첩과 짜고 아버지에게 폭탄주(소주+백화주)를 먹여 죽인 비정한 아들의 기록도 있습니다. 백화주는 철쭉을 담가 만든 술인데, 철쭉에는 그레이아노톡신이라는 독성분이 들어 있답니다.

그런데 소주가 얼마나 독하기에 사람이 죽어나갈 정도일까요? 원래 전통적인 소주는 안동소주 같은 증류식 술이었습니다. 증류를 시작하면 알코올 도수가 80~70% 정도인 독주가 나오는데, 시간이

지나면 10%까지 도수가 내려가고, 이것이 섞이면서 45%의 소주가 되는 것이죠.

1924년 처음 시판용 소주를 생산했을 때의 도수는 35도였답니다. 이후 희석식 소주가 나오면서 도수가 낮아지기 시작해 30도(1965), 25도(1973), 23도(1998), 20도(2006), 15.5도(2019)에 이어 14.9도(2023)까지 나왔습니다. 요즘 사람들은 최소 45도에 이르는 조선 시대 소주를 상상할 수 없을 테지요.

세계적으로 잘 알려졌듯 소주는 한국인을 대표하는 술이죠. 그러나 원래 우리의 전통술은 아니었습니다. 소주를 처음 만든 것은 기원전 3000년 메소포타미아의 수메르인이었는데, 지금도 아랍 지역에서 '아라크arrack'라는 명칭으로 전승되고 있죠. 1258년 몽골 정벌군이 아바스왕조를 공략할 때 이 술의 제조법을 배워갔다고 하죠. 몽골군은 고려의 개경·안동·제주도에 양조장을 만들었는데, 안동 소주가 유명한 이유를 알 것도 같네요.

한번 빠져든 '소주 한잔'의 유혹은 나라님의 금주령에도 근절되지 않았죠. 오죽하면 세종대왕까지도 "아무리 임금이라도 술의 유혹을 어떻게 뿌리치겠느냐"고 했겠습니까. 1491년 2월 22일, 성종이 "사람을 상하게 만드는 소주는 앞으로 약藥으로 복용하는 것을 빼고는 마시지 말라"는 '조건부 금주령'을 내렸습니다. 그런데 1494년 6월 12일, 행호군行護軍 경유공慶由恭이 병든 첩이 요양을 간 집에서 집주인과 소주 한잔을 기울이고 있었습니다. 이때 사헌부 관리가 급습해 술을 마시던 경유공과 첩, 집주인을 긴급 체포했습니다. 금주령을 어겼다는 죄목이었죠. 그러자 성종은 "일국의 재상이 소주 한

잔했기로서니 그렇게 문제가 되는가"라고 반문하면서 오히려 "경유공 등을 체포한 관리를 국문하라"는 명을 내렸습니다.


## 소주를 둘러싼 왕과 신하들의 일화

그렇다면 임금은 어땠을까요? 실록을 보면 오히려 신하들이 임금에게 술을 권한 경우가 있습니다. '약'으로 쓰일 때였죠. 예를 들어 1422년 5월 26일, 의정부와 육조가 세종에게 소주 한잔 드셔도 좋을 것 같다고 권했습니다. 얼마 전인 5월 10일, 부왕(태종)이 서거한 뒤 보름이 넘도록 수라를 제대로 들지 못하자 옥체를 보존하라며 권한 겁니다. 세종은 이때 "나는 원체 술을 좋아하지 않지만 대신들이 그리 청하니 한 잔 들겠다. 소주를 올리라"고 허락했습니다. 그러나 세종은 들인 소주를 반 잔쯤 마시고 내려놓았죠. 딱 거기까지였습니다.

1736년 4월 24일, 영조가 경희궁 흥정당興政堂(임금이 신하들과 정치 이야기를 하고 경서를 강독하던 편전)에서 야대夜對(밤중에 베푸는 경연)를 끝내고 신하들에게 술을 내렸습니다. 그때 검토관 조명겸趙明謙이 임금에게 쓴소리를 던집니다.

"세간의 여론을 들어보니 성상께서 술을 끊을 수 없다고들 합니다. 과연 그렇습니까. 바라건대 조심하소서."

임금에게 "술 좀 작작 마셔라" 하고 지적질한 게 아니고 무엇이겠습니까. 이때 영조의 군색한 변명이 기가 찹니다.

"아니다. 그저 목마를 때 간혹 오미자차를 마신다. 아마도 남들이 그걸 소주라고 잘못 생각한 것이겠지."

검토관이면 정6품 벼슬입니다. 요즘으로 치면 6급 정도의 공무원이 금주를 권하자 쩔쩔매면서 변명한 겁니다.

소주로 대표되는 술은 왜 그렇게 사랑받았을까요? 스트레스를 풀기 위해 마시기도 했겠죠. 그러나 예나 지금이나 술은 풍류남아의 전유물로 여겨졌습니다. 〈효종실록〉 1657년 9월 26일의 기록을 보면 임금이 사대부들의 못된 술버릇을 지적합니다.

"이름난 벼슬아치라는 자들이 음주를 풍류로 여긴다. 심지어 술을 마시지 않고 국사에만 전념하는 사람을 도리어 '하찮은 무리'라고 지목하며 폄훼한다. 참 한심한 일이다."

이렇게 사대부들을 향해 손가락질했지만 임금들도 다르지 않았습니다. 실록은 '군주＝풍류남아'를 강조하면서 술 관련 일화를 전하는 경우가 더러 있습니다. 세조와 신숙주의 일화가 유명하죠. 두 사람은 군주와 신하가 아니었다면 '닭띠 동갑내기(1417년생)' 절친이 되었을 겁니다. 세조가 1461년 6월 4일, 소주 5병과 함께 술잔을 신숙주(당시 좌의정)에게 하사했습니다. 술잔에는 덩굴에 박이 매달려 있는 형상을 그리고, 안쪽에는 임금이 지은 시詩를 썼습니다. 그 시가 재미있습니다.

"경이 비록 나를 보고 웃을 것이나 내 박이 이미 익었으니 쪼개서 잔을 만들었다."

이게 무슨 뜻일까요? 세조는 2년 전인 1459년, 여진족 토벌에 나선 신숙주를 교태전에서 독대하고 격려의 술자리를 베풀었는데, 이때 교태전 담장 아래 심은 '덩굴 박'을 바라보며 "저 박이 열매를 맺

　　　　　　　　　　　　2부 인물과 인연

—— 1719년 숙종의 기로소 입소를 기념해 열린 기로연에서 70세 이상의 원로대신들이 술잔치를 벌이는 모습을 그린 〈기사사연도〉이다. 원로들에게 술을 돌리는데 그중 한 명이 술에 취해 비틀거렸는지 다른 신하가 부축하고 있다. 국립중앙박물관 소장.

을까" 하고 물었습니다. 잔뜩 술에 취한 신숙주는 "아무래도 열리지 않을 것"이라고 대답했는데, 얼마 후 박이 열매를 맺었습니다. 세조는 박이 열리지 않을 거라고 한 신숙주에게 위와 같은 '희롱시'를 보낸 겁니다. 실없는 '아재개그'이지만 임금이 던졌으니 어쩝니까. 임금이 하사한 명문 술잔과 소주를 받은 신숙주는 이튿날 성은이 망극하다고 아뢰었죠.

1464년 7월 4일, 세조가 또 신숙주에게 장난을 칩니다. 승정원 주서(정7품) 유순柳洵에게 "너는 지금 즉시 신숙주 집에 가서 시 한 편과 소주 5병, 그 밖의 안주 등을 전해주라"고 지시하면서 이렇게 덧붙입니다. "이 물건을 전달하고 즉시 말을 달려 돌아와라. 만약 네가 붙잡히면 네가 이기지 못하는 것이고, 그 집에서 너를 붙잡지 못하면 신숙주가 이기지 못하는 것이다." 세조가 혼자 북 치고 장구 치고, 참 말도 안 되는 게임을 벌인 겁니다.

세조의 지시를 받은 유순은 신숙주에게 하사품을 전달하고 즉시 말을 달려 돌아왔는데, 뒤늦게 전후사정을 깨달은 신숙주가 쫓아 갔지만 따라잡지 못했습니다. 의기양양해진 세조는 신숙주를 불러 "경은 나에게 속았으니 벌주를 내야 한다"고 놀렸답니다. 그러곤 벌주를 빌미로 코가 삐뚤어지게 마셨겠지요.

## 술 사랑은 과유불급이다

제가 술 이야기를 할 때마다 늘 언급하는 3,300년 전 상나라 시대 갑골문이 있습니다.

"필(상나라 대신)이 과음 때문에 술병에 걸렸는데, 대왕의 분부를 받들 수 있겠습니까畢酒才病 不從王占."

술을 얼마나 마셨으면 왕의 명령을 이행할 수 없는 지경이 되었을까요? 상나라는 동이족 일파가 세운 왕조이니 "무리가 모여 밤낮으로 쉼 없이 음주가무를 즐긴다群醉歌舞飲酒 晝夜無休"(《삼국지》〈위서 동이전〉)는 동이족의 술 사랑은 못 말리죠. 그러나 '과유불급'입니다. 이 대목에서 다산 정약용의 질타가 귓전을 때립니다.

"입술이나 혀에는 적시지도 않고 소가 물 마시듯 목구멍으로 들이붓는다면 어찌 술의 정취를 알겠는가."

이도저도 다 필요 없습니다. 맨 앞에 인용한 세종의 한마디가 심금을 울리죠.

－－－ 단원 김홍도의 《단원풍속도첩》 중 〈주막〉으로, 여행 중에 중년 부부가 간이 주막에서 요기하는 광경을 그린 것이다. 조선 시대 임금들은 술의 폐해를 알고 금주령을 내리기도 했지만 술을 근절하지는 못했다. 국립중앙박물관 소장.

"(술 때문에) 나라의 장래를 생각하기는커녕 제 한 몸도 돌보지 못한다는 말인가."

# 29

# 조선 최초의 패션모델

여성해방을 그린 혜원 신윤복

◇　　조선 시대 여인을 그린 그림은 고작 남성들의 눈요깃거리였습니다. 원래는 유교의 도덕을 선양하기 위한 그림이었고, 당나라 고종의 후비 양귀비, 요임금의 두 딸 아황娥皇과 여영女英 등을 상상의 모델로 그렸습니다. 그런데 여인 그림을 그린 이도 남성이요, 그것을 감상한 이도 남성이었으니 아무리 유교의 교훈용이었다지만 남성들의 호기심을 채우는 데 쓰였을 것이 분명합니다. 단적인 예로 풍운아 허균許筠은 화가 이징李澄이 그린 〈아이를 씻기는 두 여성〉 그림을 보고 다음과 같이 촌평했습니다.

"풍성한 살결이며 아양 부리는 웃음이 그 요염함을 한껏 발산하여~ 아아! 아리따운 자태가 너무도 사실적이어서 (…) 오래 펴놓으면 밤잠을 설칠까(공부를 설칠까) 두렵다."(《성소부부고惺所覆瓿藁》)

150년 뒤 중인 출신 서화 수집가 김광국金光國의 이야기도 웃깁니

다. 혜원 신윤복의 아버지 신한평申漢枰이 그린 〈미인도〉를 보고 비
슷한 이야기를 합니다.

"풍만한 살결과 어여쁜 자태가 너무나 실감 나서 오래 펼쳐볼
수가 없다. 오래 보았다가는 이부자리를 망치기 십상이기 때문이
다."《석농화원石農畵苑》)

기가 찬 망발이죠. 이런 판국이었으니 여성 그림을 함부로 그릴
수 있었겠습니까. 그런데 그림마저도 남성 중심의 유교 사회였던
조선 시대에 여성을 주인공으로, 남성을 '찌질이'로 묘사한 화가가
있었습니다. 바로 혜원 신윤복申潤福입니다.


## 조선판 〈모나리자〉, 패션모델의 주인공들

우선 혜원의 대표작 〈미인도美人圖〉(보물)를 봅시다. 구름 같은 가
체머리, 길이가 짧고 소매통이 좁은 저고리, 풍성한 치마와 속곳바
지, 고개를 살짝 내리고 아래로 향한 시선, 넓은 이마와 앳되고 둥
근 얼굴, 가늘고 긴 선한 눈, 가느다란 눈썹, 작고 둥근 코, 꼭 다문
야무진 입술, 목 뒤쪽으로 흘러내린 가느다란 머리카락, 그리고 살
짝 모습을 드러낸 속곳자락과 새하얀 버선…. 그러나 이 작품의 백
미는 웃는 건지 마는 건지 속내를 비치지 않는 여인의 표정입니다.
그래서 '조선판 〈모나리자〉'로 통하죠. 무엇보다 작품 왼쪽 위에 일
필휘지로 써 내려간 한 편의 글이 인상적입니다.

"가슴속에 서려 있는 여인의 봄볕 같은 정, 붓끝으로 그 마음까지
고스란히 옮겨놓았다盤薄胸中萬花春 筆端能與物傳神."

—— 조선 시대 여성의 아름다움을 잘 표현하여 조선판 〈모나리자〉라는 평을 듣는 〈미인도〉. 간송미술문화재단 소장.

전신傳神은 '정신을 전한다'는 뜻인데, 중국 동진東晉의 화가 고개지顧愷之가 "그림은 대상의 정신神을 전傳해야 한다"고 언급한 데서 비롯된 말입니다. 한마디로 그림 대상인 모델의 외면은 물론 내면, 즉 요동치는 흉중을 그 정신까지 붓끝으로 전했다는 만족감과 희열을 담은 겁니다.

2부 인물과 인연

화가가 모델의 겉모습뿐 아니라 마음까지 속속들이 파악하고 있지 않았다면 저런 작품이 나왔을까요? 모델인 여인도 마찬가지였겠죠. 봄날에 피어나는 춘정을 화가 앞에서 숨겼다면 저런 표정이 나왔을까요? 결국 혜원은 이 여인과 혼연일체를 이뤄 작품을 완성한 겁니다.

신윤복의 대표적 풍속화첩 《여속도첩》과 《혜원전신첩》을 보면 주인공이 모두 여성인데, 특히 《여속도첩》은 조선 후기 기녀와 저잣거리 아낙네를 그린 6폭 그림첩입니다. 이 가운데 〈전모를 쓴 여인〉은 노란 전모(조선 시대 여성이 쓰던 나들이용 쓰개)를 쓰고 부채를 든 여인이 외출하는 모습을 그린 작품입니다. 배경도 없습니다. 이렇게 여성(기녀)을 단독 모델로 그린 그림이 없었기에 혜원은 그림 오른쪽 위에 "옛사람들이 미처 하지 못했으니 기이하다고 평할 수 있다前人未發可謂奇"라고 썼습니다. 어쩌면 "이 모델은 내가 생전 처음 보는 패션리더여서 그렸다"는 뜻으로 썼을 수도 있습니다. 모델의 걸음걸이를 보면 요즘 패션모델의 워킹 같지 않습니까. 그렇다면 조선 최초의 패션쇼라고 해도 좋을 것 같네요.

〈연당의 여인〉도 기녀인 듯한 여인이 툇마루에서 편하게 앉아 연못을 바라보는 그림입니다. 〈처네를 쓴 여인〉은 저잣거리를 걷고 있는 여인의 뒤태를 보여주죠. 이외에 〈저잣길〉의 여인은 얹은머리에 생선이 가득한 함지박을 이고 푸성귀를 넣은 망태기를 옆구리에 낀 채 노파와 이야기를 나누고 있습니다.

《혜원전신첩》은 또 어떻습니까. 역시 주인공이 모두 여성이에요. 특히 30작품 중 18작품의 주인공이 기녀입니다. 여성이 그림의 주

━━ 《여속도첩》의 〈전모를 쓴 여인〉에
는 다음과 같은 제기題記가 있다. "옛
사람들이 미처 하지 못했으니 기이하
다고 평할 수 있다." 당대 최고 패션리
더의 워킹 같다. 국립중앙박물관 소장.

인공이니 사대부 양반들은 어떻게 됐겠습니까. '속물' '찌질이'가
됐습니다. 먼저 〈단오풍정端午風情〉을 볼까요? 단옷날 기녀들이 속
살을 드러낸 채 목욕하고 그네 타는 모습을 포착한 그림입니다. 한
여인은 주요 부분만 치마로 살짝 가리고 젖가슴과 볼록 나온 배, 엉
덩이와 장딴지의 맨살을 드러낸 채 서 있습니다. 그래서 이를 '조선
최초의 누드화'라고 하는 분도 있죠.

또 〈월하밀회月下密會〉를 볼까요? 남녀가 포옹하며 밀회를 나누
고, 또 다른 여인은 담에 의지해 그걸 지켜보는 것 같죠. 이미 남의
사람이 되어버린 옛 정인情人을 못 잊어 줄이 닿을 만한 여인에게
구구히 사정해서 겨우 불러내는 데 성공한 모양입니다. 그러나 다

－－〈거문고 줄 고르는 여인〉
이다. 신윤복은 이전까지 화면
에 등장하지 않았던 여성들을
단독 모델로 과감하게 표현했
다. 국립중앙박물관 소장.

시 헤어져야 할 운명이겠죠. 조마조마 가슴 졸이며 지켜보는 여인
은 이 밀회를 성사시킨 장본인 아닐까요? 혹자는 이 그림을 '조선
최초의 키스 신'이라고 합니다. 저 진한 두 남녀의 애정 신을 바라
보는 여인의 심정은 어떨까요? 들킬까 싶어서 애간장이 녹겠죠.

〈월하정인月下情人〉은 어떻습니까. 이 그림에는 "달빛이 침침한
야삼경에 두 사람 마음은 두 사람만이 안다月沈沈夜三更 兩人心事兩人
知"는 혜원의 화제시가 있는데, 교교한 달빛이 비치는 자정(삼경)에
남녀가 만나는 모습을 그린 작품입니다. 남녀는 분명 부부는 아닙
니다. 쓰개치마를 쓴 여염 여인과 중치막을 입은 젊은 유생이 은밀
히 만나는 장면이 분명하죠. 유교적 사회질서가 어지간히 팽배한

조선 후기라지만 아무리 억누른다 해도 남녀 간 피어나는 사랑을 어찌하겠습니까.

2011년 천문학자 이태형 박사는 초승달 모양의 달이 그림 속의 표현처럼 위를 향해 볼록할 수 없다는 점을 들어 월식을 그린 그림이라고 주장했습니다. 그러면서 '삼경'이라는 글귀, 신윤복의 활동 시기, 달의 고도, 당시 날씨 기록 등을 근거로 '1793년 8월 21일 일어난 부분월식'이라고 추정했죠.

마침 《승정원일기》 1793년 양력 8월 21일에 "2경(밤 9~11시)부터 4경(새벽 1~3시) 사이에 월식이 있었다"는 기록이 있거든요. 그림의 글 속에 보이는 '야삼경'은 밤 12시 무렵이니 '아! 혜원이 월식을 틈타 밀회를 즐기는 남녀를 포착했구나!' 하고 추정한 거죠. 그림 속 단서를 역사서와 맞춰보면서 흥미로운 상상을 할 수 있다는 게 재미있습니다.


## 지질한 양반들의 꼬락서니

저를 가장 웃게 만든 작품은 기생들의 봄나들이를 그린 〈연소답청 年少踏靑〉입니다. 그런데 저 양반들의 꼬락서니를 보세요. 기생들을 말에 태운 것도 모자라 그 기생이 손을 내밀자 얼른 달려가 담뱃대를 건네줍니다. 게다가 다른 남자는 자기 갓을 마부한테 넘기고, 정작 자기는 마부의 벙거지를 쓰고 걷습니다. 마부의 표정을 보십시오. 차마 상전의 갓을 쓰지는 못한 채 고삐 대신 갓을 잡고 채찍을 든 채 맨상투에 심통이 가득 나서 뒤만 따라갑니다.

2부 인물과 인연

〈유곽쟁웅遊廓爭雄〉은 꼴사나운 양반 한량들의 유흥가 난투극을 보여줍니다. 갓이 다 망가질 정도이건만 웃통을 벗어젖힌 채 으름장을 놓는 나이 많은 사내는 말리는 사람이 있으니 한 번 더 객기를 부리는 듯합니다. 왼쪽의 젊은이는 분이 덜 풀렸지만 붉은 옷을 입은 이가 두 사람을 떼어 말리자 할 수 없이 옷고름을 매만지며 싸움 종료를 인정하는 모습 같고요. 맨 오른쪽에서 갓과 갓끈을 쥐고 있는 사내는 젊은이와 한편인 듯하네요. 이 사내는 술에 취했고, 옷에 흙이 잔뜩 묻었습니다. 그런데 붉은 옷을 입은 인물은 누구일까요? 바로 기녀들의 의식주를 주선하면서 기방 영업도 시키는 기부妓夫 죠. 일종의 '기둥서방'이라 해석할 수 있지만, 정확한 표현인지는 모르겠습니다.

당시 조정에서는 기부 역할을 할 수 있는 직업군을 지정했는데, 서울의 경우 궁궐의 별감, 포도청의 군관, 승정원의 사령, 의금부의 나장, 궁가나 외척의 겸인(청지기), 무사 등이었습니다. 직책이나 신분이 높지는 않지만 각 부문에서 큰소리깨나 치는 자들이었음을 짐작할 수 있는데, 그림 속 붉은 옷을 입은 사내는 '무예청 소속 별감' 같습니다.

〈소년전홍少年剪紅〉은 막 혼인한 듯한 젊은 유생이 여자 종인 듯한 여인의 손목을 잡는 그림입니다. 그림에는 "빽빽한 잎에 짙은 녹음 쌓여가니 무성한 가지마다 붉은 꽃잎 떨어지네葉濃堆綠 繁枝碎剪紅"라는 시가 있습니다. '어린 소년少年이 여인, 즉 꽃을 꺾다剪紅'는 뜻으로 〈소년전홍〉이라는 제목이 붙었답니다.

## 퇴폐적인 조선 사회의 민낯

〈삼추가연三秋佳緣〉은 '깊어가는 가을三秋에 아름다운 인연을 맺는다佳緣'는 뜻이지만 실상은 그렇지 않습니다. 저고리를 벗은 채 대님을 만지고 있는 젊은 선비와 속치마를 드러내고 앉은 어린 소녀, 그리고 둘을 소개하는 노파 등이 보입니다. 사랑의 기쁨이 아니라 성매매 현장이라고 봐야 옳겠죠.

또 소복 입은 여인이 몸종과 함께 개들의 짝짓기 모습을 바라보고 있는 〈이부탐춘嫠婦耽春〉도 시사하는 바가 크죠. 이부탐춘은 '과부가 봄빛을 탐한다'는 뜻인데, 남편을 잃은 여자가 재혼하기 어려웠던 조선 사회의 결혼 풍속을 비꼰 그림일 수 있습니다.

그리고 야밤에 우물가에서 이야기를 나누는 두 여인을 약간 음흉한 느낌으로 바라보는 나이 든 양반을 그린 〈정변야화井邊野話〉라는 그림도 있습니다. 연못가에서 가야금을 감상하는 점잖은 느낌의 〈청금상련聽琴賞蓮〉은 사실 기녀는 물론 의녀들까지 술자리에 불러 질탕한 스킨십을 벌이는 모습을 담고 있습니다. 퇴폐적인 양반 사대부의 행각이 적나라하게 드러나는 그림이죠.

혜원 신윤복은 견고한 유교 사회에 갇혀 있던 여성을 담장 밖으로 해방시켰다고 할 수 있습니다. 시대의 금기를 깨는 대담한 도전이었다고 평할 만하죠.

## 30

# 최고 5만 대 1의 극한 경쟁률

### 조선 시대 과거 시험의 비밀

◇     대한민국의 교육에서 가장 큰 이벤트는 뭐니 뭐니 해도 대학 진학을 위한 수능시험이겠죠. 그런데 좋든 나쁘든 이런 통과의 례는 어제오늘의 일이 아닙니다. 조선 시대에도 벼슬길로 나아가기 위해 그야말로 피 튀기는 전쟁을 치러야 했거든요. 그럼 조선 시대 과거 시험장으로 시간 여행을 떠나보겠습니다.

'과거 시험' 하면 가장 극적인 이틀이 떠오릅니다. 1800년(정조 24) 3월 21~22일의 일입니다. 왕세자(순조)의 책봉을 기념하는 특별 시험인 경과慶科가 창경궁 춘당대에서 열렸습니다. 첫째 날(21일)엔 초시, 둘째 날(22일)에는 인일제人日製(유생들을 대상으로 치른 특별 과 거)가 잇달아 열렸죠. 그런데 이틀간 시험에 응시한 수험생이 자그 마치 21만 5,417명이었습니다.

"21일의 경과는 세 곳에서 나누어 치렀는데, 총응시자는 11만

1,838명에 달했고, 시권試券(답안지)을 바친 자는 모두 3만 8,614명 이었다. 다음 날의 인일제 응시자는 모두 10만 3,579명이었고, 시권 을 바친 자는 3만 2,884명이었다."(《정조실록》)

이틀간 답안지를 제출한 응시생만 해도 7만 1,498명에 달했는데, 그중 첫날의 경과를 통해 10명, 이튿날 인일제에서 2명의 합격자를 선발했으니 첫날 경과의 경쟁률은 1만 1,184 대 1(답안지를 제출한 실 질 경쟁률 3,861 대 1), 이튿날 인일제의 경쟁률은 무려 5만 1,790 대 1(실질 경쟁률 1만 6,442 대 1)이었습니다. 그중 수석과 차석을 차지한 서울의 김수종金秀鍾과 호서의 이남익李南翼은 둘째 날 5만 대 1의 경쟁을 뚫고 최종 합격증을 받았습니다.


## 시험의 나라 조선, 그리고 부정행위

물론 이는 조선이 '시험의 나라'였음을 알려주는 가장 극적인 예 라 할 수 있습니다. 5세 때 과거 공부를 시작할 경우 무려 30년 이 상 머리를 싸매며 공부해야 겨우 대과에 합격할 수 있었죠. 과거는 원칙적으로 3년마다 실시했는데, 수험생은 네 차례의 시험을 거쳐 야 했습니다.

우선 예비 시험인 소과의 경우 초시(1,400명 선발)를 거쳐 복시를 통과한 200명이 생원(100명), 진사(100명)가 됐습니다. 생원, 진사가 돼야 본시험인 대과(문과)를 치를 수 있었죠. 대과 역시 1차 시험 격 인 초시에서 240명을 선발하고, 이들이 2차 시험인 복시에 응시했 습니다. 이렇게 네 차례의 시험에서 뽑힌 33명의 급제자가 꿈에 그리던 문관 대열에 합류할 수 있었죠.

물론 1800년 3월의 경우처럼 부정기적으로 실시하는 특별 과거가 수시로 열리기는 했지만, 그 역시 낙타가 바늘구멍을 통과해야 하는 어려운 관문이었습니다. 정기 과거의 경우 한 번 떨어지면 최소 3년을 기다려야 했으니 합격에 목숨을 걸 수밖에 없었죠. 그러니 수단과 방법을 가리지 않았죠. 사생결단식 입시 부정이 심심치 않게 일어났습니다.

1705년(숙종 31) 2월 18일, 성균관 인근 동네에 살고 있는 여인이 나물을 캐다가 땅속에 묻힌 노끈을 발견했습니다. 호기심을 이기지 못한 여인이 힘껏 잡아당기자 노끈은 명륜당 뒷산 쪽에서 성균관 담장 밑을 통과해 과거 시험장 안으로 이어졌습니다. 누군가 긴 노끈으로 연결한 대나무 통을 묻고 비늘처럼 죽 이어서 구멍을 통과하게 한 뒤 다시 기와를 덮어 은폐한 거죠. 수사 끝에 시험장으로 이어진 노끈이 여러 개 발견된 사실만 추가 확인했을 뿐 범인 색출에는 끝내 실패했습니다. 이 밖에도 이른바 커닝 페이퍼를 콧구멍에 넣거나, 종이로 만든 속옷에 글을 써서 입거나, 아주 작은 책을 만들어 옷 속에 숨겨 들어가는 일도 비일비재했죠.

조직적인 입시 부정행위가 적발되어 이미 치른 과거 시험을 취소하는 불상사도 일어났습니다. 1699년(숙종 25)의 기묘과옥과 1712년의 임진과옥이 그것입니다. 기묘과옥은 실무자인 등록관(필적 부정을 막으려고 응시자의 답안을 베껴 채점관에게 넘기는 관리)과 봉미관(답안지 서명란의 봉인 담당 관리)이 청탁을 받은 자의 답안지를 바꿔치기하거나 고쳐 써서 부정 합격시켰다가 적발된 옥사입니다. 이 사건으로 관련자 전원이 외딴섬에 유배되고, 34명의 최종 합격이 취소되었습니다. 임진과옥 관련자들은 그야말로 얼굴에 철판을 깔았습니다. 시험관이 친구 아들과 지인에게 문제를 사전에 유출하는가 하면 답안지에 특정 암호鶯를 쓰게 했습니다. 실제로 '천앵출유遷鶯出幽'와 '곡앵谷鶯' 같은 앵 자가 들어간 답안지가 적발됐죠. 시험이 끝난 후 답지를 제출받아 부정 합격시킨 예도 있습니다. 문제의 간 큰 시험관은 응시생의 집을 두루 찾아다닌 사실까지 드러났습니다. 결국 과거는 전면 취소되고, 관련자 3명은 처형당했습니다.

## 1만 마리 개미가 쟁투했던 과거 시험장

앞서 정조 때 치른 특별 과거에서 21만 명 넘는 수험생이 응시해 제출한 답안지가 7만여 장이라 했죠. 응시생 중 3분의 1만 답안지를 낸 셈인데, 시험이 너무 어려워서 답 쓰기를 포기한 이가 14만 명에 달했다는 얘기일까요?

단원 김홍도의 풍속화 〈공원춘효도貢院春曉圖〉를 보면 분위기를 짐작할 수 있습니다. 그림 위에 "봄날 새벽 과거 시험장貢院春曉에서 1만 마리 개미의 싸움이 격렬하니"라고 시작되는 표암 강세황의 글이 적혀 있어 〈공원춘효도〉라는 제목이 붙었습니다. 그렇다면 과거 시험장에서 왜 1만 마리의 개미가 치열한 싸움을 벌인다는 걸까요? 단원의 이 그림은 문자 그대로 '난장판' 같은 과거 시험장의 풍경을 적나라하게 묘사한 것입니다. 강세황의 글을 더 읽어볼까요?

"어떤 이는 붓을 멈추고 골똘히 생각하며, 어떤 이는 책을 펴서

─ ─ 단원 김홍도의 〈공원춘효도〉이다. 과거 시험장을 다룬 작품으로, 조선 후기 과거제도
의 폐해를 적나라하게 고발·풍자하고 있다. 안산시 소장.

살펴보며, 어떤 이는 종이를 펼쳐 붓을 휘두르며, 어떤 이는 서로 만나 짝을 이뤄 이야기하며, 어떤 이는 행담에 기대어 졸고 있는데, 등촉은 휘황찬란하고 사람들은 와자지껄하다.”

이것이 조선 후기 과거 시험장의 민낯이었습니다. 이번엔 다산 정약용이 언급한 난장판 과거 시험장의 모습을 들여다볼까요?

“문장에 능숙한 자를 거벽巨擘, 글씨에 능한 자를 사수寫手, 자리와 일산日傘(햇볕을 가리기 위해 세우는 큰 양산) 같은 기구를 나르는 자를 수종隨從, 수종 중 천한 자를 노유奴儒, 노유 중 선봉이 된 자를 선접先接이라 이른다.”(《경세유표經世遺表》)

한마디로 과거 시험을 보는 유생 한 명에 최소 5명이 붙어 일사불란하게 역할 분담을 했다는 겁니다. 수험생 한 명에 5명이 동원된 6인조 ‘입시 비리단’이란 얘기죠.

일단 과거장에 먼저 들어가야 유리했습니다. 요즘처럼 수험 번호가 있는 것이 아니라 무조건 빨리 들어가서 현제판懸題板(시험문제를 내거는 널빤지)에 게시되는 문제를 잘 볼 수 있는 자리를 차지해야 했기 때문입니다. 이때 선접·수종·노유가 필요했는데, 이들은 과거 시험장인 창경궁 밖에서 등불을 밝히며 밤새워 기다렸다가 새벽에 궐문이 열리면 좋은 자리를 확보하기 위해 몸싸움을 벌였습니다.

그래서 강세황이 “봄날 새벽 과거 시험장에서 1만 마리 개미의 싸움이 격렬하다”고 표현한 겁니다. 이들은 일산과 말뚝, 막대기 등을 휘두르며 달려가 일산을 펴고는 “내 자리요!” 하고 맡아놓습니다. 다산은 이들을 두고 “노한 눈깔이 겉으로 불거지고 주먹을 어지럽게 옆으로 휘두르고 고함을 지르며 달려든다”고 표현했습니다.

崇禎三甲戌增廣司馬榜目號 增廣慶科 開廟選上尊

恩門

一所 禮曹前

漢城府判尹 李島輔

行副司直 鄭亨復

行司果 李奎采

行司果 金尚喬

副司果 李翼元

司憲府監察 金弘濂

二所 成均館

甲戌增廣司馬榜目

— — 조선 시대 과거 합격자 명부 《숭정삼갑술증광사마방목崇禎三甲戌增廣司馬榜目》이다. 1759년(영조 35) 소과인 생원과 진사 시험에 입격한 명단을 기록한 책이다. 원칙적으로 3년에 한 번씩 실시되는 대과에는 단 33명을 선발했기 때문에 치열한 경쟁을 벌여야 했다. 국립중앙박물관 소장.

물론 이들은 머리에 고양이 귀 같은 검은 유건儒巾(유생이 쓰는 관모)을 써서 수험생으로 위장했습니다.

이처럼 살벌하게 몸싸움을 벌이니 어찌 됐겠습니까. 초정 박제가는 "마당이 뒤죽박죽되고 (…) 심한 경우에는 망치로 막대기로 상대를 때리고 찌르고 싸우며 (…) 문에서 횡액을 당하고 (…) 심지어는 남을 죽이거나 압사하는 일까지 발생한다"《북학의》고 고발했습니다. 실제로 1686년(숙종 12) 4월 3일, 명륜당에서 실시하는 과거장에 먼저 들어오겠다며 아귀다툼을 벌이던 선비 가운데 8명이 압사

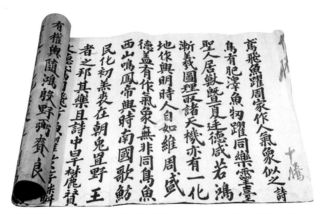

── 조선 시대 과거 때 제출된 답안지인 시권이다. 적게는 수천 장에서 많게는 수만 장에 이르는 답안지 가운데 채점관의 눈에 들기 위해서는 빨리 제출해야 했다. 국립중앙박물관 소장.

하는 불상사가 일어났습니다. 〈숙종실록〉은 이 참극을 언급하면서 "죽은 자들뿐 아니라 위독한 사람도 많아 성균관 주변에서 울부짖는 소리가 그치지 않았다"고 기록했습니다.

그렇게 목숨 걸고 시험장에 자리 잡은 6인조는 어떻게 부정행위를 저질렀을까요? 단원의 그림을 자세히 살펴봅시다. 먼저 초롱불을 켠 새벽임을 알 수 있네요. 자리를 맡아놓은 파라솔 같은 일산과 말뚝, 쇠몽둥이, 평상, 짚자리, 책가방 등을 챙겨 밀고 들어온 선접·수종·노유 등의 모습이 보입니다. 그렇게 자리를 잡았으니 이제 자신들의 역할이 끝나 쉬고 있죠.

이제부터 실제 응시자擧子(거자), 문장 전문가 거벽, 글씨 담당 사수의 차례입니다. 거벽이 책가방에 숨겨온 예상 답안지나 참고서를 꺼내 일필휘지로 답안을 지어내면, 사수는 촌각의 지체 없이 깔끔하게 베낍니다. 정작 시험을 치르는 수험생인 거자는 무엇을 했을까요? 아무것도 안 했습니다. 다산도 그런 응시생들이 한심스럽다고 혀를 끌끌 찼습니다.

"부잣집 자식은 입에서 아직 비린내가 난다. '고무래 정丁' 자도 모른 채 거벽의 글과 사수의 글씨를 빌려 시권을 제출한다."《경세유표》

1800년 두 차례의 특별 괴거에서 21만여 명이 참여했지만 답안지 제출은 7만여 장에 불과한 이유가 있었죠. 나머지 14만 명 중 상당수가 바로 입시 비리단 멤버였을 겁니다.

### 반나절 만에 답안지 7만 장을 채점했다고?

좀체 이해할 수 없는 대목은 또 있습니다. 채점관들은 어떻게 적게는 수천 장에서 많게는 7만 장 넘는 답안지를 채점했을까요? 안 그래도 그 폐단을 걱정하는 이가 많았습니다. 심지어 시험관이 답안지를 낸 순서대로 최초 300장에서 합격자를 뽑고 나머지는 다 버렸다는 상소문이 올라오기도 했습니다(1797년 9월 24일). 조정에서는 이런 폐단을 막으려고 시험관의 명이 있기까지 답안지를 내지 못하도록 했습니다. 일부러 나중에 낸 답안지에서 합격자를 뽑기도 했고요.

그러나 백약이 무효였죠. 과거 응시자가 기하급수로 늘고, 게다가 객관식도 아닌 주관식 문제를 푼 답안지를 어떻게 제대로 채점한단 말입니까. 박제가는 이에 대해 "한유韓愈 같은 문장가가 시험을 주관한다고 해도 소동파의 글을 번개처럼 던져버릴 것"《북학의》이라고 개탄했습니다. "수만 명의 응시자를 두고 반나절 사이에 합격자 방을 내걸어야 한다. 그 때문에 지친 시험관은 붓을 잡기에도 신물이 나서 눈을 감은 채 답안지를 내던져버린다." 그러면서 모든 병폐를 과거제도에 전가하기도 했습니다. "모든 길을 막아놓고 문을 하나(과거제)만 만들어놓으면 공자님이라 해도 그 문을 거쳐야 할 것이다." 정약용도 "천거 없이 과거 시험으로만 인재를 뽑아 1,000가지 병통과 100가지 폐단이 일어난다"(《경세유표》)고 개탄했습니다.

결국 폐단의 온상으로 지탄받은 과거제도는 1894년 갑오개혁으로 폐지되었습니다. 958년(고려 광종 9)에 시작되어 936년 동안 존속해온 과거제가 역사 속으로 사라진 겁니다. 이 대목에서 한 가지 질문을 던져봅니다. 박제가나 정약용의 언급처럼 과거 말고 추천제로 인재를 발탁했다면 더 좋았을까요? 그리고 과거제 이후 130년 동안 실시해온 입시 및 고시 제도는 과연 바람직한 걸까요? 저는 아니라고 생각합니다. 모든 제도와 법령은 사람이 운용하는 것이니까요. 제도가 문제라기보다 그걸 쓰는 사람이 문제인 겁니다.

# 31

## 조선이 조용한 은자의 나라?

분통 터진 미국인 독립투사

◇　　　개화기에 서양에서는 조선을 '고요한 아침의 나라' 또는
'은자(은둔)의 나라'라고 즐겨 불렀습니다. 어디 서양인뿐이겠습니
까. 우리나라 사람들도 이런 표현에 익숙해서 지금까지 아무런 저
항감 없이 그런 줄 알고 있죠.

### 조선이 왜 은둔의, 고요한 아침의 나라인가

그러나 지금부터 100년도 훨씬 전에 이런 '고요한 아침의 나라'
니, '은자(은둔)의 나라'니 하는 것이 조선과 한국을 왜곡하고 비하
하는 표현이라고 강력하게 비판한 사람이 있었습니다. 바로 호머
헐버트Homer Hulbert 박사입니다. 그가 힘주어 비판한 인물이 바로
《은둔의 나라, 조선Corea, the Hermit Nation》(1882)의 저자 윌리엄 그리

—— 미국의 선교사였던 호머 헐버트는 조선에서 영어를 가르친 교육자이자 〈독립신문〉 발행을 도운 언론인, YMCA 초대회장, 한국어 연구와 보급에 앞장선 한글학자였다.

피스William Griffis입니다. 그리피스는 쇄국정책을 고수하고 있던 조선을 서양에 알린 아주 유명한 동양학자이고, 우리나라에서도 서양인의 눈에 비친 조선 이야기를 할 때마다 흔히 인용하는 인물이죠. 당대 서양인도 그리피스의 책을 거울삼아 조선을 평가했습니다.

그러나 1886년 육영공원 교사로 입국한 이래 조선을 제2의 조국으로 삼았던 헐버트가 보기에 그리피스는 문외한에 불과했습니다. 헐버트는 특히 "1882년 출간된 이 책은 너무 많은 오류를 안고 있다. 그리피스는 한 번도 조선에 와보지 않고 일본에 머물면서 조선 관련 책을 썼다"고 비판했습니다. 일본에 앉아 일본, 중국, 서양의 자료를 토대로 쓴 조선 이야기니 왜곡·편향될 수밖에 없다는 거죠.

특히 그리피스가 1902년 미국 동부에서 발행하는 잡지 〈뉴잉글랜드〉에 '한국, 피그미 제국Korea, the Pigmy Empire'이라는 글을 기고했는데, 이 기사를 본 헐버트는 크게 분노했습니다. 헐버트는 〈한국평론〉(1902년 7월호)에 "미국인이 그 기고문을 읽으면 한국인이 마치 미개하고 지능 낮은 열등 민족으로 비칠 게 뻔하다"고 반박하는 글을 실었습니다. 아프리카의 피그미는 미국에서 일반적으로 '작고, 지능 낮은 부족'으로 여겼기 때문이죠.

헐버트는 또한 "백두산 천지의 수원지를 압록강과 두만강이라 했으며, 한국의 인삼 경작, 식물분포, 사회현상이 너무 왜곡되어 있다"고 조목조목 따졌습니다. 특히 "조선을 Chosen으로, 백제를 Hiaksi로 쓰는 등 많은 인·지명을 일본식 발음으로 표기했다"고 분개했습니다. 한마디로 기본도 못 갖춘 인물이 조선 전문가처럼 행세하고 있다는 겁니다. 그러면서 "그리피스는 제발 한국에 와보고 한국에 대한 글을 쓰라"고 직격탄을 날렸습니다.

헐버트가 또 하나 수정을 요구한 표현이 있는데, 바로 조선朝鮮을 'Morning Calm'으로 번역한 것입니다. 이는 1883년 미국을 방문한 조선의 보빙사報聘使(미국 공사의 조선 부임에 대한 답례로 미국에 파견한 사절단) 안내를 맡은 퍼시벌 로웰Percival Lowell이 쓴 책《고요한 아침의 나라, 조선Choson, the Land of the Morning Calm》(1885)에서 비롯된 겁니다. 그런데 조선이라는 국호의 아침 조朝를 로웰이 'Morning'으로 표현할 수는 있어도 '밝다, 아름답다, 깨끗하다'는 뜻의 선鮮을 왜 조용하다는 뜻의 'Calm'으로 해석했는지 알 수 없었죠.

헐버트는 바로 이런 점을 지적하면서 굳이 조선을 영어로 번역한다면 고요한 아침이 아니라 '서광이 비치는 아름다운 아침', 즉 'Radiant Morning'이나 'Morning Radiance'라고 해야 한다고 주장했습니다. 새삼 낮이 뜨거워집니다. 정작 우린 아무 생각 없이 고요한 아침의 나라가 어쩌고, 은둔의 나라가 저쩌고 해오지 않았습니까. 그리피스를 조선과 한국을 세계에 알린 저명한 동양학자로 여기고, 로웰의 'Morning Calm'을 절묘한 표현이라고 즐겨 인용하면서… 정작 미국인 헐버트는 자그마치 120~130년 전에 분통을 터뜨렸는데 말이죠.

헐버트와 관련해 또 한 편의 일화가 있습니다. 헐버트는 1902년 미국 월간지 〈하퍼스〉에 한국의 5대 발명품, 즉 '태종의 이동식 금속활자' '거북선' '현수교' '폭탄(비격진천뢰)' '소리글자(훈민정음)'를 소개했습니다. 이 중 훈민정음이나 거북선은 더 부연할 필요가 없겠죠. 여기서 태종의 이동식 금속활자는 1403년(태종 3) 주조한 '계미자'를 가리키는데, 당시엔 《직지심체요절》이 공개되기 전이었죠. 헐버트는 계미자가 요하네스 구텐베르크의 금속활자 발명보다 50년 가까이 빠르다는 사실을 강조한 겁니다.

비격진천뢰는 1591년(선조 24) 발명한, 당대 세상 어디에도 없던 독창적인 최첨단 무기였습니다. 시간을 조절해 폭발한다는 면에서 일종의 시한폭탄이라 할 수 있죠. 그럼 현수교를 왜 조선의 발명품이라고 했을까요? 임진왜란 당시 조선과 명나라 연합군이 임진강에 도달했을 때, 칡넝쿨로 나무를 묶고 나룻배로 활용해 110m가량의 다리를 건설해서 12만 명이 무사히 건넜다는 겁니다. 문헌 기록을 찾아봤더니 실제로 "조·명 연합군이 임진강 상류를 따라 칡으로 만든 밧줄을 연결해 다리를 만들어 도강했다"(《서애집》)는 기록이 보이더군요.

## 한글에 빠져 한글 전도사가 된 미국인

헐버트 박사가 과연 어떤 인물이기에 조선과 한국을 이처럼 잘 알고 또 사랑하게 된 걸까요? 그는 1886년(고종 23) 9월 고종이 설립한 왕립 영어 교육기관, 곧 육영공원의 교사로 초빙된 3명 중 한 사람입니다. 당연히 헐버트 등의 교수들은 조선말을, 육영공원 학생들은 영어를 한마디도 못 했죠.

그런데 이상한 일이 벌어졌습니다. 조선 학생들이 가히 언어 천재라 할 만큼 영어 습득에 뛰어났던 겁니다. 단 8개월 만에 영어 어구를 3,000자 가까이 습득했죠(〈고종실록〉 1887년 5월 2일). 헐버트를 비롯한 영어 교사들은 "조선 학생들의 영어 구사 능력은 중국이나 일본보다 훨씬 뛰어나다"고 입에 침이 마르도록 칭찬했습니다. 특히 영국인 아널드 헨리 새비지 랜도어Arnold Henry Savage Landor의 감탄이 흥미롭습니다.

"19세 조선 청년이 f와 p의 발음도 구분 못 하더니, 두 달이 지난 지금은 하루에 단어를 200개씩 외우고, 영어 해석과 회화도 완벽하다. 정말이지 너무 놀랍다."

그런데 놀라운 것은 조선 학생들이 영어를 배웠듯이 헐버트 역시 불굴의 노력으로 조선어를 습득했다는 겁니다. 그 결과 헐버트는 2년 뒤 동사 일람표를 만들 정도로 한글 문법에 정통해졌고, 조선말을 거리낌 없이 구사할 정도가 됐습니다. 흥미롭게도 '언어 천재' 헐버트는 그 공을 '한글'로 돌렸습니다. 과연 한글 창제 때 예조판서 정인지鄭麟趾가 했던 말, 즉 "지혜로운 사람은 아침나절이면, 어리석은 사람도 열흘 안에 깨우칠 수 있다"는 말이 맞았던 겁니다.

불과 4일 만에 한글을 깨우친 헐버트는 단박에 한글과 사랑에 빠져 버렸습니다.

그런 헐버트에게 일주일 만에 의문점이 하나 생겼습니다. '조선 사람들은 독창적이고 과학적이면서 이렇게 쉽게 배울 수 있는 글자를 왜 그들 스스로 경시하고 있을까?' 이에 헐버트는 한글로 지식 보급에 나서기 시작했습니다. 당시 조선의 내로라하는 지식인조차 청·일·러 세 나라가 세상의 전부인 줄 착각하고 있었죠. 조선에 파견된 선교사들은 《성경》 번역에만 관심을 두었지만, 헐버트는 조선인에게 당장 필요한 것은 '서양에서 가르치는 보편적 지식'이며, '그 지식을 담은 근대 서적이 필요하다'고 여겼습니다. 그리고 마침내 1891년 무렵, 조선인이 조선어로 읽을 수 있는 세계 지리서를 펴냈는데, 그 서문을 한번 볼까요?

"(한자 대신) 한글로 쓰면 선비와 백성, 남자와 여자 누구나 널리 보고 쉽게 알 수 있을 것인데, 사람들은 도리어 한글을 업신여기니 매우 안타까운 일이다."

어째 글 내용이 심상치 않습니다. 마치 훈민정음 서문의 느낌이 납니다. 다음 내용을 보면 더욱 알쏭달쏭해집니다.

"이런 이유로 필자가 비록 조선말과 한글에 익숙하지 않은 어리석은 외국인이지만, 부끄러움을 잊고 특별히 한글로 세계 각국의 지리와 풍속을 대강 기록하려 한다."

외국인이 세계 지리서를 썼는데, 그런 어려운 책을 특별히 한글로 펴냈다는 얘기죠. 그것도 한글을 업신여기는 풍토를 안타까워하면서 신분·남녀의 구별 없이 모든 백성이 편하게 읽을 수 있도록

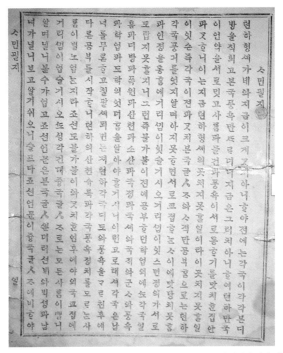

‑ ‑ ‑ 육영공원의 교사였던 호머 헐버트가 집필한 최초의 한글 교과서 《사민필지》이다.

말입니다. 무엇보다 책 제목이 심상찮았습니다. '선비土와 백성民이 모두 반드시必 알아야 할 지식知'이라는 뜻의 《사민필지》. 영어로는 'Knowledge Necessary for All'이었습니다.

　헐버트는 이 지리서에서 "독자들이 세계 각 나라가 이룩한 부·문화·힘의 정도 등을 개괄적으로 이해할 수 있게 보통의 지리책이 제공하지 않는 정부와 재정수입, 산업, 교육, 종교, 군사, 식민지 등을 넣었다"고 밝혔습니다. 7~8세 어린아이도 소화할 수 있게 만든 순한글판 《사민필지》는 1895년 총리대신 김홍집金弘集의 지시로 한문으로도 번역되었습니다. 한글판을 굳이 한문판으로 번역했으니 퇴보한 것 아니냐는 핀잔을 들을 만도 합니다만, 그만큼 외국 정보에 목말라 있던 상류층에게도 폭발적 인기를 끌었다는 방증이죠.

헐버트는 본격적으로 한글 전도사를 자처했습니다. 조선에 온 지 불과 3년 만인 1889년 〈뉴욕 트리뷴〉에 한글의 매력을 소개했습니다. "조선에는 각 소리를 고유의 글자로 표기할 수 있는 진정한 소리글자true alphabet가 존재한다. 모음은 하나 빼고 모두 짧은 수평, 수직의 선 또는 둘의 결합으로 만들어진다. 한글 조합의 과학성은 환상적이다." 이 신문에는 헐버트가 그려준 모음 'ㅏ ㅗ ㅣ ㅜ'가 그대로 실렸는데, 국제사회에 처음으로 한글을 자모까지 그려가며 언어학적으로 분석·소개한 이가 바로 헐버트였던 거죠.

## 〈아리랑〉을 노래하면 누구나 워즈워스

이후 그는 각종 잡지에 한글의 우수성과 한글을 창제한 세종을 극찬하는 글과 논문을 잇달아 기고했습니다. "근검 및 애민·법치 정신으로 똘똘 뭉친 세종이 백성의 삶을 개선하기 위해 쉬운 한글을 창제했다"(〈한국소식Korean Repository〉, 1892)고 하는가 하면 "문자의 단순성과 발성의 힘에서 한글과 견줄 문자는 세상 어디에도 없다. 세종은 고대 페니키아문자를 그리스에 전한 카드모스Cadmos 왕자에 조금도 뒤지지 않는다"(《한국사The History of Korea》, 1905)고 극찬했습니다. 또한 '이두'를 분석한 논문 〈The ITU〉를 발표했고, "한국어는 영어보다 대중 연설 언어로 더 우수하다"(〈한국평론The Korea Review〉,

1904)고 설파했습니다. 1903년에는 '훈민정음 서문'을 영어로 옮겨 학술적으로 탐구하기도 했습니다.

그러나 촌철살인의 지적도 서슴지 않았죠. "조선이 한글 창제 직후부터 한자를 던지고 한글을 받아들였다면 조선에는 무한한 축복이었을 것이다. 그러나 아직 늦지 않았다. 영국인이 라틴어를 버린 것처럼 조선인도 결국 한자를 버릴 것이다"라고 기원했습니다.

헐버트의 한글 사랑은 자연스레 한국 문화 탐구로 이어졌습니다. 1893년 시카고에서 열린 국제설화학술대회에서 단군신화 등을 국제사회에 소개했죠. 또 '한국의 속담'과 '한국의 시' 등을 발표(《한국소식》, 1896·1897)하면서 "세상 어느 민족도 봄의 풋풋함을 한국인보다 더 만끽하지 못한다"고 찬탄했습니다. 1896년에는 《한국의 성악》을 발표해 구전으로 전해지던 〈아리랑〉을 사상 처음 서양 음계로 채보했습니다. 그는 "〈아리랑〉은 한국인에게 쌀과 같은 존재다. 한국인이 〈아리랑〉을 노래하면 워즈워스처럼 즉흥곡의 시인이 된다"고 했습니다.

어디 한글과 한국 문화 부문에서의 업적뿐이겠습니까. 헐버트는 정치외교사 측면에서도 한국 근현대사를 논할 때 빼놓을 수 없는 인물로 평가받죠. 세 번이나 고종의 비밀 특사 역할을 했습니다. 1905년 프랭클린 루스벨트 대통령에게 을사늑약이 무효라는 고종의 친서를 전달하는 특명, 1907년 헤이그 만국평화회의에 참석하는 각국의 국가원수들을 찾아 일제의 침략주의를 고발하고 도움을 청하라는 밀명을 받았죠. 또 1909년에는 상하이 은행에 예치한 고종의 내탕금을 찾아오라는 특명도 받았습니다. 1907년 일본의 박해를 피해 조선을 떠난 뒤에도 미국 안팎을 돌며 강연과 기고, 집회 등을 통해 한국의 독립을 위해 줄기차게 투쟁했죠.

1945년 조선이 해방을 맞이하자 헐버트는 "정의와 인도주의의 승리"라고 기뻐했습니다. 그는 1949년 광복절에 국빈으로 초청받았지만 86세의 고령인 데다 한 달여의 여행이 남긴 여독으로 인천 땅을 밟은 지 일주일 만에 별세했습니다. 하지만 "나는 웨스트민스터 사원보다 한국에 묻히기를 바란다"는 고인의 뜻을 이룬 셈이죠. 헐버트의 삶을 살펴보면서 우리는 부끄러움을 느껴야 합니다. 그렇지 않다면 그 사람은 한국인이 아닙니다.

**32**

# 100년 전부터 시작된 꼴값 영어

조선을 뒤흔든 영어 열풍

◇　　어쭙잖은 영어의 오남용을 일컬을 때 흔히 사용하는 말이 소설가 안정효安正孝의 명언 '꼴값 영어'입니다. 남의 동네 이야기 할 것도 없죠. 지금은 바뀐 것 같은데, 제가 사는 파주의 공식 표어가 'G&G'였어요. 무슨 심오한 뜻이 있는 줄 알았는데, 그냥 'Good and Great'의 약자라네요. 그럴 바엔 '좋고 위대한 파주'라고 했으면 차라리 좋을 뻔했습니다. 하기야 이뿐이겠습니다. 어디를 가든 '꼴값 영어'라는 말이 수시로 튀어나올 수밖에 없는 게 현실이죠.

특히 영어 때문에 홍역을 앓았던 도시가 있습니다. 바로 '다이내믹'을 도시 브랜드 슬로건으로 삼고 그린 스마트 도시를 표방한 부산광역시입니다. 부산시의 영어 오남용은 유달리 눈에 띕니다. 기존의 명칭에 별칭을 달거나 아예 새롭게 바꾼 다이아몬드 브리지(광안대교), 문탠로드(달맞이길) 등은 단적인 예에 불과합니다. 새롭게 들어섰거나 들어설 건물 또는 시설물의 명칭을 볼까요? 센텀시티, 마린시티, 에코델타시티, 휴먼 브리지, 금빛노을 브리지, 사상리버 브리지, 감동나룻길 리버워크 등 현란하기 그지없습니다. 이게 과연 꼴값 아닌 얼굴값 제대로 하는 영어일까요?

이런 부산에서 영어 상용을 둘러싸고 거센 논쟁이 벌어진 적이 있습니다. 부산시가 부산교육청과 함께 이른바 '영어 상용 도시' 정책을 밀어붙이자 76개 국어 단체와 34개 시민 단체가 연합체를 만들어 반대 목소리를 높였죠. 부산시는 영어 상용화common language는 영어를 공식 언어로 쓰는 영어 공용화official language가 아니라는 점을 내세웠습니다.

그러나 국어 단체와 시민 단체는 "이른바 영어 상용 도시 정책은 많은 도시에서 실패한 '영어 마을'을 확대하는 정책에 불과할 뿐"이라고 비판했습니다. 결국 반대 여론에 부딪힌 부산시는 '영어 상용 도시, 부산'이라는 슬로건을 '영어 하기 편한 도시'로 바꿨는데, 여전히 "무늬만 달리한 꼼수"라는 비판이 쏟아지고 있습니다. 비단 부산시뿐만이 아닙니다. 인천시도 송도국제도시를 '영어 통용 도시'로 바꾸는 기본 계획을 수립했습니다.


## 조선에 홍수처럼 쏟아진 영어 신조어

부산과 인천 등에서 벌어지는 논쟁을 보면서 문득 이런 생각이 들었습니다. '영어가 과연 뭐기에 100년이 넘도록 지겹도록 설왕설래하고 있을까?' 먼저 일제강점기인 1920~1930년대로 돌아가 잡지 〈동광東光〉에 실린 기사를 살펴봅시다.

"'모던뽀이'는 '시크'해야 하고 '모던껄'은 '잇트'가 있어야 한다. 그것이 1931년식 첨단인이 마땅히 가져야 할 현대성이다. '스마트' 한 것을 자랑하는 '모던'은 비록 나팔바지는 못 입을망정, 단발 양장은 못할망정 신감각적 '에로' '그로'를 이해치 못해서야 될 뻔한 일이냐."(1931년 6월 1일)

당시 영어 열풍의 단면을 보여줍니다. 오죽하면 당대 〈동아일보〉가 홍수처럼 쏟아지는 신조어를 풀이한 '신어해설'란을 신설했을까요? 〈동광〉에 소개된 시크chic라는 단어를 볼까요? 국립국어원이 지난 2004년에 펴낸 〈신어〉 자료집에 '멋있고 세련되다'라는 단어로 소개됐죠. 그러나 〈동광〉을 보면 이것이 자그마치 1930년대에 등장한 표현임을 알 수 있습니다.

"'쉬-크'는 멋쟁이 하이칼라를 의미한다. 쉬-크는 외형만이 아니라 시대정신을 이해하는 빈틈없는 근대인을 가리킨다. 내면이 빈약한 모던보이, 모던걸에 반해 '쉬크보이' '쉬크걸'은 훌륭한 신사 숙녀이다."(〈동아일보〉, '신어해설', 1931년 4월 13일)

모던걸의 덕목이라는 잇트It는 어떤 뜻일까요? 〈동아일보〉는 '원래는 여성의 성적 매력을 가리키는 말'이라고 풀이했습니다. 그런데 사실 'It'는 1927년 미국에서 개봉된 영화의 제목입니다. 대형 백화점 판매원인 여주인공이 'It'로 사장의 마음을 흔들어 성공한다는 이야기를 담고 있죠. 그때 유행한 표현이 '잇트 걸It girl'인데, It가 이때부터 '섹시한 여성(혹은 남성)'의 상징어가 된 겁니다.

그럼 첨단인이 알아야 했던 에로와 그로는 무슨 뜻의 신조어일까요? "가장 사람의 입에 오르내리는 유행어가 '에로틱'의 약어인 에로다. 그로는 '그로테스크grotesque'의 줄임말이다. 생활에 권태를 느끼는 현대인들이 '괴기스러운 것'을 찾는 경향이 있어서 생긴 신조어다."(〈동아일보〉 1931년 3월 9일, 16일) 그런데 약 한 달 뒤, 독자가 다시 "에로와 그로의 뜻이 뭐냐"고 묻자 담당 기자가 "정말 옛날 양반이시다"며 농담 섞인 핀잔을 던진 뒤 "에로는 정사情事, 그로는 괴기"라고 친절하게 가르쳐줍니다. 그 시대엔 에로, 그로를 모르면 '꼰대' 소리를 들은 겁니다.

이때 유행한 영어 표현이 어째 이상하죠? 에로와 그로는 물론 모보(모던보이)와 모껄(모던걸)처럼 줄임말을 남발하는데, 어쩐지 왜색이 짙은 것 같습니다. 이와 관련해 주요한朱耀翰은 잡지 〈별건곤別乾坤〉(1930년 5월 1일)에 왜색 영어의 창궐을 개탄하는 글을 썼습니다.

"지금 '신문 잡지사에서 외국어만 쓰니 무식한 사람이야 어디 쓸 수가 있냐'는 항의 편지가 온다. (…) 게다가 일본어의 영향으로 (…) 영국 철학자 버트런드 럿셀을 '라세루'라 한다. (…) '구리-무(크림)' '기로(킬로)' '다꾸씨(택시)' '밧데리(배터리)' '화스토(퍼스트)' '보인또(포인트)' '시구나루(시그널)' '마구네슘무(마그네슘)'…."

그야말로 꼴값 영어의 향기가 물씬 풍깁니다.


### 어쩌다 시작된 영어 몰입식 교육

이 대목에서 근본적인 궁금증이 듭니다. 우리나라 영어 교육이 어땠기에 100년이 넘도록 이 모양 이 꼴인 걸까요? 〈동아일보〉

2부 인물과 인연

1920년 5월 12일 자 기사에 해답의 실마리가 나옵니다.

"보성고보 3학년 학생 45명이 지난 7일부터 등교하지 않는다. 일본인은 '원래' 영어 발음이 불량한데 영어 교사인 전중용승田中龍勝이 가르치는 발음대로 영어를 배워서는 도저히 세상에 나가 활용할 수 없으니…."

요컨대 보성고 3학년 학생들이 "영어 발음이 형편없는 일본인 영어 선생 말고 (발음이 좋은) 조선인 영어 선생으로 바꿔달라"면서 등교 거부 투쟁을 벌인 겁니다. 학교 측은 "전중용승, 즉 다나카 선생도 명색이 제국대 영문과 출신이고, 조선인이나 일본인이 영국인이나 미국인이 아닌 것은 마찬가지 아니냐"고 설득했지만 소용없었죠. 이 대목에서 일본인은 원래 발음이 좋지 않다는 보성고 학생들의 '팩폭'이 재미있습니다.

그렇습니다. 사실 조선 학생들의 영어 실력은 동북아 3국 가운데 으뜸이었습니다. 시작은 가장 늦었죠. 조선이 영어에 눈을 돌린 것은 서구 열강 중 최초로 미국과 통상조약을 맺은 1882년 무렵이니까요. 당시 영어를 할 줄 아는 조선인은 없었죠. 드라마 〈미스터 션샤인〉의 '유진 초이' 같은 인물도 있을 리 없죠. 결국 청나라 사람 마건충馬建忠에게 조미수호통상조약의 통역을 맡겼습니다. 조선의 전권대신인 외교관 신헌申櫶은 심하게 말하면 도장만 찍었을 뿐입니다. 우여곡절 끝에 맺은 조약의 제12조가 눈길을 끕니다.

"이번 조약에 포함되지 않은 것은 5년 후 양국 관민이 각각 언어에 익숙해졌을 때 (…) 재교섭한다."

한마디로 지금은 서로 말이 잘 통하지 않으니 5년 뒤 다시 추가

사항을 다루자는 것이었죠. 그리고 1년 뒤인 1883년에 극적 전환이 이뤄집니다. 조미수호통상조약 1주년을 맞아 조선의 사절단(보빙사)이 미국을 방문했는데, 사절단장 민영익을 비롯한 보빙사 일행은 40여 일간 미국 전역을 둘러보며 그야말로 파천황의 신세계를 경험했습니다. 눈이 휘둥그레질 정도로 선진 문물에 흠뻑 빠졌고, 이때 영어의 필요성을 절감한 것이죠.

그래서 1886년 육영공원을 세우고, 원어민(미국인) 교사 3명을 초빙했죠. 그들이 바로 호머 헐버트와 댈지얼 벙커Dalziel A. Bunker, 조지 길모어George W. Gilmore입니다. 조선어를 몰랐던 그들은 어쩔 수 없이 영어뿐 아니라, 수학·자연과학·만국지리 등 모든 과목을 원어로 가르칠 수밖에 없었죠. 어쩌다 보니 '영어 몰입식 교육'이 된 겁니다.

왕립 학교뿐 아니라 배재학당, 이화학당 등 미국 선교사들이 세운 학교에서도 자연스레 원어민 영어 교육이 이뤄졌죠. 왕립 학교는 여러 이유 때문에 9년 만인 1895년에 문을 닫았는데, 다행히 갑오개혁에 의해 과거제·신분제가 폐지되면서 모든 백성이 균등하게 입학할 수 있는 근대식 교육기관이 설치된 거죠. 신분 상승과 입신출세의 유일한 관문이 사라진 만큼 다른 등용문이 필요했죠. 바로 외국어, 그중에서도 영어가 '과거'를 대체했습니다. 특히 신문물이 밀물처럼 들어오고, 그에 따라 새로운 직업이 생기자 거기에 종사하려면 자격이 필요했죠.

배재학당 설립자 헨리 거하드 아펜젤러Henry Gerhard Appenzeller는 이미 1886년 무렵 "조선인에게 '왜 영어를 배우려 하느냐'고 물으면 '관직에 나서려고 배운다'고 대답했다"고 밝혔습니다.

**342**

—— 초창기 이화학당 학생들의 수업. 선교사들이 세운 배재학당과 이화학당의 수업도 모두 영어로 진행됐다. 자연스레 '원어민 영어 교육'이 이뤄진 것이다.

### 〈독립신문〉에 실린 첫 영어 과외 광고

당대의 영어 열풍을 보여주는 광고가 있습니다. 영국인 원어민 강사가 〈독립신문〉에 낸 사상 첫 영어 과외 광고입니다.

"영국 선비 하나가 특별히 밤이면 몇 시간씩 가르치려 하니 이 기회를 타서 조용히 영어를 공부하려는 사람들은 독립신문사로 와서 물으면 자세한 말을 알지어다."(1898년 7월 4일)

"월전(7월 4일) 광고했던 영어 가르치는 사람이 9월 1일 오후 8시부터 9시까지 가르칠 터이니 (…) 교사의 월급은 다 선급이요 (…) 다만 며칠만 배웠더라도 월급은 한 달 셈으로 할 터이니 그리들 아시오."(1898년 8월 26일)

── 〈독립신문〉 1898년 7월 4일과 8월 26일 자에 실린 영어 과외 광고. "영국 선비 한 사람이 밤에 영어 강습을 할 예정이니 조용히 공부하고 싶은 이들은 연락을 달라"고 했다. 월급은 선급이고, 며칠만 배워도 수업료는 한 달치를 받는다는 구절이 눈에 띈다. 국립중앙도서관 소장.

이와 같은 열풍에 맞춰 다양한 교재도 출간되었습니다. 종두법을 도입한 의사이자 국어학자 지석영池錫永의 《아학편》(1908)이 대표적입니다. 이 책은 다산 정약용의 아동용 한자 학습 교재 《아학편》을 영어 교재로 다듬은 것인데, 지석영은 한자를 공통 문자로 중심에 놓고 3개 국어를 병기했습니다. 한자의 음과 훈은 물론, 각 한자에 대응하는 중국어·일본어·영어의 발음까지 한글로 표기해놓은 겁니다. 한자 하나를 배우면 4개 국어를 배울 수 있다는 장점이 있고, 한자 하나마다 붙인 영어와 우리말 발음을 되도록 소리 나는 대로 표기하려 애썼다는 게 눈길을 끌죠.

V는 '브이' 대신 'ㅇ뷔'로, R이나 L은 어두에 나오면 '으'나 '을'을 선행시켜 표기했습니다. 예컨대 Ruler는 '으룰러', Rice는 '으라이쓰'라 했죠. 혀를 말아야 하는 영어의 'R' 발음을 '으르'로 표기한 겁니다. 그리고 'L'은 '엘'로 표기하지만 어두에 나오면 '을'이 됩니다. 그래서 Love는 '을노ㅇ브'로 표기했습니다.

이런 교육의 결과였을까요? 일본 외교관 시노부 준페이信夫淳平는 "한국인은 동양의 언어학자다. 주한 영국 대사가 본국 정부에 '서울에 외국인이 들어온 지 14년도 안 됐지만 조선인의 언어능력은 중국인·일본인이 절대 따르지 못할 정도'라고 보고했는데, 결코 과장된 표현이 아니다"라고 혀를 내둘렀습니다.

## 시험용으로 전락한 영어 교육

그러나 '동양의 어학자'라는 찬사를 받던 한국인의 영어 실력은 한일병합으로 끝장나고 맙니다. 초대 총독 데라우치 마사다케寺內正毅가 1911년 8월에 1차 조선교육령을 제정하면서 필수과목이던 영어를 선택과목으로 격하시킨 것입니다. 가르치는 언어도 일본어로 정했죠. 1919년 3·1운동 이후에는 이른바 문화정치를 채택했습니다.

일제는 대학 설립을 허용하고 영어와 독일어 등 외국어 교육을 중등학교에서도 실시할 수 있도록 했지만, 영어는 여전히 상급 학교 진학을 위한 수험용이었죠. 그것도 보성고 학생들의 말마따나 원래 발음이 좋지 않은 일본인 교사가 수험용 문법과 독해 위주로 가르치니 어찌 됐겠습니까. 선교사이자 교육가 호러스 언더우드

──── 미국의 선교사이자 교육
가였던 호러스 언더우드.

Horace G. Underwood는 1925년 "서울에서 가장 훌륭한 영어 교사는 영어를 자유자재로 구사하기보다는 대학 입시에 통과하기 위한 퍼즐과 트릭을 마스터하는 사람이어야 했다"고 토로했습니다.

지금까지 100년 넘게 이어온 잘못된 영어 교육의 역사를 짚어보았는데, 이쯤에서 근본 질문을 던져봅니다. 부산시 등 '영어 도시' 계획이 과연 100년 이상 계속된 영어 교육의 잘못을 극복하는 '신의 한 수'로 작용할까요? 물론 교과과정에서 영어 몰입식 교육을 하든 어쩌든 이른바 '글로벌' 기준에 맞게 가르칠 필요는 있을 겁니다. 그러나 사회에 나와서는 어떻습니까? 영어가 더 필요한 사람은 심화된 교육을 받으면 됩니다. 누가 시키지 않아도 알아서 합니다. 지자체가 나서서 시민 전체를 '영어 전사戰士'로 만들려고 호들갑을 떨 필요는 없다는 얘기죠.

# 33

# 19세기를 풍미한 조선판 댓글 문화

쌍욕에 음담패설, 신상 털기까지

◇　　　요즘 댓글 문화가 사회문제로 대두하고 있는데, 130년 전에도 일종의 댓글 문화가 있었습니다. 19세기 말~20세기 초 세책점貰册店(도서 대여점)에서 빌린 소설책에 독자들이 툭툭 써 내려간 낙서가 바로 그것입니다. 특히 국권이 침탈되던 당대 소설책에 쓰인 낙서 가운데는 암울한 시대 상황을 꼬집고 풍자하는 이른바 '시국 댓글'이 있었습니다. 그리고 당시 댓글의 주공격 대상은 매국노 이완용과 송병준 등이었죠.

## 조선판 악플과 수많은 일침

"대한제국 인민들아, 자세히 들어보라. 이 나라 망하게 놓은 자는 누구냐 하면 이완용과 송병준이라 하니 우리 대한 동포들아 일심하

세. 그 두 놈을 잡아내어 장안에서 만민의 원수를 갚으세."

"대역부도 이완용아, 천하의 몹쓸 놈 아무 때 죽어도 내 손에 죽으리라. 총리대신 이완용 개자식!"

대놓고 욕할 수 없었던 매국노를 향한 조선 민중의 울분을 대여점 소설책에 고스란히 풀어놓은 겁니다. 민중의 각성을 촉구하고 나름의 해결책까지 제시한 댓글도 제법 눈에 띕니다. 어떤 댓글은 "심심하니까 이런 고담古談(옛이야기, 소설)만 보겠지만, 이젠 고담을 보지 말고 학교에 가서 교사합시다"라고 당부합니다. 소설에만 빠지지 말고 신식 교육만이 살길이라고 당부하는 거죠. 가없는 항일 의식을 표출한 댓글도 있습니다. "우리 대한국 이천만 동포들아! 언제나 자주독립하여 (…) 대한 동포끼리 살어볼까. 이 책 보는 동포들은 (…) 아무쪼록 정신을 차려서 일본을 다 죽이고 삽시다."

순수하게 소설 내용에 대한 감상과 촌평을 적은 것도 있습니다. 《삼국지》를 읽고서는 "이 책은 삼국지가 아니라 망국지"라고 하는가 하면 "가련타! 유 황숙(유비)이여! 통일천하하기 전에 영안궁에서 귀천하니 천도가 무심하다"는 댓글도 있습니다. 또 관우가 여몽에게 허무하게 죽는 대목에 이르러서는 "여몽, 때려죽일 놈"이라고 울분을 터뜨린 독자도 있습니다.

이런 낙서도 있지만 요즘처럼 익명성에 기댄 지독한 욕설과 신상털기 등의 악플은 지금과 다르지 않습니다. 그중 책 대여하는 비용이 비싸다며 주인을 겨냥한 낙서도 줄을 잇습니다. 월남과 파란(폴란드)의 망국사까지 들먹이며 주인을 비판한 낙서가 눈길을 끄네요.

"월남과 파란의 망국사를 보지 못했는가. 이런 세계에 음담패설

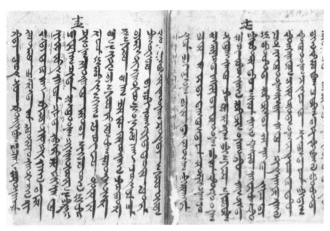

—— 매국노 이완용을 욕한 낙서. 소설의 내용 사이사이에 붉은 글씨로 "대역부도한 이완용 놈아"라고 쓰여 있다. 공개적으로 고관대작을 비판할 수 없는 민중의 울분이다. 유춘동 강원대학교 교수 제공.

로 꾸민 언문 이야기책을 돈 받고 세를 놓을 게 뭐냐. (…) 내 말을 그르다 말고 이후에는 책세를⋯."

이건 양반입니다. 차마 눈과 입에 담을 수 없는 댓글을 남긴 이들도 있습니다. 이를테면 "책 주인아, 예전같이 돈을 받으면 감옥소에 보내 종신징역 하게 될 터이니 조심해"라고 해놓고 "좌편에 있는 ○○와 ××는 너와 네 어미와 △하는 거야" 하며 음란한 그림까지 그렸습니다. 그 외에 남자의 성기 옆에 나체의 책 주인 어머니를 그려놓고는 "이 물건은 세책점 엄마가 좋아하는 것"이라고 쓰거나, "네 딸년을 나한테 보내라"는 쌍욕을 해댄 낙서도 있습니다.

주인의 실명을 거명하고 비판하는 경우도 제법 있습니다. "임경삼아, 내용을 고치라고 몇 번을 말했느냐"며 실명으로 비판하는가

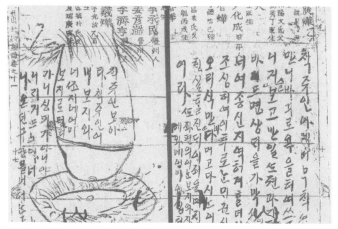

—《삼국지》 중에 갈겨쓴 댓글은 책 대여비가 너무 비싸다는 내용과 함께 계속 비싸게 받으면 평생 감옥에서 보낼 것이라는 저주를 퍼부었다. 그리고 옆에는 음란한 그림과 설명을 곁들여놓았다. 유춘동 교수 제공.

하면, "장주영張周泳 마자馬子이고, 어견자魚犬子 잡종류雜種類"처럼 도서 대여점 업자 이름을 거론한 뒤 한글 욕을 한자로 옮긴 경우도 있습니다. 상대의 실명을 터는 것도 모자라 그 가족까지 들먹이며 성적인 욕을 서슴지 않고 해대는 모양이 요즘의 SNS 댓글과 비슷하네요.

낙서한 사람을 욕하는 유치한 악플 릴레이도 펼쳐집니다. "이것 쓴 사람은 개자식"이라든지, "이 글씨 쓴 자식은 개자식의 자손"이라든지, "만약 이 낙서를 보고 욕하는 놈은 내 아들이다"라든지 하는 식이죠.

이런 악플에 일침을 가하는 댓글도 있습니다. "무식하게 욕설을 기록하지 마시오. 그리고 지금 관민이 아사지경인데 어찌 이야기책

           2부 인물과 인연

●─── 쌍칼을 들고 설치는 일본인을 그린 낙서. "왜놈 그렸으니 욕하는 놈은 소다"라고 쓰여 있다. 댓글은 국권 침탈기 당대 사회의 민낯을 비춰주는 거울이었다. 유춘동 교수 제공.

만 보시오." "이 책에 욕설을 쓰거나 잡설을 쓰는 폐단이 있으면 벌금을 낼 것이니 이후로 깨끗이 보시고 보내주소."

당대의 유행가를 끄적거린 경우도 꽤 됩니다. 그중 민속 성악곡 〈유산가遊山歌〉는 당대 최고의 인기곡이었던 것 같습니다. 현전하는 90여 종의 세책 중 20종에서 낙서를 확인할 수 있습니다. 봄 산의 아름다운 경치를 노래하면서 봄 구경을 권하는 이 노래는 "화란춘성花爛春城하고 만화방창萬化方暢이라. 때 좋다, 벗님네야, 산천경개山川景槪를 구경 가세…" 하는 내용입니다.

낙서나 댓글은 당대 사회현상을 반영하는 일종의 쌍방 간 의사소통이죠. 지독한 악플은 문제이지만 그 역시 당대 사회의 민낯을 비춰주는 거울이니 그 자체로 소중한 역사 자료임이 틀림없습니다.

## 영조와 사도세자의 소설 사랑

이 대목에서 궁금한 점이 있습니다. 옛사람들이 얼마나 책을 많이 읽었기에 요즘 같은 도서 대여점이 있었을까요? 예부터 잠을 청하려면 책, 그것도 어려운 책을 읽어야 한다는 우스갯소리가 있는데, 18세기 중·후반에 그걸 실천한 분이 영조입니다. 임금의 일거수일투족을 기록한 《승정원일기》에 기록되어 있으니 엄연한 정사라 할 수 있죠. 1758년(영조 34) 12월 19일의 일입니다.

도제조 김상로金尙魯가 밤잠을 설치는 영조에게 "제가 읽어주는 언문(한글) 소설책을 들으시면서 잠자리에 드시라"고 권하자 영조는 "언문이 아니라 한문 소설을 읽어야 잠이 올 것"이라며 민간의 이야기를 전합니다.

"예전에 어떤 아낙이 아기가 울자 한문책으로 얼굴을 덮어주었다는 거야. 이웃집 사람이 '왜 하필 한문책이냐'고 물었더니 아낙이 이렇게 말했다네. '아이 아버지가 잠을 청할 때마다 한문책을 읽읍디다. 그래서 나도 이 애 애비처럼…'."

영조는 그러면서 "이 말이 절묘하지 않은가. 한문책이야말로 사람을 잠들게 하는 거지"라며 크게 웃었다고 합니다. 이 일화는 조선 후기의 소설 열풍을 소개할 때 양념으로 식탁에 올릴 만한 메뉴라 할 수 있습니다.

영조와 사도세자는 모두 소설을 즐겨 읽은 것 같습니다. 영조는 중국 소설은 물론 《구운몽》《사씨남정기》《홍백화전》등 한글 소설을 읽은 것 같고, 사도세자는 뒤주에 갇히기 불과 4일 전(1762년 윤 5월 9일)까지 《서유기》《수호지》《삼국지》등의 장면을 그림으로 그린

━━━《평산냉연》의 표지와 본문 일부. 재주와 미모가 뛰어난 남녀의 결혼 과정을 묘사한 청나라 통속소설이다. 문체반정을 외친 정조는 숙직 도중《평산냉연》을 본 서학 교수 이상황과 이조참의 김조순을 파직하고 문제의 서적을 불살라버렸다. 국립중앙도서관 소장.

《중국소설회모본》의 서문을 썼다고 합니다.

반면, 문체반정의 기치를 든 정조는 어땠을까요? 아버지 및 할아버지와 달리 소설을 민간의 잡담을 꾸민 거짓투성이라며 배척했습니다. 그래서 연암 박지원에게 "경박한 문체로《열하일기》를 썼다"면서 반성문 제출을 요구했고, 성균관 유생 이옥李鈺의 과거(대과) 응시를 막기도 했습니다. 또 예문관 숙직 중《평산냉연平山冷燕》등 중국 소설을 본 서학 교수 이상황李相璜과 이조참의 김조순金祖淳을 파직하고 문제의 서적을 불살라버렸죠.《평산냉연》은 재주와 미모가 뛰어난 남녀의 결혼 과정을 묘사한 청나라 통속소설입니다.

## 책 읽어주는 남자, 전기수의 탄생

이 일화는 무엇을 뜻할까요? 정조가 분서 사건을 일으킬 정도로 소설 열풍이 불었다는 얘기죠. 당시 서울 거리는 임진왜란과 병자호란의 후유증을 딛고 기상이변에 따른 전염병 창궐에서 겨우 벗어나 한숨을 돌린 때였습니다. 여기에 18세기 초 대동법의 확대 시행으로 각 지방에서 바치던 공물을 쌀로 통일하자 큰 변화가 일어났죠.

조정은 지방에서 거둬들인 쌀을 팔아 필요한 물품을 시장에서 구입해 쓰게 된 것입니다. 그러다 보니 시장이 활발해졌고, 조정에 필요한 물품을 주문받아 생산하는 민영 수공업이 번창했습니다. 상공업이 크게 발달한 서울에는 다양한 물화가 돌았고, 저잣거리 문화도 꽃피웠습니다. 양반 사대부의 전유물이던 책은 중인과 평민의 벗이 됐고요. 독자들의 구미에 맞는 한글 소설이 시중에 나오기 시작했습니다. 그래도 일반 백성이 책을 사기에는 너무 비쌌죠.

그래서 중국에서 수입하는 책을 유통하는 책쾌冊儈, 곧 서적 중개인과 책을 읽어주고 돈을 받는 전기수傳奇叟 같은 새로운 직업이 탄생했습니다. 전기수는 청계천 주변을 하루씩 한 달 단위로 돌며 책을 읽어주었습니다. 당시 전기수는 배우 톤의 연기와 대사로 청중을 사로잡았습니다. 이와 관련해 조수삼趙秀三의 《추재집秋齋集》에 흥미진진한 내용이 나옵니다.

전기수는 마치 소설 속 주인공처럼 연기하듯 책을 읽다가 클라이맥스에 도달하면 갑자기 대사를 멈추고 뜸을 잔뜩 들였답니다. 애가 단 청중이 돈을 던져주면 그제야 대사를 이어갔다는데, 그로 인해 비극이 일어나기도 했습니다. 소설《임경업전》에서 임경업 장군

2부 인물과 인연

이 역적 김자점의 무고로 목숨을 잃는 장면을 읽고 있던 전기수가 구경꾼이 휘두른 칼에 찔려 죽은 겁니다. 실의에 빠진 임경업 장군 연기를 너무 실감 나게 해서 벌어진 어이없는 사건이죠.

인기 있는 전기수는 부잣집 여인들의 부름을 받아 여장을 하고 여자 목소리를 내며 양반집 안채를 드나들었는데, 이때 안방마님과 전기수가 눈이 맞은 게 들통 나 포도대장에게 죽음을 당한 일도 있었습니다.

## 가산을 탕진한 아낙네들의 책 사랑

깨끗이 베낀 책을 빌려주는 '조선판 도서 대여점'도 탄생했습니다. 세책점은 당대에 불어닥친 소설 열풍을 타고 공전의 히트를 기록했습니다. 그런데 이것이 사회문제로 비화되기도 했죠. 특히 부녀자들이 소설에 흠뻑 빠졌습니다. 문제는 책은 보고 싶은데, 빌릴 돈이 없으니 어떻게 되겠습니까. 부녀자들이 비녀와 팔찌를 맡기거나 팔아서, 혹은 빚까지 내서 책을 대여하는 통에 가산을 탕진할 정도였죠.

명재상 채제공蔡濟恭은 "패설(소설)을 앞다퉈 숭상하는 부녀자들은 비녀나 팔찌를 팔거나 빚을 내서라도 다투어 빌려간다. 책 읽기로 긴긴해를 보낸다"고 개탄했고, 실학자 이덕무李德懋는 "부녀자들이 투기와 음란한 내용이 대부분인 소설에 정신이 팔려 있다. 요즘 부인들의 방탕함과 방자함이 여기서 비롯됐다"고 비판했습니다. 조선에서 일본어 교사로 일한 오카쿠라 요시자부로岡倉由三郎는 "조선에서는 냄비·솥 등을 맡기고 책을 빌리며, 요금은 2~3일 기한에 권당 2~3리 정도"(《조선의 문학》)라고 썼고, 프랑스 외교관 모리스 쿠랑은 "세책점은 10분의 1~2문에 빌려주는데, 흔히 돈이나 화로 혹은 솥을 담보로 요구한다"(《한국서지Bibliographie Coréenne》)고 기록했습니다.

19세기 말에서 20세기 초 서울의 세책점은 30곳이 넘었는데, 월탄 박종화朴鍾和는 "서울의 책세집은 장마철이 석 달 넘게 이어지기를 간절히 원했다. 서울 친정을 방문한 새색시가 장마 핑계를 대고 얼른 시집에 돌아가지 않아도 됐기 때문"이라고 회고했습니다. 아낙네들이 빌려보는 책 중에는 《콩쥐팥쥐전》이나 《별주부전》이 인기였는데, 박태원朴泰遠의 소설 《소설가 구보씨의 일일》에도 주인공 구보씨가 동전 한 푼과 주발 뚜껑을 담보로 주고 가장 재미있는 《춘향전》을 빌려보는 장면이 있습니다. 육당 최남선崔南善도 1938년 〈매일신보〉에 "골방 속에 갇혀 지내던 부인네들에게 달 밝고 별 깜박거리는 시원한 하늘을 보여주는 것이 실로 이 소설의 세계였다"고 소개했습니다.

그렇다면 당대의 베스트셀러는 무엇이었을까요? 《삼국지》와 《수호지》 등 중국 소설 번역물은 스테디셀러였죠. 그러나 베스트셀러 반열에 오른 한글 창작 소설도 상당수 있었습니다. 《윤하정삼문취록尹河鄭三門聚錄》(186책), 《명주보월빙明珠寶月聘》(117책) 등 100책 이상의 대하소설은 물론 《현씨양웅쌍린기玄氏兩雄雙麟記》(24책), 《옥루몽》(30책) 같은 20책 이상의 장편소설도 인기를 끌었습니다. 또 《춘향전》《홍길동전》《소대성전蘇大成傳》《유충렬전》《임경업전》《숙영낭자전》《심청전》《여장군전》 등도 베스트셀러였죠. 당대 꼬장꼬

──── 독일인 헤르만 산더Hermann Sander(1868~1945)가 한국 방문(1906~1907) 때 찍은 세책점
(도서대여점) 사진. 산더는 잡화점이라 했다. 사진에 등장하는 세 사람은 세책점 주인과 소설
필사자, 세책본 배달자 등으로 추정된다.

점잖한 사대부 남성들도 앞에서는 눈살을 찌푸리는 척하면서 뒤돌아
서서는 이른바 통속소설을 탐독하며 웃고 울었을 겁니다.

　이런 소설에는 한 가지 치명적 약점이 있었는데, 작가든 독자든
어떤 기록도 남기지 않았다는 겁니다. 그래서 개화기에 사랑받은
이른바 고대소설은 일종의 퇴폐적 유물로 폄훼되곤 했죠. 하지만
《춘향전》《홍길동전》《소대성전》《유충렬전》 등의 고대소설이 이
광수나 김동인 같은 근대 소설가의 작품보다 훨씬 더 많이 읽히고
팔렸다는 건 분명합니다. 위로는 임금부터 아래로는 안방 여인네들
까지 가재도구를 탕진하면서까지 빌려 보았다니 말입니다.

# 참고 문헌

**1부 사건과 사연**

1장 역사와 유물, 그 숨은 연결고리를 찾다

• 국립김해박물관, 〈비봉리〉(국립김해박물관 학술조사보고 제6책), 2008.
• 국립문화재연구원, 〈경복궁 발굴조사보고서-광화문지·월대지·어도지〉, 2011.
• 국립문화재연구원, 〈전곡리 유적 조사발굴보고서〉, 1983.
• 국립중앙박물관, 〈평양 석암리 9호분〉(일제강점기 자료조사보고 30집), 2018.
• 국립해양문화재연구소, 〈고려청자보물선-태안 대섬 수중발굴보고서 본문 및 도판〉(학술총서 제17집), 2009.
• 국립해양문화재연구소, 〈태안 마도 1·2·3호선 수중발굴보고서〉, 2010·2011· 2012.
• 김상태, 《단단한 고고학》, 사계절, 2023.
• 김영주, '신문고 제도에 대한 몇 가지 쟁점-기원과 운영, 기능·제도의 변천을 중심으로', 〈한국언론정보학보〉(39호), 한국언론정보학회, 2007.
• 김지호·조영훈·류진호·황선빈·디바오르지, '디지털 가시화 기술을 활용한 부여 석조 명문 재검토 기초연구', 〈백제목간 학술심포지엄 자료집〉, 한국목간학회·백제학회, 2023.
• 리처드 포츠·크리스토퍼 슬론, 《인간이 된다는 것의 의미》, 배기동 옮김, 주류성, 2013.
• 백제고도문화재단, 〈화지산 유적-2018년도 5~6차 발굴조사〉(발굴조사연구보고 82·91책), 2020·2021.
• 백제문화재연구원, 〈부여 쌍북리 602-10번지 유적〉(조사보고 제11집), 2010.
• 서울시·역사건축기술연구소, 〈광화문 일대 역사 콘텐츠 구상 및 문화재 발굴(시굴) 조사〉, 2019.
• 서태원·문광균·박범·문경호, 〈태안 안흥진의 역사와 안흥진성〉(태안 안흥진성의 사적진성을 위한 학술세미나), 태안시, 2020.
• 심상육, '발굴자료를 통해 본 사비도성의 변천과 경관', 〈백제문화〉(62권 62호), 공주대 백제문화연구소, 2020.
• 오영찬, 《낙랑군 연구》, 사계절, 2006.
• 이성주, 〈제국주의 시대 고고학과 그 잔적〉(고문화 47), 한국대학박물관협회,

1995.
- 이순자, 〈일제강점기 고적조사사업 연구〉, 숙명여대 박사 논문, 2007.
- 이한용,《왜 호모사피엔스만 살아남았을까?》, 채륜서, 2020.
- 임학종·이정근, '신석기시대 도토리 저장공에 대한 검토', 〈영남고고학〉(제52호), 영남고고학회, 2010.
- 전곡선사박물관, 〈전곡 구석기 유적〉, 2011.
- 정인성, '세키노 다다시關野貞의 낙랑 유적 조사·연구 재검토-일제강점기 고적조사의 기억1', 〈호남고고학보〉(제24집), 호남고고학회, 2006.
- 진호신, '태안 신진도 고가古家 발견 유물의 종류와 성격', 〈해양문화재〉(16호), 국립해양문화재연구소, 2022.
- 충남대박물관, 〈부여 관북리 백제 유적 발굴보고 II〉, 1999.
- 황상일, '창녕군 비봉리 신석기시대 유적지 지형 및 규조 분석', 〈비봉리〉(국립김해박물관 학술조사보고 제6책), 국립김해박물관, 2008.
- 도움말과 자료 제공: 김상태 국립중앙박물관 고고역사부장 | 김지호 국립중앙박물관 학예연구사 | 김현용·김동훈·진호신 국립해양유산연구소 학예연구관 | 신나현 국립부여박물관 학예연구사 | 신영호 국립부여박물관 학예연구실장 | 신종국 국립해양유산연구소 전시교육과장 | 심삼육 국립부여문화유산연구소 특별연구원 | 양성혁 국립중앙박물관 학예연구관 | 양숙자 국립서울문화유산연구소 학예연구관 | 어창선 국립경주문화유산연구소 학예연구관 | 오영찬 이화여자대학교 교수 | 이정근 국립김해박물관 관장 | 이한상 대전대학교 교수 | 이한용 전곡선사박물관 관장 | 임학종 전 국립김해박물관 관장 | 정여선 국립서울문화유산연구소 학예연구사 | 정인성 영남대학교 교수

2장 과학부터 외교까지, 시대를 뒤흔든 사건들
- 국립민속박물관,《한국민속상징사전: 호랑이 편》, 2021.
- 기상청, 〈관상감이 기록한 17세기 밤하늘〉(한국 기상기록집 3), 2013.
- 김선기, '항왜 사야가(김충선)의 실존 인물로서의 의미와 평가', 〈일어일문학〉(43권 43호), 대한일어일문학회, 2009.
- 김호근·윤열수,《한국호랑이》, 열화당, 1986.
- 박명구·박창범·양홍진, '한국 고천문 초신성 기록 연구', 〈2006년 기관고유사업 위탁연구과제 보고서〉, 한국천문연구원, 2007.
- 야마모토 다다시부로,《정호기》, 이은옥 옮김, 에이도스, 2014.
- 양홍진, '성변측후단자 UNESCO 세계기록유산 등재를 준비하며', 〈한국천문학회 춘계 학술대회〉, 2022.
- 양홍진·박명구·조세형·박창범, 'Korean nova Records in A.D. 1073 and A.D.

1074:R Aquarii', 〈Astronomy&Astrophysics〉(Vol. 435), 2005년 5월호.
- 엔도 기미오, 《한국 호랑이는 왜 사라졌는가》, 이은옥 옮김, 이담, 2009.
- 이장희, '임란시 투항왜병에 대하여', 〈한국사연구〉(제6권 6호), 한국사학회, 1971.
- 이진명, '프랑스 국립도서관 및 동양어대학 도서관 소장 한국학 자료의 현황과 연구 동향', 〈국학연구〉(2권), 한국국학진흥원, 2003.
- 제장명, '임진왜란 시기 항왜의 유치와 활용', 〈역사와 세계〉(제32권), 효원사학회, 2007.
- 최경국, '우타가와 구니요시의 무사 그림과 호랑이 사냥', 〈일본연구〉(제40호), 2009.
- 한문종, 〈조선 전시 향화·수직 왜인 연구〉, 국학자료원, 2001.
- 한문종, 임진왜란시의 항왜장 김충선과 모하당문집', 〈한일관계사연구〉(제24호), 한일관계사학회, 2006.
- 허준, '임진왜란과 민족 구성원의 확대-왜란기 항왜를 중심으로', 〈지역과 역사〉(49권 49호), 2021.
- 황정하, '직지의 전존 경위', 〈한국멀티미디어학회지〉(16권 2호), 한국멀티미디어학회, 2012.
- 황정하, 〈직지, 이제는 말할 수 있다〉, 세계직지문화협회, 2021.
- 도움말과 자료 제공: 신용석 전 조선일보 파리 특파원 | 양홍진 한국천문연구원 선임연구원 | 황정하 세계직지문화협회 사무총장

## 2부 인물과 인연

### 3장 왕과 백성들이 남긴 흥미로운 기록들

- 국립고궁박물관, 〈문예군주를 꿈꾼 왕세자 효명〉(특별전 도록), 2019.
- 국사편찬위, 〈대한민국 임시정부 자료집 29-한인애국단 Ⅱ〉, 대한민국임시정부 자료집 편찬위, 2008.
- 김거부, 《춤을 사랑한 조선의 왕세자》, 시간의물레, 2020.
- 김구, 《백범일지》(정본), 도진순 탈초·교감, 돌베개, 2016.
- 김말복, '춤을 사랑한 효명세자', 〈무용예술학연구〉(17권 17호), 한국무용예술학회, 2006.
- 김문식, '효명세자의 대리청정', 〈문헌과 해석〉(56권), 태학사, 2011.
- 김태형, '이순신과 원균의 포폄시비 일고', 〈한국인물사연구〉(22), 한국인물사학회, 2014.
- 단국대 동양학연구소, 《이봉창 의사 재판 관련 자료집》, 단국대출판부, 2004.

- 방기철, '임진왜란기 오희문의 전쟁 체험과 일본 인식', 〈아시아문화연구〉(24), 가천대아시아문화연구소, 2011.
- 배경식, 《기노시타 쇼조, 천황에게 폭탄을 던지다-인간 이봉창 이야기》, 너머북 스, 2008.
- 배경식, 《식민지 청년 이봉창의 고백》, 휴머니스트, 2015.
- 서윤희, 〈오희문의 난중일기, 쇄미록: 그래도 삶은 계속된다〉(특별전 기념도록), 국 립진주박물관, 2020.
- 손명희, '동쪽 궐에 깃든 효명세자의 봄날', 〈유물과 마주하다〉, 국립문화재연구 원 미술문화재연구실, 2023.
- 신병주, '16세기 일기 자료 《쇄미록》 연구-저자 오희문의 피란기 생활상을 중 심으로', 〈조선시대사학보〉(60), 조선시대사학회, 2012.
- 심승구, '효명세자의 삶과 예술', 〈한국무용연구〉(제36권 4호), 한국무용연구학회, 2018.
- 이종묵, '효명세자의 저술과 문학', 〈한국한시연구〉(10), 한국한시학회, 2002.
- 이현희, 《이봉창 의사의 항일투쟁》, 국학자료원, 1997.
- 전형윤·조광·전경목·이성임·문용식·김학수·김현영, 〈쇄미록 번역서 발간 기 념 학술심포지엄 발표자료집〉, 국립진주박물관, 2018.
- 한시준, '이봉창 의거에 대한 중국 신문의 보도', 〈한국근현대사연구〉(36집), 한 국근현대사학회, 2006.
- 한시준, '이봉창 의사의 일왕저격의거', 〈한국근현대사연구〉(17집), 한국근현대 사학회, 2001.
- 홍인근, 《이봉창 평전》, 나남출판사, 2002.
- 도움말과 자료 제공: 박선숙 국립진주박물관 연구원 | 박홍국 위덕대박물관 관 장 | 배경식 역사문제연구소 부소장 | 서윤희 국립중앙박물관 학예연구사 | 손명 희 국립문화유산연구원 학예연구관 | 심현용 울진군청 학예연구사 | 이종묵 서 울대학교 교수 | 임공재 독립기념관 학예연구사 | 한시준 독립기념관 관장 | 해 주 오씨 문중

4장 그때도 지금도 사람 사는 것은 다르지 않다
- 강삼혜·정병삼·최선주·강선정·최기주·김상태·이진경·조은정·조용진·권 윤미·허일권, 〈창령사터 오백나한-당신의 마음을 닮은 얼굴〉(특별전 도록), 춘천 국립박물관, 2018.
- 국립한글박물관, 《사민필지》(2020년 소장자료총서 8), 2020.
- 국외소재문화재재단, 〈자주외교와 한미우호의 요람 주미 대한제국공사관〉, 2019.

- 권주영, '창녕 교동 39·63호분 동물 순장곽의 축조 과정과 성격', 〈가야사 관련 전문가 학술포럼 발표모음집〉, 국립가야문화재연구소, 2021.
- 김경미, '육영공원의 운영방식과 학원의 학습실태', 〈한국교육사학〉(21권), 한국 교육사학회, 1999.
- 김동진, '헐버트의 생애와 사민필지', 《사민필지》(2020년 소장자료총서 8), 국립한 글박물관, 2020.
- 김동진, 《헐버트의 꿈 조선은 피어나리!》, 참좋은친구, 2019.
- 김문식, '1719년 숙종의 기로연 행사', 〈사학지〉(40권), 단국대사학회, 2008.
- 김보상, '창녕 교동 II지구 39호분 및 주변 고분 발굴조사 현황과 향후 과제', 〈가야사 관련 전문가 학술포럼 발표모음집〉, 국립가야문화재연구소, 2021.
- 김상현, '경산 소월리 유적 추가발굴조사보고', 〈경산 소월리 유적의 종합적 검 토〉, 경북대 인문학술원 HK-사업단 제3회국제학술대회 발표자료, 2021.
- 김영철, 《영어 조선을 깨우다》, 일리, 2011.
- 김재완, '사민필지에 대한 소고', 〈문화역사지리〉(13권 2호), 한국문화역사지리학 회, 2001.
- 김재홍, '금호강 유역의 제와 오의 축조 의미', 〈경산 소월리 유적의 종합적 검 토〉, 경북대 인문학술원 HK-사업단 제3회국제학술대회 발표자료, 2021.
- 김정선, 〈조선시대 왕들의 질병 치료를 통해 본 의학의 변천〉, 서울대 박사 논문, 2005.
- 김향숙, '개화기 조선에 미국 선교사가 여성교육과 영어능력에 미친 영향', 〈젠 더와 문화〉(제6권 2호), 계명대여성학연구소, 2013.
- 문선주, '조선시대 중국 사녀도의 수용과 변화', 〈미술사학〉(제25호), 미술사학연 구회, 2005.
- 문정희, '창녕 교동 63호분 축조 순서 검토', 〈가야사 관련 전문가 학술포럼 발 표모음집〉, 국립가야문화재연구소, 2021.
- 박상환, 《조선시대 기로정책 연구》, 혜안, 2000.
- 박영민, '조선시대 미인도와 여성 초상화 독해를 위한 제언', 〈한문학논집〉(제 42집), 근역한문학회, 2015.
- 박홍국, '한국 석조탑상 채색론-경주 지역의 석불·석탑을 중심으로', 〈한국의 전탑연구〉 학연문화사, 2000.
- 손환일, '경산 소월리 출토 목간의 내용과 서체', 〈한국고대사탐구〉(제34집), 한국 고대사탐구학회, 2020.
- 신하경, 《모던걸-일본제국과 여성의 국민화》, 논형, 2009.
- 심예원, '1744년(영조 20) 영조의 기로소 입사 의례와 정치적 의미', 〈조선시대사 학보〉(96권), 96호, 조선시대사학회, 2021.

- 심재우·한형주·임민혁·신명호·박용만·이순구,〈조선의 왕으로 살아가기〉, 한국학중앙연구원, 2011
- 안솔잎, '사민필지의 간행에 관한 연구',《사민필지》(2020년 소장자료총서 8), 국립한글박물관, 2020.
- 아널드 헨리 새비지 랜도어,《코레아 또는 조선, 고요한 아침의 나라Corea or Chosen, The Land of the Morning Calm》, 1895.
- 《아펜젤러–한국에 온 첫 선교사》, 연세대 출판부, 1985.
- 오민주,〈조선시대 기로회도 연구〉, 고려대 석사 논문, 2009.
- 오승연·김상현, '투각인면문 옹형토기가 출토된 경산 소월리 유적',〈한국고고학저널〉, 국립문화재연구소, 2019.
- 오영식·유춘동,《오래된 근대, 딱지본의 책그림》, 소명출판, 2018.
- 오주석,《오주석이 사랑한 우리 그림》, 월간미술, 2016.
- 우정임, '16세기 방각본의 출현과 책쾌의 활약',〈역사와 경계〉(76집), 부산경남사학회, 2010.
- 유춘동, '세책본 소설 낙서의 수집, 유형 분류, 의미에 관한 연구〈열상고전연구〉(45권 45호), 열상고전연구회, 2015.
- 윤정, '숙종 45년, 국왕의 기로소 입소 경위와 그 정치적 함의–세자(경종) 대리청정의 명분적 보강',〈역사문화연구〉(제43집), 한국외대 역사문화연구소, 2012.
- 이동주, '경산 소월리 출토 목간과 유구의 성격',〈동서인문〉(16호), 경북대 인문학술원, 2021.
- 이미재, '구한말의 영어교육과 교수법–관립교육를 중심으로',〈논문집〉(제22집), 수원대출판부, 2004.
- 이민희,《세책, 도서 대여의 역사》, 커뮤니케이션북스, 2017.
- 이선미,〈1880년대 조선의 영어통역관 양성〉, 한국교원대 석사 논문, 2002.
- 이용현, '경산 소월리 문서 목간의 성격',〈목간과 문자〉(27호), 한국목간학회, 2021.
- 이용현, '경산 소월리 유적 출토 인면투각토기와 목간의 기능–목간의 기능과 농경의례',〈동서인문〉(16호), 경북대 인문학술원, 2021.
- 이윤석,《조선시대 상업출판–서민의 독서, 지식과 오락의 대중화》, 민속원, 2016.
- 이태영, '완판방각본의 유통 연구',〈열상고전연구〉(61권), 열상고전연구회, 2018.
- 임미현,〈조선 후기 미인도의 성격〉, 숙명여대 석사 논문, 2011.
- 임지연,〈숙종 45년(1719)《기사계첩》과 영조 20년(1744)《기사경회첩》연구〉, 명지대 석사 논문, 2017.
- 장회견, '한역본《사민필지》의 번역 양상에 대한 연구',〈한국문화〉(76권), 규장각한국학연구소, 2016.
- 전경효, '경산 소월리 목간의 기초적 검토',〈목간과 문자〉(24호), 한국목간학회,

2020.
- 조재희, 〈조선후기 서울 기생의 기업 활동〉, 이화여대 석사 논문, 2005.
- 조정육, 《조선의 미인을 사랑한 신윤복》, 아이세움, 2009.
- 주보돈, '경산 소월리 목간과, 금호강 문화', 〈동서인문〉(16호), 경북대 인문학술원, 2021.
- 지석영 외, 《조선시대 영어교재 아학편》, 배리북, 2018.
- 최보영, '사민필지 간행·한역과 근대 지식의 변용', 〈역사와 세계〉(57권), 효원사학회, 2020.
- 최보영, '육영공원의 설립과 운영실태 재고찰', 〈한국독립운동사연구〉(제42권 42호), 독립기념관 한국독립운동사연구소, 2012.
- 최응천, '불회사 나한상 출토유적 발굴조사보고-500나한상 편의 양식고찰을 중심으로', 〈미술자료〉(제54권), 국립중앙박물관, 1994.
- 한성우, '아학편을 통해본 근대 동아시아의 언어교류', 〈한국학연구〉(제21집), 인하대 한국학연구소, 2009.
- 함한희, '문화인류학자가 바라본 사민필지의 의미', 《사민필지》(2020년 소장자료총서 8), 국립한글박물관, 2020.
- 허재영, '사민필지의 국어사적 의미', 《사민필지》(2020년 소장자료총서 8), 국립한글박물관, 2020.
- 화랑문화재연구원, 〈경산지식산업지구 진입도로 개설공사부지 내 유적발굴조사 약식보고서〉, 2022.
- 황효순, 〈혜원 신윤복 연구〉, 성신여대 박사 논문, 2003.
- 히라카와 미나미平川南, 〈고대 한국과 일본의 곡호谷戸와 마을〉, 경북대 인문학술원 HK-사업단 제3회국제학술대회 발표자료, 2021.
- 도움말과 자료 제공: 권주영·문정희 국립가야문화유산연구소 연구원 | 김보상 국립가야문화유산연구소 학예연구사 | 김상현 화랑문화유산연구원 연구부장 | 김순옥 국립춘천박물관 학예연구사 | 김헌석 국립경주문화유산연구소 전문위원 | 안장헌 한국문화유산사진연구원 원장 | 오승연 화랑문화유산연구원 원장 | 우하영 국가유산진흥원 조사1팀 부팀장 | 원창애 경상대학교 학술연구교수 | 유춘동 강원대학교 교수 | 이관호 전 국립민속박물관 민속연구과장 | 이용현 경북대학교 인문학술원교수 | 이진경 서울과학기술대학교 교수 | 이현지 한국국제문화교류진흥원 교류기획팀 대리 | 전경효 국립경주문화유산연구소 주무관 | 정병모 경주대학교 교수 | 조용진 한국형질문화연구원 원장